111 Gründe, Franken zu lieben

Barbara Dicker und Hans Kurz

111 GRÜNDE, FRANKEN ZU LIEBEN

Eine Liebeserklärung
an die schönste Region der Welt

SCHWARZKOPF & SCHWARZKOPF

INHALT

Vorwort

Als es hieß, dass wir 111 Gründe, Franken zu lieben, für dieses Buch finden sollten, reagierten unsere Freunde und Bekannten ganz unterschiedlich. Die Hardcore-Franggn sagten: »111 bloß? Des reicht fei ned!« Womit sie ihrer Meinung Ausdruck verleihen wollten, dass es natürlich viel mehr als 111 Gründe gibt, diesen wunderschönen, widersprüchlichen und vielfältigen Landstrich zu lieben – und gleich zwei Ideen für einen Grund lieferten, nämlich den Dialekt und das Würzwort »fei«. Die Franken-Skeptiker meinten dagegen: »Ja, da gibt es schon einige, aber ob das wirklich so viele sind?« Und sie fingen an aufzuzählen, von B wie Bier bis Z wie Zitrusfrüchte aus dem Frankenwald. Wir notierten mit und hatten praktisch schon Stoff für das halbe Buch. Die schönste Reaktion kam aber von einem Schotten, der vor über 20 Jahren sein Auslandssemester an einer fränkischen Universität absolvierte und seitdem mit dem British Council in fast jedem Weltwinkel unterwegs ist. Er fragte: »Gibt es einen Grund, Franken nicht zu lieben?«

Na ja, vielleicht, weil es kompliziert ist. Weil Franken ja nicht nur – wie es uns die bayerische Regierung weismachen will – innerhalb Bayerns liegt. Als Napoleon den Wittelsbachern als Ausgleich für die rheinische Kurpfalz große Teile des vormaligen fränkischen Reichskreises zuschlug, blieben eben einige Gebiete Frankens außen vor. Etwa im württembergischen Hohenzollern, in der hessischen Rhön und im Südwesten Thüringens. Das lässt sich auch sprachlich festmachen. Doch weil das Siedlungsgebiet der Franken nie eine politische Einheit war, sondern mehr ein Flickenteppich, sozusagen der Mikrokosmos der Kleinstaaterei des Heiligen Römischen Reiches deutscher Nation, haben mächtige Herrscher wenig Rücksicht genommen. Einst wie heute. Trotzdem haben sie sich zusammengerauft – zammgraafd – und ein gemeinsames Lebensgefühl geschaffen. Franken als Lebensgefühl, das ist es, worum es uns, den Autoren, einer echten Fränkin und einem Wahlfranken, der nun schon sein halbes Leben hier verbracht hat, geht. Da mag so mancher Franke und Frankenfreund laut aufschreien, wenn wir etwa den ruhmreichen Nürnberger Club lieben, weil er ein Depp ist. Gerade das ist es aber doch, was Franken ausmacht: das Unvollkommene. Aber auch das Kleinteilige, das Verzagte, das Großlaute, das Derbe, das Zarte, das Mystische, das Weltliche – eben alles, was fränkisch ist. Der weitgereiste Schotte hat recht. Es gibt keinen Grund, Franken nicht zu lieben. Die Hardcore-Franggn haben recht. Es gibt viel mehr als 111 Gründe, Franken zu lieben. Und sowieso und überhaupt haben die Franken-Skeptiker recht, weil ja selbst sie vor allem Liebenswertes aufzählen konnten. Wir lieben das Lebensgefühl Franken – entdecken Sie es mit uns!

Barbara Dicker und Hans Kurz

KAPITEL 1

FRANK & FREI

GRUND 1

Weil Franken keine Bayern sind

Was Franken sind, das kann keiner so genau sagen. Unter denen, die sich im Freistaat Bayern in den Grenzen vom 1. Juli 1920 – dem Datum des freiwilligen Anschlusses der Coburger – als solche sehen, scheint es jedenfalls Konsens zu sein, dass sie eben keine Bayern sind. Dass sie sich selbst manchmal als Beutebayern bezeichnen, weil Napoleon sie den Wittelsbachern als Ausgleich für die Kurpfalz zugeschlagen hat, und dass diese Bayern nichts Besseres zu tun hatten, um unmittelbar danach auf Beutezug durchs Frankenland zu ziehen, dieses ganze geschichtliche Gesums sei hier mal ausgespart. Es geht um aktuelle Befindlichkeiten.

Wer also sind diese Bayern? Im Gegensatz zu den Franken scheint sich das bei denen keiner zu fragen. »Mia san mia« (Wir sind wir) genügt ihnen als Definition. Für den Rest der Republik ist Bayern gleich FC Bayern und CSU. Das gilt dann also auch für die Franken. Die sind daran aber selber schuld. Denn unter ihnen gibt es mehr als genug Anhänger des FCB und Wähler der CSU. Und CSU-Ortsverbände noch weit mehr als Bayern-Fanclubs. Wer kann es ihnen verdenken, sie wollen halt auf der Seite der Sieger stehen. Während für die einen der Blick auf die samstägliche Bundesligatabelle genauso langweilig und frustrierend ist wie der Blick auf alle Jahre wiederkehrende sonntägliche Wahlergebnisse, sind andre voll begeistert. Denn wenn man Überzeugungsbayer ist, lässt es sich auch als Franke gut lachen. Zum Beispiel über die bedauernswerten Club-Fans, deren ruhmreicher FCN sich mal wieder nicht mit solchem bekleckert hat. Oder über die Sozialdemokraten mit ihren ehemals roten Hochburgen, die dann von den Schwarzen in München so lange geschliffen wurden, bis aus »Hof: in Bayern ganz oben« ein spöttisches »in Sachsen ganz unten« wurde. Zumindest was die CSU betrifft, muss man einräumen, dass Franken da ganz gut mitmischen und nicht unterrepräsentiert sind. Aber sie sollten es nicht wagen, auch mal den Ministerpräsidenten zu stellen. So wie Günther Beckstein von Oktober 2007 bis Oktober 2008. Spätestens als sich seine Gattin weigerte, zum Oktoberfest-Bieranstich ein bayerisches Dirndl zu tragen, war sein Schicksal besiegelt.

Auf der Fußballerseite haben die Franken in – und bei den – Bayern dafür einen Lothar »Loddar« Matthäus vorzuweisen. Der war zwar beständiger als der Beckstein, wird aber inzwischen in seiner fränkischen Heimat (Herzogenaurach und Umgebung) ebenso wenig für voll genommen wie in Bayern (München, New York, Budapest etc.). Die Frage bleibt also: Wo können sich Franken auf der immerwährenden Siegerstraße wähnen? Gegenfragen seien erlaubt: Was soll der Scheiß? Muss das denn wirklich sein? Zeugt es nicht viel mehr von Charakter, zu den Kratzern in der Hochglanzpolitur, den tiefen Verwerfungsfalten in der alten Frankenhaut zu stehen? Es muss ja nicht immer gleich das stolze Sich-in-eine-breite-Frankenbrust-Werfen sein. Damit machen sich schon allzu viele freiwillig oder unfreiwillig zum Loddar. Die sollten sich lieber den Sand in den Kopf stecken. A bissla a Selbstbewusstsein ist doch einfach sympathischer. Franken sind halt auch nicht besser als andere, oder besser gesagt als Bayerische. Bloß manchmal. Aber dann fei gscheid.

GRUND 2

Weil sie irgendwie frank und frei sind

Frank und frei – das ist es doch, das Stichwort für dieses Buch. Da stellt man sich den stolzen, freien Franken vor. Zum Beispiel den Ritter auf seiner fränkischen Trutzburg, der den bösen Invasoren trotzt. Oder den Nürnberger Bürger, der sich vielleicht gerade noch mal was vom Kaiser, aber gewiss nicht vom Papst, geschweige denn von irgendwelchen dahergelaufenen Bajuwaren sagen lässt. Gerade angesichts des gar nicht so freien Frankens in Bayern wird gerne mit dieser Redewendung kokettiert – und dabei geflissentlich übersehen, dass Franken in Politik und Verwaltung nicht unterrepräsentiert und entsprechend an deren Ausführung beteiligt sind. »Frank und frei«, das klingt wie das Revolutionsmotto einer fränkischen Unabhängigkeitsbewegung.

Doch leider hat »frank und frei« mit dem und den Franken, um die es in diesem Buch geht, relativ wenig zu tun. Wer noch mit Briefen vertraut ist, und dabei an Frankieren und Freimachen denkt, ist schon ein Stück näher an der Wahrheit. Offenbar hat das Adjektiv »frank« tatsächlich einen germanischen Ursprung und bedeutet nichts anderes als »frei«. Über das Altfranzösische wanderte es früh ins Lateinische. Und von dort wieder zurück zu den Franken – und zwar zu jenen in Frankreich. »Franc et libre de toutes tailles«, waren sie, also befreit von allen Abgaben.

»Es lebe die Freiheit, vor allem die Steuerfreiheit«, jubiliert Dagobert Duck in einem Comic, der vermutlich von Erika Fuchs, der großen Donald-Duck-Übersetzerin aus Schwarzenbach an der Saale (das natürlich in Franken liegt), ins Deutsche übertragen wurde. Auch nicht schlecht, werden die Franken sagen. Doch selbst bei einem – wie zur Zeit der Drucklegung dieses Buches – amtierenden bayerischen Finanzminister aus Franken dürfen sie sich da keine Hoffnungen machen.

Die große Frankenfreiheit – nur in »frank und frei« ist das Adjektiv heute noch gebräuchlich – ist im Laufe der Zeit zur allgemeinen Redewendung verkommen. Wenn jemand etwas »frank und frei« ausspricht, so ist das im besten Fall geradeheraus, offen und ehrlich, vielleicht aber auch nur ohne Scheu und hemmungslos, jedenfalls nicht immer vertrauensfördernd.

»Frank und frei« reklamierte etwa der rechtsextremistische Liedermacher Frank Rennicke für sich, den die NPD zweimal als Bundespräsidentenkandidaten aufstellte. Zuvorgekommen war ihm der DDR-Schlagersänger Frank Schöbel mit seiner – nach der Wende erschienenen – Autobiografie und Fernsehshow unter diesem Titel. Beliebt scheint »frank und frei« auch bei Werbeagenturen zu sein. Eine in Wiesbaden, eine im niedersächsischen Lohne und auch eine Berliner Filmproduktion nennen sich so – und sie haben mit Franken genauso wenig zu tun wie die Hamburger Tex-Mex-Szenekneipe gleichen Namens. Näher dran ist da schon der von einem Nürnberger in Berlin eröffnete Biergarten »Republik frank und frei«, der immerhin fränkisches Bier und Bratwürste bietet. Und auch der Zusammenschluss von 15 fränkischen Winzern, die sich dem Müller-Thurgau verschrieben haben. Frank und frei – ein Schlagwort für viele! Wir sind jedenfalls so frei, uns die Rosinen aus dem fränkischen Kuchen herauszupicken.

GRUND 3

Weil die Franken nicht an allem schuld sind

Die weltweite Finanzkrise von 2008 und den Folgejahren ist untrennbar mit der Bank Lehman Brothers verbunden. Wer sind diese Brüder – oder wer waren sie? Die Spur führt nach Unterfranken. Doch Hayum, Mendel und Maier, Söhne des Viehhändlers Abraham Löw Lehmann aus Rimpar bei Würzburg, die in den 1860er Jahren in die USA ausgewandert waren, können nichts für die Pleite. Zwar haben sie 1850 in Alabama als Henry, Emmanuel und Mayer Lehman ein Unternehmen gegründet, das sich über den Warenhandel – insbesondere mit Baumwolle – zur Bank entwickelte. Doch diese wurde bereits 1984 von American Express aufgekauft, dem Finanzdienstleister, der aus dem ganz und gar unfränkischen, sondern uramerikanischen Wildwest-Postkutschendienst Wells Fargo hervorging. Nach mehreren Weiterverkäufen gelangte die Investmentbanking-Sparte 1994 unter dem Namen Lehman Brothers als eigenständige Bank an die Börse. Der Rest ist Geschichte.

In der spielen noch weitere Global Player mit unterfränkischen Wurzeln eine Rolle. Doch weder der 1821 in Trappstadt bei Königshofen geborene Marcus Goldman noch sein Schwiegersohn Samuel Sachs, der zusammen mit dem Lehman-Spross Philip als Erfinder der Aktie gilt und dessen Vater ebenfalls aus der Rhön-Grabfeld-Region, nämlich aus Rödelmaier stammte, lassen sich ursächlich für die jüngsten Turbulenzen der Finanz- und Wirtschaftswelt haftbar machen.

Nun könnte man einwenden, dass wir an anderer Stelle in diesem Buch die Vermächtnisse fränkischer Emigranten, wie etwa die Bluejeans oder die Wiener Würstchen, als liebenswerten Heimvorteil deklarieren. Doch wir stehen auch zu Schurken und Schandtaten. Den – nicht wenigen – Naziverbrechern sei die Ehre der Namensnennung dennoch verwehrt. Auch dem, der bis heute in Wunsiedel für braune Ausfälle verantwortlich ist. Nicht verschweigen wollen wir dagegen, dass der Vater des langjährigen paraguayischen Diktators Alfredo Stroessner aus dem oberfränkischen Hof stammte. Wir vermuten sogar, dass auch der bolivianische Diktator Hugo Banzer fränkische Wurzeln hatte. Zwar wanderte dessen Vater von Osnabrück nach Südamerika aus. Doch der Familienname ist in Norddeutschland praktisch nicht existent – ganz im Gegensatz zu Franken, der Oberpfalz oder auch Liechtenstein. Und was liegt näher, als dass sich ein Franke mit dem hier noch viel geläufigeren Namen Panzer bei der Einwanderungsbehörde mit weichem B vorstellte: Familienname (apellido)? Banzer!

Abstreiten müssen wir hingegen, dass Frankenstein Franke war – auch wenn er ganz in der Nähe, in Ingolstadt, studiert haben soll. Frankenstein – das ist übrigens nicht der Name dessen, der als Monster Filmkarriere machte, sondern des promovierten Schöpfers dieser Kreatur – ist vielmehr eine Figur aus der Feder der jungen Engländerin Mary Shelley. Ihr Roman *Frankenstein or The Modern Prometheus* erschien 1818, als sie gerade 21 Jahre alt war. Eine Verbindung zur Burg Frankenstein und dem Alchemisten Johann

Konrad Dippel lässt sich nicht belegen. Zwar soll Shelley mal in der Nähe vorbeigekommen sein, die Burg befindet sich aber im hessischen Odenwald. Auch für eine Verbindung zum gleichnamigen thüringisch-fränkischen Adelsgeschlecht gibt es keine Hinweise. Dagegen dafür, dass Frankensteins Monster ein Vegetarier war – so wie die Autorin: »*My food* is *not* that of *man*; I *do not destroy* the *lamb* and the *kid*, to *glut my appetite*; *acorns* and *berries afford me sufficient nourishment*« (Meine Nahrung ist anders als die der Menschen; ich töte weder Lamm noch Zicklein, um meinen Hunger zu stillen. Eicheln und Beeren genügen mir). So heißt es an einer Stelle im Buch. Auch nicht gerade ein Indiz dafür, dass es sich hier um Franken handelt.

GRUND 4

Weil Franken intelligenter sind

Intelligenter als wer oder was? Natürlich als die Bayern, die Altbayern, besser gesagt. Dass die Franken wendig, witzig, widersprüchlich sind, das hat ihnen Hans Max von Aufseß vor gut 30 Jahren zugeschrieben. »Gewürfelt« hat er sie genannt. Dass sie über große intellektuelle Kapazitäten, zumindest größere als die Altbayern, verfügen, das wurde den Franken bereits vor über 150 Jahren amtsärztlich bescheinigt.

Wie konnte es dazu kommen? Gut 50 Jahre nach der Einverleibung von Franken und Schwaben in das Königreich Bayern wollte Max II. wissen, wie es gesundheitlich, aber auch geistig-moralisch um seine Untertanen stand. Darum ließ er von den Amtsärzten (Physikussen) aller damaligen bayerischen Landgerichtsbezirke Einschätzungen abgeben. Die zwischen 1858 und 1861 verfassten sogenannten Physikatsberichte – die neben medizinischen Beobachtungen unter anderem auch geografische und ethnografische enthalten – zeichnen von den Altbayern oft kein rühmliches Bild. Immer wieder werden diese als saufend, raufend, geistig unflexibel und jedweder intellektuellen Anstrengung gänzlich abhold dargestellt. Ganz anders die Franken. »Schnelle Fassungsgabe, sehr gute geistige Anlagen, natürlicher Witz, charakterisiert den Ächten Franken.« Das stellte etwa Dr. Hermann Josef Sinner, zuständig für den Landgerichtsbezirk Würzburg rechts des Mains, fest. »Die Bevölkerung des Physikatsbezirkes ist ein körperlich kräftiger Menschenschlag von mittlerer Größe, mehr hager als wohlbeleibt, doch ohne besondere körperliche Schönheit; im Allgemeinen verständig und thätig, geistig wohlbegabt und geweckt«, berichtete Dr. Jakob Schech aus Karlstadt. Und der Kitzinger Landgerichtsarzt Dr. Michael Henke notierte: »Im Allgemeinen ist die Bevölkerung des Bezirkes geistig begabt und strebt nach Bildung.«

Das Übergewicht, das in solchen Darstellungen auf Unterfranken liegt, ist insbesondere dem dortigen Bezirksheimatpfleger Dr. Klaus Reder geschuldet, der viele der seit 1913 in der Münchner Staatsbibliothek schlummernden Berichte der Öffentlichkeit zugänglich machte. Dem vergleichenden Bild der Schwaben, Franken und Altbayern in den Physikatsberichten widmete sich vor allem sein Augsburger Pendant Dr. Peter Fassl. »Die Franken übertreffen zwar die Münchner in der Intelligenz bei weitem, streben aber dennoch in die Hauptstadt wie nach einem gelobten Lande«, exzerpierte der aus mittelfränkischen Berichten einerseits den Tenor der intellektuellen Überlegenheit der Franken und gleichzeitig den bis heute anhaltenden Brain-Drain (Gehirn-Abfluss) in den Moloch München. Zur Verteidigung der altbayerischen Stammeseigenschaften führen manche Historiker an, dass sich die Bezirksärzte aufgrund der königlich-bayerischen Vorgaben oft an gängige stereotype Beschreibungen gehalten hätten. Die Autoren der Physikatsberichte hätten meist nur bestehende Vorurteile bestätigt. Schön und gut, aber das würde dann ja wohl auch für die Franken gelten. Deren Bild ist aber durchaus differenziert. Nicht jeder erkannte den geistigen Titanen im Franken. »Wenn gleich die geistige Constitution der bäuerlichen Bevölkerung unseres Bezirkes nicht gering, in mancher Hinsicht sogar verschmizt zu nennen ist, so findet sich bei ihr doch wenig Neigung zu höherer Ausbildung«, schränkte etwa Dr. Felix Walter aus Aub ein. Aus Ebern berichtete Dr. Georg Friedrich Christen: »Die intellektuellen Kräfte der Bewohner des diesseitigen Gerichtsbezirkes müssen, wenn auch nicht als hervorragend, doch im Allgemeinen als gut bezeichnet werden.« Und für das benachbarte Baunach, das heute zu Oberfranken gehört, stellte Dr. Adam Seuffert gar fest: »Der Geist der Bevölkerung ist im Durchschnitte träge, dem Fortschreiten aus Beschränktheit und Eigensinn abgeneigt; das Benehmen der niederen Klasse ist oft bis zur grellsten Unverschämtheit frech, zügellos; Fassungs- und Begriffsvermögen sind schwach bey gleichzeitig bemerkbarer Verschmitztheit und Tücke.«

Es sind neben Statistiken eben auch sehr subjektive Eindrücke, die die Doktoren im Staatsdienst sammelten. Aber irgendwas wird schon dran sein. Zum Beispiel an dem, was Dr. Friedrich August Vogt aus dem Landgerichtsbezirk Würzburg links des Mains niederschrieb: »Der durch seine Derbheit bekannte Regi.rath H., welcher über seine altbayrischen Vorstände erbost war, trug in einem statistischen Berichte über die Anzahl der Hausthiere folgendes vor: Esel gibts in Franken keine, der Bedarf wird aus dem Mutterland bezogen.« Also aus München und Umgebung. So viel hat sich nicht geändert, sagen jetzt mal wir als Franken.

GRUND 5

Weil der Franke ein Gewürfelter ist

Jemanden als »gewürfelt« zu bezeichnen, das hat in Franken Tradition. Dass es zum geflügelten Wort wurde, um den Franken schlechthin als Gewürfelten zu charakterisieren, ist jedoch noch gar nicht so lange her. Es geht auf den Schriftsteller Hans Max von Aufseß (1906 bis 1993) zurück, der sich selbst oft kurz und bündig HMA nannte und der nicht mit seinem Großonkel Hans von und zu Aufseß, dem Gründer des Germanischen Nationalmuseums in Nürnberg, zu verwechseln ist. 1979 erschien im Verlag Nürnberger Presse erstmals eine 26-seitige Broschüre mit einem Text von HMA unter dem Titel *Der Franke ist ein Gewürfelter*. So richtig bekannt wurde der Spruch jedoch erst vier Jahre später mit der Essay-Sammlung gleichen Titels. Schon 1985 wurde dann erstmals der »Frankenwürfel« verliehen, gestiftet von den Regierungspräsidenten – keine vom Volk gewählten Vertreter, sondern von München ernannte Verwaltungsbeamte – der drei fränkischen Bezirke.

Doch was ist es nun, dieses »Gewürfelte«, das den Franken auszeichnet? »Der Würfel ist wie der Franke ein widersprüchliches Ding«, schrieb HMA in seinem Essay. »Er ist weder eine Kugel noch ein Kubus. Durch Abrundung seiner Ecken und Kanten vereinigt er aber die Funktionen von beidem: Er rollt und steht.« Und genauso sei er, der Franke. Wie das große »W« in Würfel vereine er »das Wendige, das Witzige und das Widersprüchliche« – wobei der Witz mehr im Sinne von Wissen, also von Gewitztheit und Einfallsreichtum, gepaart mit einem guten Schuss Schlitzohrigkeit, gemeint ist. Die Wechselfälle des Lebens und insbesondere seines Landes hätten ihn abgeschliffen und gleichzeitig standfest gemacht, er sei versöhnlich und gleichzeitig streitbar. Und vom Widersprüchlichen her gesehen sei Franken ohnehin das Land der unbegrenzten Möglichkeiten. »Um sich nicht im Bruderzwist aufzureiben und um nicht allzuoft in Unterwürfigkeit das frank und freie Haupt zu beugen«, habe der Franke diese Fähigkeiten zu höchster Perfektion entwickelt.

Als Musterbeispiel für diese Eigenart entwickelt HMA die Geschichte von einem Franken, der betrunken und laut singend spätnachts das Wirtshaus verlässt. »Sing' etz net so laut, wennst hamm gäihst (Sing jetzt nicht so laut, wenn du nach Hause gehst)«, ermahnt ihn ein Polizist, worauf der Angesprochene entgegnet: »Wer sagt denn, dass i hamm gäih?!«

Für ein etwas weniger wendiges, aber nichtsdestotrotz witziges und widersprüchliches Franken-Bild, als es Hans Max von Aufseß entwarf, steht die Geschichte vom Pettstadter Schmied. Um die Wende vom 19. zum 20. Jahrhundert saß der Schmiedemeister Sebastian Schubert aus der oberfränkischen Gemeinde an der Regnitz wohl öfter im Wirtshaus und wollte nicht heimgehen. Eines Abends zu vorgerückter Stunde forderte ihn eine Gendarmerie-Streife zum Verlassen des Lokals auf. Schubert kam dem aber nicht nach und entgegnete: »Des mach ich, wie ich mooch (Das mache ich, wie ich mag).« Der Fall landete vor dem Königlich Bayerischen Amtsgericht in Bamberg, wo ein gnädiger Richter jedoch kein beleidigendes oder auflehnendes Verhalten erkennen konnte und den Angeklagten freisprach. »Mach's wie der Pettstadter Schmied!«, ist seither ein geflügeltes Wort in Oberfranken, wenn's drum geht, dass jemand eine Sache so machen oder entscheiden soll, wie er es selbst für richtig hält. Der Pettstadter Schmied verköpert also den Starrkopf unter den Gewürfelten – aber irgendwie ist er doch einer von ihnen.

»Ich bin gespannt, was auf lange Sicht dabei herauskommt«, meinte Hans Max von Aufseß zur Erstausgabe des Frankenwürfels. 1997 wurde er ihm, dem »sprachgewaltigen Anwalt fränkischer Eigenart«, posthum verliehen.

GRUND 6

Weil Bescheidenheit eine Taktik ist

Neulich standen wir vor der Nürnberger Lorenzkirche. Eine Gruppe Touristen neben uns bewunderte, die Köpfe in den Nacken gelegt, die 80 Meter hohen Türme. Der Tourguide nickte bedächtig und wies darauf hin, dass die Fassade für eine Stadtpfarrkirche wirklich sehr aufwendig gestaltet sei, schränkte aber gleichzeitig ein: »Schon, aber insgesamt ist der Bau wegen der Zerstörungen im Zweiten Weltkrieg nicht mehr authentisch.« Am Fahrradverleih der Ködeltalsperre im Frankenwald hörten wir, wie ein Berliner Pärchen auf das Lob, das sei hier ja wie in einem norwegischen Fjord, die Antwort erhielt: »Schon. Aber Meer haben wir halt keines.« In einem Café in Königsberg staunten auswärtige Gäste, dass der berühmte Joyce-Übersetzer Hans Wollschläger in der Nähe gewohnt und gearbeitet hatte. »Schon. Aber viel verdient hat er mit dem Zeug nicht«, sagte die Bedienung. Ob Mittel-, Ober- oder Unterfranken, die Menschen hier neigen nicht dazu, die Vorzüge ihrer Gegend oder ihre eigenen ins Rampenlicht zu stellen. Die typisch fränkische Reaktion auf Lob ist ein »Scho« (Hochdeutsch: Schon), gefolgt von einem einschränkenden »Aber«. Das liegt, kann man in Essays zur Wesensart der Franken lesen, an ihrer übergroßen Bescheidenheit. An Main und Regnitz werde es einfach als guter Stil angesehen, sein Licht unter den Scheffel zu stellen. Es soll Ausnahmen geben, die z.B. Söder oder Matthäus heißen, aber im Allgemeinen neige man hier zum Understatement. Das ist, finden wir, viel zu lasch formuliert. Wir sagen, dass das Wort »Minderwertigkeitskomplex« neu buchstabiert werden muss. Mit einem F wie »furchtbar«, einem R wie »randständig«, einem A wie »alle anderen sind besser«, einem N wie »na ja, finden wir auch«, einem K wie »keiner findet uns wirklich gut«, einem E wie »egal ist uns das nicht« und einem N wie »nun gut, dann kommen wir allen Kritikern zuvor«. Das Gefühl der Unzulänglichkeit erklärt sich aus der Geschichte der Region. Die fränkischen Gebiete wurden vor 200 Jahren Bayern zugesprochen, ohne dass die Franken eine Chance gehabt hätten, einen eigenen Staatenbund zu bilden. Böse Zungen behaupten, dass sie diese Chance so oder so nicht genutzt hätten, weil sie untereinander viel zu uneinig gewesen seien. Der bayerische Zentralstaat sei der schlichtende Schäfer für die fränkischen Streithammel geworden.

Fest steht, dass sich die Franken bis auf gelegentliches Blöken lammfromm in die bayerische Großherde einfügten. Die alteingesessenen Herdenmitglieder zeigten ihnen aber auch deutlich, dass anderswo das Gras grüner war, die Städte größer oder zumindest reicher, die Berge höher und die Sprache deutschlandweit akzeptierter. Im Lauf der Jahrhunderte entwickelten die »Nordbayern«, wie sie im Münchner Behördendeutsch gern genannt werden, Strategien, wie sie mit diesem ständig vorhandenen Gefühl der Unzulänglichkeit gut leben konnten. Sie nahmen Kritikern den Wind aus den Segeln, indem sie sich einfach selbst schlechtmachten. Dadurch kommen sie unglaublich bescheiden und ziemlich liebenswert rüber. Und wenn doch einmal ein auswärtiger Miesepeter nicht auf die fränkische Unterwerfungsgeste einsteigt und seine eigenen »Aber« äußert, wirkt er bestenfalls kleingeistig, schlimmstenfalls bösartig. Die Franken sind bescheiden, aber auf ihre eigene Art. Aber, aber, aber: Das ist, finden wir, viel sympathischer als die Münchner »Mia san Mia«-Haltung.

GRUND 7

Weil es Fränkinnen gibt

Warum eigentlich 111 Gründe, Franken zu lieben? Warum nicht 111 Gründe, Fränkinnen zu lieben? Sind sie doch, wie die Frauen andernorts auch, meist der liebenswertere Volksteil, weil sie sich in der Regel weniger an typisch männlichen Hahnenkämpfen beteiligen. Zumindest ist das ein gefühlter Wert, obwohl – oder weil – es nicht nur Bierfeen und andere zauberhafte Wesen, sondern schon auch die eine oder andere Bissgurk'n gibt. Nun ja, es geht bei Franken und den Gründen, sie zu lieben, ja nicht darum, die Franken, also den Franken in seinem gehäuften Auftreten zu verherrlichen. Es geht um das Lebensgefühl – und erst in zweiter Linie um das

Land und die Leute beiderlei Geschlechts. Zugegeben, wir haben das in den wenigsten Fällen durchgegendert, frei nach Studenten, Studentinnen und Studenten, StudentInnen, Studierende. Wie auch? Franken, Fränkinnen, Frankierende??? Wenn also hier die Rede davon ist, dass »der Franke« gerne Bratwurst isst oder Bier trinkt, dann schließt das nicht aus, dass auch viele Fränkinnen gerne ins Fleisch beißen oder ins Glas schauen. Es ist sogar implizit so gemeint. Frei nach dem Motto, das dem chinesischen Revolutionär und späteren Diktator Mao Zedong zugeschrieben wird: »Frauen sind die Hälfte des Himmels.« Näher dran ist aber die Übersetzung: »Frauen tragen die Hälfte des Himmels.« Und ganz korrekt übersetzt, schränkt der in der Realität eher als Macho einzustufende Mao ein: »Frauen können die Hälfte des Himmels tragen.« Können sie, ja. Was sie aber für diese Drecksarbeit bekommen, steht bis heute auf einem anderen Blatt. In Franken ist die Ungleichheit zum Glück etwas weniger ausgeprägt als in China.

Dieses Buch ist natürlich eine Liebeserklärung an die Fränkin. Das lässt sich aber nicht in allen Kapiteln durchhalten. Zum Beispiel, wenn's um den Wiener-Würstel-Erfinder geht. Obwohl dem doch auch erst eine Frau zum Durchbruch und zum wirtschaftlichen Erfolg und damit zum Ruhm bis in die Nachwelt verholfen hat. Aber das war, glaubt man den Geschichten, doch eine Wiener Adlige. Ehren sollten wir also vielleicht eher die resolute fränkische Mutter, die den hungrigen 23-Jährigen aus dem Haus im heimatlichen Gasseldorf geworfen hat, weil er ihr die Haare vom Kopf beziehungsweise die Würste vom Tisch gefressen hat, auf dass er in der weiten Welt sein Auskommen finde.

Mehr Worte wollen wir an dieser Stelle nicht verlieren, obwohl es deren viele gäbe. In diesem Sinne: Auf die Fränkinnen! (Anmerkung des weiblichen Teils des Autorenduos: Dieses Kapitel hat Hans geschrieben, aber ich habe nichts gegen den Inhalt einzuwenden.)

GRUND 8

Weil Franken leicht beleidigt sind

Viele Franken würden sie ja nur allzu gerne für sich reklamieren, die Geschichte von den Unbeugsamen und dank Zaubertrank Unbesiegbaren. »Wir befinden uns im Jahre 1806 ff. Ganz Franken ist von den Bayern besetzt … Ganz Franken? Nein! Ein von unbeugsamen Franken bevölkertes Dorf hört nicht auf, dem Eindringling Widerstand zu leisten.« Allein, jenes fränkische Dorf wurde bis heute nicht gefunden. Gergovia, Alesia. – »Alesia? Ich kenne kein Alesia! Ich weiß nicht, wo Alesia liegt! Niemand weiß, wo Alesia liegt!« So wie Majestix in *Asterix und der Arvernerschild* fühlt sich auch mancher Franke und wünscht sich bis heute, dass das Leben nicht so leicht gewesen sei für die römischen Legionäre, die als Besatzung in den befestigten Lagern Babaorum, Aquarium, Laudanum und Kleinbonum, äh bayerischen Legionäre, die in den Lagern Ingolstadt, Regensburg (Ratisbona), Landshut und Lechfeld liegen …

So wenig sich die keltischen Gallier gegen Römer und später Franken stemmen konnten, so wenig schafften dies die späteren Ostfranken gegen die Südbayern. Der ruhmreiche Vergleich mit dem gallischen Dorf passt also nicht so recht. Dafür werden wir an ganz anderer Stelle bei Asterix fündig. Wie wär's zum Beispiel mit den Korsen? »Für den größten Teil der Menschheit ist Korsika die Heimat des Kaisers Napoleon, der ebenso wenig aus der Geschichte wegzudenken ist wie unser alter Freund Julius Cäsar«, eröffnet Band XX anstelle der standardmäßigen Dorfvorstellung zum Geleit. Da haben wir ihn schon mal, den Korsen, der Franken an die Wittelsbacher verhökert hat. Doch den wollen wir beileibe nicht auf den Häuptlingsschild heben. Denn »Korsika ist auch das Land, wo es Blutrache gibt, die Siesta, politische Intrigen, aromatischen Käse, wilde Schweine, Esskastanien und alterslose

Greise, die einfach nur zuschauen, wie die Zeit vergeht«, führen Goscinny und Uderzo weiter aus. Blutrache? Nun ja. Blutwurst gehört in jede fränkische Schlachtschüssel. Siesta? Jeder Franke macht mal gerne Pause. Politische Intrigen? Na ja, sowieso gehört das hier dazu! Aromatischer Käse? Kein Problem: Gerupfter oder einfach Limburger mit Musik! Wir lesen weiter: »Korsika ist aber auch mehr. Es gehört zu den Fleckchen Erde, die Eigenart, ja sogar Persönlichkeit besitzen, denen weder die Zeit noch die Menschen etwas anhaben können. Es ist eine der bezauberndsten Gegenden der Welt und trägt zu Recht den Namen ›Insel der Schönheit‹.« Da will uns so recht jetzt nichts dazu einfallen. Aber dann: »Korsen sind Individualisten von überschäumendem Temperament. Gleichzeitig beherrscht und gelassen in ihrem Gehabe, gastfreundlich, ihren Freunden treu, heimatverbunden, redegewandt und mutig. Und: Sie sind leicht beleidigt.« Jawoll!!! Da sticht er uns doch in seiner vollen Pracht entgegen, da erkennen wir ihn wieder, den Bilderbuchfranken, den Gewürfelten schlechthin. Vor allem im leicht Beleidigten ist er zu finden, etwa beim Wildschwein (Schäufela), das er »nur aus Mitgefühl« verspeist, oder beim korsischen Sippenältesten, den er nicht von einem solchen zu unterscheiden vermag. Schweine spielen bei fränkischen Streitigkeiten mindestens eine so große Rolle wie bei den Korsen Goscinnys und Uderzos. »Blöida Sullen«, auf Hochdeutsch »blöde Sau« ist ein gern und häufig verwendetes Schimpfwort. Wer als solche bezeichnet wird, kontert entweder mit »Selber Sullen« oder versinkt in ein tief beleidigtes Schweigen. Das erklärt, warum in manchen Gasthäusern vor allem in ländlichen Gegenden Frankens in den Gaststube eine Stille herrscht, die nur vom Klirren der Biergläser gebrochen wird. Aktenkundig geworden ist vor kurzem ein Schwein – oder zumindest ein Teil davon –, das bei einem Wirthausstreit in Nürnberg zur Waffe wurde. Ein Kellner, der einem Gast ein Schäuferla samt Teller ins Gesicht geworfen hatte, wurde wegen gefährlicher Körperverletzung zu einer Bewährungsstrafe verurteilt. Der Gast hatte sich über die Qualität des Essens beschwert. Der rabiate Franken-Kellner ist, das muss hier ganz stark betont werden, ein Ausnahmefall. Normalerweise sind Wirthausbesuche an Main und Regnitz ungefährlicher, weil allenfalls Fäuste, nicht aber Schweine und Teller fliegen. So wie bei Korsen.

Wer Asterix nicht kennt, der möge uns verzeihen, dass wir diesen Grund hier anführen. Wir versichern jedoch hoch und heilig, dass es ein verdammt guter Grund ist, die Franken dafür zu lieben, dass sie leicht beleidigt sind. Schließlich müssen wir uns auch im täglichen Leben damit arrangieren.

GRUND 9

Weil man schnell weg ist

Manchmal muss der Franke einfach aus seiner Heimat raus. Nicht unbedingt, weil er die Schnauze voll hat vom gelobten Land des Bieres und der Bratwürste. Es gibt auch andere Gründe. Und der Vorteil ist, dass man schnell weg ist. So wie alle Wege nach Rom führen, scheinen alle Wege aus Franken hinauszuführen. Egal ob mit dem Auto oder der Bahn. Das Land – nennen wir es mal so – in der Mitte Deutschlands, der Mitte Europas und womöglich gar der Welt ist jedenfalls verkehrsgünstig gelegen und bietet damit jede Menge Fluchtwege. Auch das Flugzeug ist eine Alternative, und sogar mit dem Schiff kann man das Binnenland hinter sich lassen, Main und Main-Donau-Kanal machen's möglich. Der Nürnberger Flughafen hat in den vergangenen Jahren zwar einiges an Verbindungen in alle Welt abgeben müssen, aber noch hält er sich als dritte Startbahn für München. An der Bahn wird gerade noch gebaut. »Verkehrsprojekt Deutsche Einheit Nummer acht«, kurz VDE8, nennt sich das Vorhaben, dessen Abschluss die

Fahrt zwischen München und Berlin um etwa zwei auf rund vier Stunden verkürzen soll. Ob und wie oft der Zug dann zwischen Nürnberg und der ehemaligen Zonengrenze stoppt, ist allerdings noch offen. In den 1990er Jahren wurde die Trasse allerdings schon einmal aus Geldmangel auf Eis gelegt. Bleiben die Autobahnen, die Franken von West nach Ost und von Nord nach Süd durchschneiden. Über die A3 könnte man schnell nach Frankfurt gelangen. Aber welcher Franke, außer den ohnehin tendenziell hessischen Ascheberschern (Aschaffenburgern), will schon nach Frankfurt. Und außerdem ist die Strecke, die so schön durch Steigerwald und Spessart führt, chronisch verstopft. In die andere Richtung ist es da schon einfacher. Bereits kurz hinter Nürnberg kündet ein Schild von Neumarkt i.d.Opf. So fränkisch hier auch noch alles wirkt, Opf. ist eindeutig: Oberpfalz, also schon ein Stück Altbayern, kurz vor Niederbayern, Straubing, Deggendorf, Passau, Österreich … Welcher Franke will schon dorthin? Bei der A9 verhält es sich ähnlich. Je mehr es auf München zugeht, desto dichter wird der Verkehr. Warum nur? Nach Norden, Richtung Berlin, ist oft etwas mehr Luft. Außer wenn im Fichtelgebirge und im Frankenwald etwas Schnee fällt. Vom Thüringer Wald ganz zu schweigen. Dann ist auch hier schnell alles dicht. Rasch aus Franken wegzukommen, das entpuppt sich dann manchmal eben doch als nicht ganz so einfach. Aber da gibt es ja noch die Route mit dem verheißungsvollen Namen »Frankenschnellweg«. So tauften einst die Einheimischen die einzige Autobahn, die in Franken beginnt – und auch dort endet. Erst in den 1980ern erreichte die A73 von Nürnberg aus Bamberg, dann wurde sie bis Lichtenfels als B173 vierspurig ausgebaut. Fuhr man in Nürnberg auf den Frankenschnellweg, leuchtete einem auf den Schildern »Kronach« als Endpunkt entgegen, Kronach am Ende der westlichen Welt, noch etliche Kilometer hinter dem Ausbauende bei Lichtenfels. Da war einfach Schluss, und das auch noch bis fast 20 Jahre nach dem Mauerfall. Nun führt der Frankenschnellweg über Coburg nach Suhl, was zwar in Thüringen liegt, aber auch irgendwie als fränkisch bezeichnet werden darf. Kronach im Frankenwald taucht dagegen auf den Schildern inzwischen erst an der Abzweigung bei Lichtenfels auf. So ändern sich die Zeiten. Auf dem Frankenschnellweg kommt man jedoch nach wie vor nicht schnell weg aus Franken. Wozu auch.

KAPITEL 2

LEBEN & LEUTE

GRUND 10

Weil essen gehen so … ~~billig~~ normal teuer ist

Wir sagen es hier laut und deutlich: So günstig ist Franken gar nicht. Sicher, die Halbe Bier kostet in manchen Landgaststätten eben mal 2 Euro und das Schnitzel 5,50 Euro. Aber was soll's, man schafft ja eh nur eines von diesen Riesendingern, von den Schnitzeln, meine ich. Biere gehen schon ein paar mehr. Aber die Schnitzel, mein lieber Scholli. Bei uns im Nachbarort ist ein Biergarten, da sind die Teller nicht groß genug, die Schnitzel lappen über. Anderswo würden sie als Familienportion verkauft werden. Für den vierfachen Preis, exklusive der Pommes, natürlich. Aber das sollte man nicht an die große Glocke hängen. Wir wollen ja die Betreiber der Gasthöfe im Franken- oder Steigerwald, in den Haßbergen und im fränkischen Vogtland nicht auf dumme Gedanken bringen. Das Wort »billig« nimmt man als kluger Einheimischer nicht in den Mund.

Freunde, die aus Städten wie Stuttgart, München, Hamburg oder Düsseldorf anreisen, müssen gründlich vorbereitet werden. »Nur wundern, nicht reden«, schärfen wir ihnen ein, »bleibt cool«, sagen wir ihnen und »esst und trinkt und spart euch jeglichen Kommentar«. Die meisten geben sich ja auch redlich Mühe. Wenn sich beim Blick auf die Preise in der Karte ihre Wangen röten, ihr Atem schneller geht und Tränen in ihre Augen treten, kann man das Wirten und Bedienung mit der Freude über das Wiedersehen mit uns fränkischen Freunden erklären. Es kam aber auch schon vor, dass der weibliche Teil eines Stuttgarter Pärchens mit lauter Stimme fragte: »5,50? Da fehlt doch eine 1 davor?« Oder dass ein angereister Kumpel mit jovialer Geste der Kellnerin mit den Worten »Nehmen Sie, nehmen Sie, in Hamburg bekomme ich für alles zusammen gerade mal zwei Kaffee« ein fürstliches Trinkgeld zahlte. Am schlimmsten war aber ein Betriebswirtschaftler aus München, der die Wirtin in ein Gespräch über Angebot und Nachfrage, Benchmarking und Eventgastronomie verwickeln wollte.

Wenn das Essen wenigstens schlecht wäre, dann wäre es für die armen Hochpreis-Städter einfacher zu verstehen. Aber die Landgasthöfe, in die wir zum Essen gehen, kochen gut. Einfach, derb oft, aber solide. Im Vergleich zu ihrem Umfeld sind sie ja auch gar nicht so ~~billig~~ normalteuer. Nur in den Augen von Münchnern, Hamburgern und Co. schauen sie aus wie das Gasthof gewordene Preisparadies, eine immerwährende Happy Hour, ein Schlaraffenland, in dem das Bier fließt und die Schnitzel über den Tellerrand lappen. Wir haben unsere Freunde wirklich gern, in unsere Stammgaststätten auf dem Land nehmen wir sie dennoch nicht mehr mit. Vielleicht bilden wir uns den Zusammenhang ja nur ein, aber nach den letzten Besuchen hatten einige Gastronomen die Preise angehoben. Moderat zwar, aber man muss das Schicksal ja nicht herausfordern. Also sagen wir: Franken ist nicht billig, es ist normal teuer.

GRUND 11

Weil es auf dem Keller am schönsten ist

Franken und die meisten, die schon mal da waren, braucht man nicht zweimal zu bitten. Aber Gästen aus anderen Regionen stehen doch in der Regel die Fragezeichen ins Gesicht geschrieben, wenn man sie zum Kellerbesuch einlädt. Was? Wohin? In ein finsteres Loch, ein Verlies voller Spinnweben? Bestenfalls assoziieren sie noch Frankenwein + Keller = Weinkeller und fragen sich, was man einen Nachmittag oder Abend lang in so einem kühlen Lagerraum machen soll. Es geht aber um Bier und nicht um Wein, und auch nicht in, sondern auf den Keller.

In den Kellern, zumeist am Ortsrand in Hänge und Hügel gegraben, wurde vor der Erfindung technischer Kühlanlagen durch

Carl von Linde in den 1870er Jahren Bier gelagert. Auf den Kellern wuchsen oft schattenspendende Bäume wie Kastanien. Was lag also näher, als im Sommer den frisch gehaltenen Gerstensaft gleich an Ort und Stelle auszuschenken? Natürlich nichts. Die Idee setzte sich durch und erfreut sich bis heute größter Beliebtheit. Auch wenn jetzt kaum noch ein Keller der Lagerung dient.

Die bayerischen Biergärten haben übrigens keinen anderen Ursprung. Namen wie Augustinerkeller oder Löwenbräukeller weisen darauf hin. Nur hat sich eben in Altbayern die Bezeichnung »Biergarten« durchgesetzt, während die Franken dem Bierkeller treu geblieben sind. Als Biergarten kann sich ja auch jedes Wirtshaus bezeichnen, das ein paar Tische und Stühle im Freien aufgestellt hat. In den bayerischen Biergärten war es den Brauern aber zunächst verboten, auch Speisen zu verkaufen. Daraus entstand das Recht, dass die Gäste ihr eigenes Essen mitbringen und verzehren durften.

Daran halten sich auch die meisten fränkischen Keller. Wobei sich ob der oft hausgemachten Spezialitäten, die die Kellerwirte anbieten, eigentlich die Sinnfrage stellt. Nun gut, ein paar Vitamine, zum Beispiel in Form von Tomaten, kann man sich schon mitbringen. Selbst Rettich, in Bayern Radi, gibt's nicht überall. Standard ist dagegen die Essiggurke zur Hausmacherplatte. Die vereint in der Regel Presssack, Sülze, Göttinger, Leberwurst, Dosenfleisch und rohen Schinken. In der Vollversion kommen noch Ziebeleskäs (eine Art Quark, der ungewürzt früher auch an Hühnerküken, fränkisch Zieberla, verfüttert wurde), Gerupfter (die fränkische Version des Obatzden) und Limburger dazu. Das alles gibt's dann auch einzeln, am liebsten »mit Musik«, das heißt mit Essig, Öl, Salz, Pfeffer und vor allem reichlich Zwiebeln. Warmes ist eher selten, auch wenn manche Keller aufgerüstet haben und auch Pizza, Schaschlik, Döner oder klassisch Schäufela anbieten. Bratwürste aus der Pfanne müssen aber meist reichen. Auf alle Fälle gehört ein herzhaftes Bauernbrot dazu – und natürlich Bier.

Stunden- und seitenlang ließe sich noch schwärmen und schreiben oder über das Phänomen Bierkeller philosophieren. Aber der Appetit nimmt zu und vor allem der Durst. Noch dazu ist heute vielleicht der letzte sonnig-warme Sonntag im Jahr. Also nichts wie raus und hin – auf den Keller!

GRUND 12

Weil Heckenwirtschaften sich nicht verstecken müssen

Ob es sie noch gibt, die Winzer, die ihre eignen Wohn- oder gar Schlafzimmer freiräumen, um darin Gäste zu bewirten – wir wissen es nicht. Es gehört jedenfalls zu den vielen Geschichten aus »der guten alten Zeit«, die noch heute in Heckenwirtschaften erzählt werden. Sie bezeugen jedenfalls, dass die Einrichtung, die man am Rhein und an der Mosel als Strauß- und im Württembergischen als Besenwirtschaften kennt, auch am Main Tradition hat. Und wir, die wir in der Grenzregion zwischen Bierfranken und Weinfranken leben, haben gelernt, dass, was den einen ihre Keller, den anderen ihre Heckenwirtschaften sind. Künden auf den einen Fahnen (nicht die der Gäste, sondern die der Brauereien) davon, dass der Ausschank geöffnet hat, sind es bei den anderen eben Besen oder Sträuße. Ist das Biergefühl im Freien durch die Witterung beschränkt, so ist es die Weinseligkeit durch gesetzliche Regularien. Insgesamt höchstens vier Monate im Jahr dürfen fränkische Winzer ihren Gästen an maximal 40 Sitzplätzen ohne Gaststättenkonzession den eigenen Wein ausschenken und dazu »einfache Speisen« servieren. Traditionalisten führen dieses Sonderrecht gleich auf Karl den Großen zurück, zu dessen Zeit (also vor rund 1200 Jahren) auch der Weinanbau in Franken überhaupt erstmals urkundlich wurde. Aber näheren Nachforschungen hält diese Behauptung kaum stand. Doch sei es, wie es sei, Heckenwirtschaften sind auf alle Fälle schon seit langer Zeit eine feine Sache. Sie heißen übrigens nicht deshalb so, weil sie sich hinter Hecken verstecken, also quasi heimlich Wein ausschenken. Das Wort ist vielmehr von den »Häckern«, also den Gärtnern, im speziellen Fall den Weingärtnern, also Winzern, abgeleitet.

Weil die Tage des Ausschanks begrenzt sind, ist es natürlich immer eine große Herausforderung, zu wissen, wer wann und wo geöffnet hat. Das Internet und entsprechende Portale machen auch das inzwischen viel einfacher, aber eben auch weniger spannend. Früher benötigte man einen der gedruckten Hecken- oder Besenkalender oder doch zumindest gute Informanten. Oder einfach Zeit, Kraft und Lust, im Weinland draufloszuradeln und nach den aufgestecken Besen Ausschau zu halten. Das ist auch heute noch reizvoll und zu bestimmten Zeiten durchaus erfolgversprechend. Zum Beispiel gegen Ende der Weinlese – und das nicht nur wegen des lockenden schönen Herbstwetters –, denn dann haben sie fast alle geöffnet, um den Dürstenden den frischen Federweißen zu kredenzen. Da sind schon mal schnell die 40 Sitzplätze belegt. Aber findigen Heckenwirten ist es ja schließlich nicht versagt, auch nicht platzierte Gäste zu versorgen. Und findig müssen sie schon sein. Denn mit der Renaissance der Heckenwirtschaften in den vergangenen Jahren sind auch die Ansprüche gestiegen. Nicht alle Gäste wollen sich mit den klassischen einfachen Gerichten wie Bratwürsten oder Schlachtplatten abspeisen lassen. Da wird schon mal nach einem Salat, nach Vegetarischem oder gar Veganem verlangt. Nicht zuletzt deswegen haben viele fränkische Winzer inzwischen auch eine Gaststättenkonzession erworben. Die Grenzen zwischen Heckenwirtschaft, Weinstube und Ausflugslokal drohen zu verschwimmen. Da kann man schon verstehen, dass manche sich nach dem improvisierten Ausschank im privaten Wohnzimmer zurücksehnen.

GRUND 13

Weil man sich Stärke antrinkt

Es ist die Zeit zwischen den Jahren, und das Manuskript für dieses Buch nähert sich seiner Fertigstellung. Das verlangt nach Kraft. Wie gut, dass es da den schönen oberfränkischen Brauch des Stärkantrinkens gibt. Zu Epiphanias, dem zwölften Tag nach Weihnachten – hierzulande besser als Dreikönigstag oder einfach Heiligdreikönig bekannt –, ist es so weit. Am 6. Januar, oder besser noch am Vorabend, weil der siebte schon wieder ein normaler Arbeitstag ist – für viele der erste im Jahr nach den vielen Feiertagen –, strömen die Menschen in die Brauereigaststätten, um sich in geselliger Runde Stärke für das bevorstehende Jahr anzutrinken. Manche meinen, es müsse ein Seidla – ein Krug mit einem halben Liter Inhalt – für jeden Monat sein. Dem müssen wir jedoch heftig widersprechen. Denn nach zwölf Seidla ist nun mal nichts mehr mit Geselligkeit, und erst recht nicht mit Stärke. Da liegt auch der geübte fränkische Biertrinker flach. Vor allem, wenn es sich auch noch um Bockbier handelt. Es muss aber nach weitgehender Übereinstimmung nicht unbedingt Bockbier sei. Denn das ist sowieso eine Erfindung aus dem hohen Norden, aus der Stadt Einbeck – woher es auch seinen Namen hat. Diese Erfindung haben sich im 16. Jahrhundert die Münchner zu eigen gemacht und erst sehr viel später die fränkischen Brauer. Trotzdem ist es eine feine Sache – nur zwölf auf einen Streich sind eindeutig zu viel. So haben wir denn bisher auch wohlweislich weitgehend auf das Bockbier verzichtet, das die meisten fränkischen Brauer schon in der Vorweihnachtszeit ausschenken. Die Exzesse um manche Bockbieranstiche sind jedenfalls nicht schön, geschweige denn liebenswert. Wir haben uns höchstens mal ein Bockbiereis mit Bratquitten oder Bockbiermuffins nach Rezepten aus unserem Bierkochbuch gegönnt – Stärkanessen sozusagen. Aber nun naht unaufhaltsam der Tag, oder besser gesagt die zwölfte Nacht. Wir wissen, dass wir dem Bier schon mehrere der guten Gründe in diesem Buch gewidmet haben. Nicht zu Unrecht. Und natürlich wollen wir auch nicht als Vertreter zügellosen Alkoholkonsums rüberkommen. Aber manchmal muss es einfach sein. Und wenn die Tradition es will und diese zumal noch so schön ist, dann trinken wir mit Freunden an Dreikönig sicher gerne ein Seidla oder zwei, vielleicht auch drei. Auf dass die Stärke nicht nur ein paar Wochen, sondern fürs ganze Jahr anhalte. Für die guten Vorsätze ist darin ja immer noch jede Menge Zeit. Wer fängt schon gleich am 1. oder 2. oder vor dem 6. Januar damit an?

GRUND 14

Weil es hier so angenehm schauern kann

Nein, hier ist nicht das Wetter gemeint. Schließlich scheint in Franken immer die Sonne, und wenn sie einmal nicht scheint, dann nur, weil es Nacht ist. Das glauben Sie uns nicht? Dann sollten Sie diesen Grund nicht weiterlesen, denn er handelt von Geistern, Unholden und ruhelosen Seelen, also Phänomenen, die kritischen Geistern nur ein mitleidiges Lächeln entlocken. Na ja, so richtig geistergläubig sind wir auch nicht, aber ein sanftes Schauern und ein gerade richtig grausiges Gruseln mögen wir trotzdem. Immer wieder gut dafür ist die Burgruine Rauheneck, die in der Nähe der unterfränkischen Stadt Ebern liegt. Um zu ihr zu gelangen, muss man über schmale Waldwege immer bergauf steigen. Oben auf der Höhe finden sich Reste von Zwingtürmen, Kellergewölben und Mauern mit Fensterhöhlungen, Schießscharten und einem Abortschacht. Auch Ritter und Burgfräulein mussten mal, bevor sie das Zeitliche segneten und zu Gespenstern wurden. In den 80er Jahren des 20. Jahrhunderts wurde in den Ruinen der Kapelle ein menschliches Skelett gefunden – es könnten noch mehr davon auf dem Berg liegen. Was uns aber bei unserer Burg-und-Berg-Wanderung trotz des sonnigen Herbsttags wirklich erschauern ließ, war der flechtenbewachsene Gedenkstein etwas außerhalb der Burg. Er erinnert an eine Frau, die 1929 dort erschlagen und deren Mörder nie entdeckt wurde. Die Schrift ist schwer zu entziffern, »Jungfrau« konnten wir lesen und »Kunigunda Löffler«. Wie wir später aus heimatkundlichen Quellen erfuhren, war sie an einem Juli-Samstag in den Wald gegangen, um Himbeeren zu sammeln, und kam nie zurück. Einen Tag später fand man ihre Leiche – ein paar Meter von der Stelle entfernt, an der heute der Gedenkstein steht. Ein trauriger Ort ist das, immer ein bisschen feucht, und nachdem wir den Stein gesehen hatten, mussten wir bei jedem Rascheln im Gebüsch an die unglückliche Jungfer denken. »Pass auf, dass dich die Rauhenecker Lies nicht holt«, warnten in den Jahren nach dem Mord die Mütter der Gegend allzu übermütige Kinder. Wer an dem Gedenkstein stand, wird aber sicher nicht glauben, dass die Erschlagene Lebenden schaden will. Man spürt keinen Zorn an diesem Ort, nur Wehmut darüber, wie schnell ein Leben vorbei sein kann.

Wenn die Ermordete durch Wald und Burg spukt, dann eher so wie eine der Weißen Frauen, die in ganz Franken immer wieder gesichtet wurden. Sie sind ihren Erblickern wohlgesinnt, weil sie sie vor ihrem baldigen Tod warnen – eine gute Tat, weil dann der- oder diejenige rechtzeitig ihr Leben in Ordnung bringen, zum Beichten gehen, sich mit der Schwiegermutter versöhnen oder die Steuererklärung endlich abgeben kann. Im Aschaffenburger Schloss sah der Schwedenkönig Gustav Adolf 1631 des Nachts eine weiße Gestalt über den Gang wabern – ein Jahr später war er tot. Napoleon soll im Neuen Schloss in Bayreuth 1812 die ortsansässige Weiße Frau das unglückliche Ende des Russlandfeldzuges vorhergesagt haben – ob auf Französisch oder Fränkisch, ist nicht überliefert. Auf der Kulmbacher Plassenburg geht eine besonders unglückliche Weiße Frau um. Die junge Kunigunde von Andechs, Witwe des Grafen Orlamünde, verliebte sich der Sage nach im 13. Jahrhundert in den Nürnberger Burggrafen Albrecht den Schönen. Der war zwar nicht abgeneigt, sagte aber, er könne sie nicht heiraten, weil vier Augen zwischen ihnen stünden. Er meinte damit seine Eltern, Kunigunde aber glaubte, die vier Augen würden sich auf ihre beiden Kinder aus erster Ehe beziehen. Sie erstach die Kleinen mit einer goldenen Nadel. Als er von der Untat erfuhr, wollte der schöne Albrecht nichts mehr von ihr wissen. Von einer Bußwallfahrt nach Rom heimgekehrt, starb sie auf der Schwelle des Klosters Himmelkron, wo ihre beiden Kinder begraben waren.

Dass in Franken auch in der Neuzeit weiß gewandete Wesen umgehen, mussten des Öfteren Geschäftskunden der Porzellanfirma Rosenthal feststellen, die im Schloss Erkersreuth, dem Wohnhaus von Philipp Rosenthal, übernachteten. Mehr als einmal, wird berichtet, erschreckten sich Gäste, weil der unkonventionelle Industrielle des Nachts in einer weißen bodenlangen Djellaba, einer arabischen Tunika, durch die Gänge des alten Gemäuers lief.

GRUND 15

Weil es Studio Franken gibt

Der Bayerische Rundfunk ist nicht unbedingt ein Grund, Franken zu lieben. Wie auch? Zumindest in der Vergangenheit war der nördliche Teil des Freistaats ziemlich unterrepräsentiert im Programm des Landessenders. Und wenn, dann tauchte er zumeist nur als als Teil von Bayern auf. Franken schien kaum der Rede wert. *Bayern live – Der Norden* hieß etwa die Sendung, die spät (1994) ins Programm genommen und noch viel später (zur Jahrtausendwende) in *Frankenschau aktuell* umbenannt wurde. Die Crux an der Sache: Abends um 17.30 Uhr wurde das BR-Fernsehprogramm für 30 Minuten gesplittet. Den Norden bekam also nur der Norden zu sehen, dann ging's zurück nach München. Heute, in Zeiten von

Internet, Mediatheken, Digital- und Satellitenprogrammen, ist das kein Problem. Aber Otto Normalfranke bekommt auch dort wieder und weiter oberbayerische Alm- und niederbayerische Waldmenschen zu sehen und zu hören, die munter in ihrer Sprache erzählen, während fränkische Ureinwohner, die es ins gesamtbayerische Programm schaffen, regelmäßig synchronisiert oder mit Untertiteln versehen ihre Geschichten erzählen dürfen. Doch dafür kann das Studio Franken herzlich wenig. Es heißt übrigens erst seit Mai 1990 so. Vorher war es das Studio Nürnberg. »Der Namenswechsel soll die Berücksichtigung des gesamten fränkischen Raums in der Berichterstattung verdeutlichen«, hieß es dazu vom BR. Und was ist mit dem Fränkischen im gesamten bayerischen Raum? Die engagierten Redakteure im Nürnberger Studio produzieren schließlich eine ganze Menge. Und dem kann man auch im Allgemeinen das höchste fränkische Lob »bassd scho« (passt schon) aussprechen. Es reicht jedenfalls, um die Liebesgründe für dieses Buch zu erfüllen. Das hat auch Tradition. Bereits im August 1924 nahm der »Nebensender Nürnberg« seinen Betrieb auf, nachdem keine fünf Monate zuvor die »Deutsche Stunde in Bayern, Gesellschaft für drahtlose Belehrung und Unterhaltung« begonnen hatte, von München aus auf Mittelwelle zu senden. Der Sender sollte ausschließlich der Ausstrahlung des Münchner Hörfunkprogramms dienen, steuerte jedoch schon bald eigene Live-Musikproduktionen und gelegentliche Wortbeiträge bei. Doch mit der Gleichschaltung unter der Fuchtel des Reichspropagandaministeriums der Nazis war auch damit erst mal Schluss. Weiter ging es erst nach dem Krieg. 1949 wurde ein neues Funkhaus in Nürnberg eingeweiht – in einem umgebauten Pferdelazarett an der Wallensteinstraße. Nur Franken gibt man den Gnadenschuss, könnte man damit assoziieren. Ganz so schlimm kam's nicht. Ab 1960 war es sogar möglich, das BR-Radioprogramm zu splitten. Eine eigene Redaktion durfte ein fränkisches Wortprogramm entwickeln: exklusiv – besser übersetzt mit: ausschließlich – für Franken. »Der erste Leiter der

Wort-Redaktion, Wolfgang Buhl, ein gebürtiger Sachse mit Faible für das Fränkische, knüpft in den 1960er Jahren viele Kontakte zu Mundart-Autoren der Region. Künstlern wie Gottlob Haag, Engelbert Bach und Fitzgerald Kusz bietet er ein Forum im Hörfunkprogramm. So versammelt sich im Studio Nürnberg bald eine lebhafte Mundart-Szene, zu der auch Autoren wie Wilhelm Staudacher oder Gerhard C. Krischker gehören.« So steht es in der BR-Historie. Wir können uns nicht mehr dran erinnern, aber zumindest Kusz und Krischker sind uns bekannt. Lobens- und liebenswert finden wir das allemal. Das Fernsehen kam dann auch bald hinzu. Einiges wird sogar bayernweit ausgestrahlt. *Fastnacht in Franken* aus Veitshöchheim mutiert sogar zum Quotenhit. Was soll uns das über die Franken sagen? Und muss man Bayern für alles danken, sogar fürs Studio Franken?

PS: Um möglichen Protesten vonseiten des Bayerischen Rundfunks vorzubeugen: Alle Aussagen über die mediale Benachteiligung Frankens im Sendeschema sind natürlich gefühlte Werte. Da es in diesem Buch aber vor allem darum geht, Franken als ein Lebensgefühl zu vermitteln, scheint uns das legitim. Zumal uns persönlich kein einziger Franke bekannt ist, der dieser Einschätzung widersprechen würde. Also, nix für ungut, lieber BR.

GRUND 16

Weil es immer wieder weitergeht

Franken: Fachwerkhäuser in romantischen Städtchen, karge Alblandschaften mit schroffen Felsen, finster bewaldete Mittelgebirge, idyllische Flusstäler, erdverbundene Menschen in abgelegenen Dörfern. Ja, das gibt es tatsächlich alles. Und jedes ist ein Grund, Franken zu lieben. Doch das beschreibt nur einen kleinen Teil. Franken ist außerdem ein traditionsreicher Wirtschaftsstandort.

Industrialisierung gab es hier bereits, als die Lederhosen noch mehr als 100 Jahre vom Laptop entfernt waren. Wo fuhr die erste deutsche Eisenbahn? Genau! Zwischen Nürnberg und Fürth. Das verarbeitende Gewerbe prägte aber nicht nur den mittelfränkischen Ballungsraum. Die Industrialisierung bestimmte auch das Leben im Frankenwald und im Fichtelgebirge. Glas, Porzellan und Bergbau waren ebenso wie Textilien die treibende Kraft des Wirtschaftslebens. Waren? Tatsächlich beherrscht der Niedergang vieler klassischer Industrien das Bild, das sich Außenstehende von Frankens Wirtschaft machen. Da ist der langsame Niedergang der Porzelliner in Selb und der Textiler in Hof. Dazu kamen in diesem Jahrhundert namhafte Pleiten. Grundig, AEG und Quelle verschwanden. Zuletzt gerieten Nischenanbieter und Premiummarken wie die Fernsehgeräte-Hersteller Loewe in Kronach und Metz in Zirndorf in Turbulenzen. Und in Erlangen lebt man schon lange mit der Erkenntnis, dass die Stadt eine Lungenentzündung bekommt, wenn Siemens hustet. All den Verfall hat es auch schon früher gegeben. Von der ruhmvollen Nürnberger Motorradindustrie ist nichts geblieben. Auch die Spielwarenbranche verlor namhafte und große Hersteller. Aber sie lebt. In Schweinfurt gibt es heute weder Fichtel und Sachs noch FAG Kugelfischer. Wälzlager werden aber unter anderem Namen immer noch produziert. Schweinfurt ist eine der bayerischen Boomtowns, mitten in Franken, mit Kennzahlen, die ansonsten die Lederhosen für sich reklamieren. Nicht ganz so vital präsentiert sich Selb. Doch auch das Porzellan ist noch nicht weg vom Fenster. Ohne Glas aus dem Frankenwald stünden viele Parfums nackt da. Es ist aber nicht nur das Festhalten an und das Weiterentwickeln von alten Traditionen. Die Franken waren schon immer findig und wendig, wenn es galt, sich an neue Gegebenheiten anzupassen. Alte Industrien sterben, ebenso wie es zuvor altem Handwerk erging. So war es immer schon. Vieles bleibt, und Neues kommt. Nie hat ein einzelner Zweig die fränkische Wirtschaftskultur völlig beherrscht. Das ist ein enormer Vorteil. Immer wieder schmerzen tiefe Einschnitte. Aber trotz allem steht Franken gut da. Vielleicht sind die Erfolgsstorys von heute morgen ja schon wieder Schnee von gestern. Deshalb wollen wir sie hier auch nicht alle aufzählen. Wir wollen schließlich auch keine Standort-PR machen. Hier geht's ums Prinzip. Es geht weiter. Nicht immer weiter, aber immer wieder. Wenn das mal nicht liebenswert ist.

GRUND 17

Weil Osterbrunnen wie Dirndl sind

Die Osterbrunnen der Fränkischen Schweiz sind ein Touristenmagnet. Seit einigen Jahren sind sie sogar ein Exportartikel. Busladungen voller Kaffeefahrttouristen treffen Jahr für Jahr hier ein. Mit dem Osterbrunnen-Hopping wird an Ostern die Saison eröffnet. Die Menschen sind fasziniert von den geschmückten Wasserstellen, manche mit an Erntekronen erinnernden Gebinden und Hunderten von handbemalten Eiern sehr traditionell daherkommend, andere mit bunten Plastikeiern und Plüschhasen eher an ein fränkisches Disneyland erinnernd. Der Brauch gehe auf ein uraltes heidnisches Fruchtbarkeitsritual zurück – aus einer Zeit, als hier noch Slawen siedelten –, der wendische Kult, Quellen im Frühjahr mit frischem Grün zu schmücken, habe sich hier erhalten, heißt es. Das Archaische übt sicher seinen Reiz aus. Aber selbst die Tourismuszentrale Fränkische Schweiz wagt es nicht, von »uraltem Brauchtum« zu reden. Vielmehr ist von einem »seit mehr als 100 Jahren« ausgeübten Brauch die Rede. Und tatsächlich stößt man auf der Suche nach dessen Ursprung auf den Dorfbrunnen am Haag in Aufseß, der erstmals 1908 oder 1909 geschmückt worden sein soll. Erste schriftliche Belege gibt es für einen Osterbrunnen im Jahr 1913 im Ort Engelhardsberg bei Muggendorf, weswegen 2013 in der ganzen Fränkischen Schweiz medienwirksam das 100-jährige Jubiläum der

Osterbrunnen gefeiert wurde. Dabei spricht die Engelhardsberger Dorfchronik selbst davon, dass 1914 zum ersten Mal der neue Brunnen geschmückt wurde. 2013 konnte man also eigentlich nur die maximal 100. Auflage dieses Events begehen. Allerdings soll es schon vor der Errichtung des Brunnens üblich gewesen sein, die Quellen zu schmücken. Die Berichte darüber reichen jedoch auch nur bis ins 19. Jahrhundert zurück. Es deutet also sehr viel darauf hin, dass das Schmücken der Osterbrunnen neben der Freude über neue Wasserversorgungseinrichtungen in der kargen Karstregion vor allem und von vornherein der touristischen Vermarktung diente. Schließlich war die Fränkische Schweiz damals schon lange ein beliebtes Reise- und Urlaubsziel. Für den heidnischen Quellenkult gibt es dagegen eigentlich nur eine Quelle: Im Jahr 1322 hat ein gewisser Georg Andreas Mahkorn, Gutsherr in Zettlitz am Obermain, angeordnet, dass »wie bei den Vorfahren die Quellen und Brunnen an Ostern mit Grün geschmückt werden sollen«. Allerdings hätte dann der Kult, der 1898 auch von dem Germanisten und Mediävisten Karl Weinhold beschrieben wurde, seinen Ursprung in Thüringen, woher jenes Mahkorn Sippe stammte. So weit die dürftige Quellenlage. Fast 600 Jahre lang verlor also niemand ein Wort darüber. Und nach einer kurzen Blüte zu Beginn des 20. Jahrhunderts versiegte die doch recht junge Osterbrunnentradition beinahe wieder, nicht zuletzt, weil sie auch von den regionalen Nazis, die sie für ihre Zwecke auszuschlachten versuchten, in Misskredit gebracht wurde. 1952 soll nur noch in 16 Orten daran festgehalten worden sein, berichtet der Fränkische-Schweiz-Verein. Erst in den 1980er Jahren setzte dann ein Boom ein, der sich zunächst nach und nach über die Grenzen der Fränkischen Schweiz auf andere Teile Frankens, auf die Oberpfalz, Baden-Württemberg, Thüringen und das Erzgebirge ausdehnte. Im Rest Sachsens, in Rheinland-Pfalz, Hessen und im Saarland zogen die Osterbrunnenschmücker nach. Daneben entstand ein Eierwettlauf um den Eintrag ins *Guinness Buch der Rekorde*, den zuletzt die oberschwäbische Gemeinde

Oberstadion mit knapp 27.000 Eiern anführte. Sogar im hohen Norden werden schon Osterbrunnen gesichtet, etwa in Haselünne im Emsland. Sie verbreiten sich wie ein Krebsgeschwür, könnten böse Zungen formulieren. Man könnte auch sagen, sie verbreiten sich wie das Dirndl. In dem Kleid, das vorgibt, eine alte bayerische Tracht zu sein, rennen inzwischen ja auch in ganz Deutschland die Frauen auf ihre Volksfeste – sogar in Franken! Doch egal ob es sich dabei um vorgeblich traditionelle, um Designerdirndl oder Billigdirndl vom Discounter handelt, das Dirndl war eigentlich nie eine Ausgehtracht, sondern die Arbeitskleidung der Mägde. Der Wandel setzte erst mit der oberbayerischen Touristenfolklore im ausgehenden 19. Jahrhundert ein. Osterbrunnen als Exportartikel sind also sozusagen die oberfränkische Antwort auf das oberbayerische Dirndl.

GRUND 18

Weil man mit Leib und Seele unterwegs ist

Wer gerne zu Fuß inmitten vieler Menschen unterwegs ist, kann an einem der vielen Halb-, Ganz-, Viertel-, Sechstel- oder sonstigen Marathonläufe teilnehmen, die in Franken veranstaltet werden. Das ist modern und trendig, aber nicht wirklich ein Genuss. Erstens muss man sich dabei ziemlich anstrengen. Zweitens sind sie nichts für Ästheten, es sei denn, man erfreut sich am Anblick neonfarbener Trikots, haariger Läuferwaden und rinnender Schweißperlen. Nein, es gibt in Franken viel bessere Möglichkeiten, auf Schusters Rappen gemeinschaftlich etwas zu erleben – fast 40 Stück davon. Die Rede ist von den Wallfahrten, die jahrein, jahraus quer durch die fränkischen Lande führen. Die katholischen Lande, muss man hinzufügen – die Pilgerwanderung zu heiligen Orten ist auch in Zeiten wachsender Ökumene eher kein Phänomen der lutherischen

Glaubensrichtung. Dann kann uns dieser Grund ja auch egal sein, werden die protestantischen, islamischen, buddhistischen, hinduistischen oder atheistischen Leser dieses Buches sagen. Nein, antworten wir, denn das spezielle Flair einer Wallfahrt, die tiefe Spiritualität, die sich im gemeinschaftlichen Unterwegs-Sein zeigt, das alles ist erlebenswert auch für Menschen, die an etwas anderes oder an gar nichts glauben. Das Wallen, wie man das in Franken nennt, kann eine Reise zu sich selbst sein. Lebendiges Brauchtum, das zu einigen der schönsten Kirchenbauwerke Frankens führt, ist es außerdem. Ins malerische Gößweinstein geht es mit der Trinitarischen Wallfahrt, Marianische Wallfahrten ziehen nach Dettelbach oder Marienweiher, es geht auf den Kreuzberg, einen der heiligen Berge Frankens, zur berückenden Barockpracht der Basilika Vierzehnheiligen, zum Blutsfest nach Burgwindheim oder zum Georgiritt mit Pferdesegnung in Gunzendorf. Wer sich den Wallenden unterwegs nicht aufdrängen will, kann sie an den Zielorten erwarten und sich auf einen Augen- und Ohrenschmaus freuen. Pilgerfahnen flattern, manche Gruppen tragen Heiligenfiguren mit sich, und über allem schwebt der Klang von Pilgerliedern und manchmal Blasmusik. Aber keine Angst, all dieses Himmelsstreben ist immer fest im Irdischen verankert. Wir wären nicht in Franken, wenn neben den seelischen nicht auch die leiblichen Bedürfnisse der Wallfahrer gestillt würden. Neben den Kirchen laden Gaststätten zur Einkehr ein, einige sogar von Mönchen betrieben. Es gibt Bratwürste, es gibt Vesperteller, es gibt sogar eigens zubereitetes Wallfahrtsgebäck. In Retzbach-Zellingen im Main-Spessart-Kreis werden seit 1856 Pfeffernüsse für die Wallfahrer gebacken, in Steinfeld wird der Gefaltete Wallfahrtsweck angeboten, dessen gebogene Form an betende Hände erinnert. Sehr bekannt sind Dettelsbacher Muskazinen, die mit Zimt, Nelken und – wie schon der Name sagt – Muskat gewürzt und mittlerweile durch ein Patent geschützt sind. Da auch Seelenpilger Durst bekommen, braut man für sie spezielle Alkoholika wie das dunkle Kreuzbergbier oder den Nothelfertrunk in Vierzehnheiligen. Letzterem wurde eine wundertätige Wirkung zugesprochen. Der Dickers-Vater erzählte eine Gegebenheit, die sich Anfang der 1950er Jahre an dem oberfränkischen Wallfahrtsort zugetragen hat. Ein Mann rannte, eine Bierflasche schwenkend, die Straße hinunter, die aus dem Maintal zur Basilika führte, und rief: »Ich ko widder laaf! Ich ko widder laaf!« (auf Hochdeutsch: »Ich kann wieder laufen!«). Die Pilgergruppen, die ihm entgegenkamen, bekreuzigten sich, jubelten: »Ein Wunder! Ein Wunder!« und nahmen sich vor, dem Nothelfertrunk ebenfalls tüchtig zuzusprechen. Der Mann dämpfte ihre Freude aber schnell: »Kein Wunder, mir haben's mei Fahrrad gestohlen.« Auf die Enttäuschung, führte der Dickers-Vater weiter aus, mussten dann natürlich erst recht ein paar Bier konsumiert werden.

KAPITEL 3

STADT & LAND

GRUND 19

Weil es seltsame Orte gibt

Fränkisch klingt in manchen Ohren schon sehr fremd. Noch befremdlicher scheinen manche Ortsnamen zu sein. Wir sagen nur: *Mausgesees und Ochsenschenkel.* So heißt ein Standardwerk, das der Nürnberger Sprach- und Heimatforscher Herbert Maas 1969 erstmals veröffentlichte. Die »Kleine nordbayerische Ortsnamenkunde«, so der Untertitel, soll den »Leser anregen, sich mithilfe der vorhandenen Beispiele mit anderen Ortsnamen zu beschäftigen, ihn aber gleichzeitig davor warnen, leichtfertig schwierige Namen aus dem Stegreif zu deuten«. Der Aufforderung wollen wir hier Folge leisten, einiges erklären und alles andere der Fantasie unserer Leser überlassen. In diesem Sinne: Mausgesees – wie Ochsenschenkel im Landkreis Erlangen-Höchstadt gelegen – hat tatsächlich etwas mit dem Gesäß zu tun. Es kommt vom Sitz, dem Wohnsitz. Und es gibt auch noch die Orte Gesees und Wohlmannsgesees. Beim Blick auf die fränkische Landkarte – er sei hier auf den bayerischen Teil beschränkt – finden sich zum Beispiel auch Orte, die man hier eigentlich nicht vermutet. Zum Beispiel Kamerun (bei Bayreuth), Ingolstadt (bei Giebelstadt), Frankfurt (im Markt Taschendorf), und gleich zweimal Sachsen (bei Ansbach und bei Leutershausen).

Ein Ortsname, bei dem sich Franken erst mal gar nichts denken, der aber bei Nordlichtern schier ungebremste Heiterkeit hervorruft, ist Strullendorf. So hat die Gemeinde südlich von Bamberg im Fernwehpark im oberfränkischen Hof, wo seit 1999 unter anderem Straßen- und Ortsschilder aus aller Welt gesammelt werden, einen Platz in der Abteilung »außergewöhnliche und kuriose Ortsnamen« gefunden – neben Pissen, einem Stadtteil von Leuna in Sachsen-Anhalt. Aber auch wenn der Ortsname schon mal in einer Klopapierwerbung Verwendung fand, hat Strullendorf nichts mit flüssigen Körperausscheidungen zu tun. Den Namen verdankt es wohl einem gewissen Strollo, dessen fränkische Sippe hier vor mehr als 1000 Jahren gesiedelt haben soll. Ähnliche Assoziationen mögen bei manchen fränkische Orte wie Kothen, Köttel, Mistendorf, Raitersaich oder Ober- und Unterharnsbach hervorrufen. Eine verwandte Kategorie bilden zum Beispiel Oberkotzau, Kotzmannsreuth, Kotzendorf, Kotzenaurach, Kotzmühle, Reyersbach, Speikern, Speiersberg, Würgau und Kübelstein. Für erfreulichere körperliche Aktivitäten hat sich in den letzten Jahren zunehmend ein Begriff etabliert, der in fränkischen Ortsnamen gleich dutzendweise auftaucht: Poppenreuth, Poppendorf, Poppenhausen, Poppenwind, Poppengrün, Poppenhof, Poppenholz, Poppenweiler, Poppenleithen, Poppenbach, Poppengrund, Poppenroth, Poppenlauer. Doch geht es hier nicht um Brunst (bei Leutershausen im Kreis Ansbach) oder Voglerei (bei Wallenfels im Kreis Kronach). Auch die Popen (Pfaffen) sind nicht zuständig. Vielmehr war Poppo im Mittelalter ein geläufiger Name in verschiedenen Adelsgeschlechtern. Dagegen kommen Gailshofen, Gailroth, Geilsheim, Untergailnau, Windischgaillenreuth und Burggaillenreuth tatsächlich von »geil«. Allerdings wurde dieser Ausdruck früher auch in der Landwirtschaft für »üppig«, »fett«, »ertragreich« verwendet. Sexuelle Konnotationen schwingen für manche Ohren auch in Wichsenstein, Busendorf, Muschendorf, Freudeneck, Fickmühle oder Stechera mit. Moralische Verfehlungen legen Lotterhof, Unterlottermühle und Untreumühle nahe, züchtiger geben sich dagegen Amorbach, Bettwar und Liebenau, von Großheirath ganz zu schweigen. Dass es in Franken nicht immer friedlich und den Nächsten liebend zuging, lässt sich bei Orten wie Streitau, Böseneck, Bösenbechhofen, Mordlau, Maulschelle, Heuchelheim und Heuchelhof, Meuchlein, Hetzlos, Hohn, Einraffshof, Mauschelhof, Ehrenschwinden, Gifting, Streit, Prügel und Prügeldorf mutmaßen. Ganz entspannt klingen dagegen Nickersfelden und Schnarchenreuth, Witzleshofen, Süßengut, Püscheldorf, Juchhöh und Sorgenflieh, aber auch Schabernack. Gemütlich scheint es auch in

Schlappenreuth und Puschendorf zuzugehen, ebenso in Langweil. Franken ist eben nicht nur Hölle, Höllenthal, Torfmoorhölle, Unter- oder Oberhölle, sondern auch Seelig, Erzengel, Altenhimmel, Himmelkron und Himmelstadt. Das hat schon Aura – im Sinntal oder an der Saale. Darum noch eine kleine Auswahl schöner oder auch nur seltsamer fränkischer Ortsnamen: Aalkorb, Abendhut, Absang, Aha, Ameisenbrücke, Bieberehren, Birnstengel, Deps, Elsa, Etwashausen, Fernabrünst, Gefrees, Giessübel, Gottesgab, Gottschalk, Grümpel, Habnith, Hafendeck, Hermes, Hundshaupten, Hunger, Hurzfurt, Kellerhut, Klein- und Großohrenbronn, Klein- und Großschloppen, Kordigast, Kreuzschuh, Krötennest, Lahm, Lebenhan, Mainklein, Motten, Pilsmühle, Sachspfeife, Schadlos, Schlimpfhof, Schönderling, Schondra, Schwarze Pfütze, Singenrain, Specke, Strahlungen, Straßlücke, Tröstau, Tuckelhausen, Unsinnige Mühle, Unsleben, Unterschieda, Voitsumra, Vollauf, Vorlahm, Warzfelden, Wasserkraut, Zeitlofs, Zeubelried, Zuckmantel. Und zu guter Letzt natürlich: Dickershausen und Kurzendorf.

GRUND 20

Weil die schönste Stadt der Welt in Franken liegt

165 fränkische Städte werden bei Wikipedia aufgelistet – von Abenberg bis Zirndorf, von Ummerstadt mit weniger als 500 Einwohnern bis Nürnberg mit fast 500.000 Einwohnern, von Aschaffenburg im Westen bis Hohenberg im Osten, von Bad Salzungen im Norden bis Eichstätt im Süden. Ummerstadt, Bad Salzungen, Eichstätt – fränkisch? Zugegeben: Ummerstadt liegt in Thüringen, Bad Salzungen in Hessen und Eichstätt im Regierungsbezirk Oberbayern. Irgendwie lässt sich aber bei jeder der Frankendreh finden. Doch wir wollen da nicht übertreiben und nehmen zur Beantwortung der Frage nach der schönsten Stadt einfach mal alle 22 Städte die-

ser Liste, die sich außerhalb der drei bayerisch-fränkischen Regierungsbezirke finden, aus dem Rennen – auch wenn jetzt vielleicht einige sauer sind, weil die schönste Stadt der Welt doch gerade eine von den nicht Berücksichtigten sein sollte. Uns bleiben aber immer noch 143. Doch um fair zu sein, sollten wir auch diejenigen aus der Wertung nehmen, die zwar territorial zu Franken zählen, historisch aber nicht unbedingt dazugehören. Und deren Bewohner sich vielleicht auch gar nicht fränkisch fühlen. Da wären zum Beispiel die östlichen Landkreise Aschaffenburg und Miltenberg, die eher dem hessischen Sprach- und Kulturkreis zuzuordnen sind. Auch Bad Brückenau muss wegen seiner sprachlichen Nähe zum fuldaischen Hessisch wohl abgeschrieben werden. Das sind immerhin zusammen zehn Städte. Dazu kommt noch Ludwigsstadt im Norden des Landkreises Kronach. Während sich Thüringer von Meiningen bis Suhl oft Franken verbunden fühlen, sind die Ludschder, wie sich die Frankenwäldler nennen, doch eigentlich den Thüringern zuzuschlagen. Da sind dann also nur noch 132 in der Auswahl. Jetzt wollen wir aber nicht die üblichen Verdächtigen hofieren, also diejenigen, die ohnehin schon schön und groß und bekannt und beliebt sind. Darum lassen wir kurzerhand alle mit mehr als 17.000 Einwohnern außen vor. Und Rothenburg, das ach so schöne, auch gleich, weil es sich Große Kreisstadt nennen darf, obwohl andere in Bayern dafür dreimal so groß sein müssen.

Jetzt bleiben also noch genau 111 Städte übrig. Wenn das kein Zufall ist (und wir uns nicht verzählt haben)!

Abenberg, Altdorf bei Nürnberg, Arnstein, Arzberg, Aub, Bad Berneck, Bad Königshofen im Grabfeld, Bad Neustadt an der Saale, Bad Rodach, Bad Staffelstein, Bad Windsheim, Baiersdorf, Baunach, Betzenstein, Bischofsheim an der Rhön, Burgbernheim, Burgkunstadt, Creußen, Dettelbach, Dinkelsbühl, Ebermannstadt, Ebern, Eibelstadt, Ellingen, Eltmann, Feuchtwangen, Fladungen, Gefrees, Gemünden am Main, Gerolzhofen, Goldkronach, Gräfenberg, Greding, Gunzenhausen, Hallstadt, Hammelburg, Haßfurt, Heideck, Heilsbronn, Helmbrechts, Herrieden, Hersbruck, Hilpoltstein, Höchstadt an der Aisch, Hofheim in Unterfranken, Hohenberg an der Eger, Hollfeld, Iphofen, Karlstadt, Kirchenlamitz, Königsberg in Bayern, Kronach, Kupferberg, Langenzenn, Leutershausen, Lichtenberg, Lohr am Main, Mainbernheim, Marktbreit, Marktheidenfeld, Marktleuthen, Marktsteft, Mellrichstadt, Merkendorf, Münchberg, Münnerstadt, Naila, Neustadt an der Aisch, Neustadt bei Coburg, Oberasbach, Ochsenfurt, Ornbau, Ostheim vor der Rhön, Pappenheim, Pegnitz, Pottenstein, Prichsenstadt, Rehau, Rieneck, Rödental, Roth, Röthenbach an der Pegnitz, Rothenfels, Röttingen, Schauenstein, Scheinfeld, Scheßlitz, Schillingsfürst, Schlüsselfeld, Schwarzenbach am Wald, Schwarzenbach an der Saale, Selb, Selbitz, Seßlach, Spalt, Stadtsteinach, Stein, Teuschnitz, Treuchtlingen, Uffenheim, Velden, Volkach, Waischenfeld, Wallenfels, Wassertrüdingen, Weismain, Weißenstadt, Windsbach, Wolframs-Eschenbach, Wunsiedel, Zeil am Main – jede dieser kleinen fränkischen Städte ist bestimmt für irgendjemand die schönste Stadt der Welt. Das wagen wir jetzt einfach mal zu behaupten.

GRUND 21

Weil die Franken viele heilige Berge haben

Der heilige Berg der Franken, das ist im klassischen – also kirchlichen – Sinn ganz sicher der Kreuzberg in der Rhön. Es ist aber nicht ausschließlich der Glaube, der jährlich rund eine halbe Million Menschen auf den 928 Meter hohen Gipfel und zu dem etwa 60 Höhenmeter darunter liegenden Franziskanerkloster lockt. Die schöne Aussicht und die Klosterbrauerei tragen das Ihrige zu dem Ansturm bei. Als heilig gilt der Kreuzberg ungefähr, seit die Iren Kilian, Kolonat und Totnan im 7. Jahrhundert Franken missionierten. Der vormalige Name Aschberg soll angeblich auf keltische Kulte hinweisen.

Und damit wären wir bei zwei weiteren heiligen Frankenbergen, die als keltische Burgen dienten und erst danach christlich besetzt wurden: der Staffelberg bei Bad Staffelstein und das Walberla bei Forchheim. (Weil Mittelfrankens höchste Erhebung, der Hesselberg, das Attribut von den Nazis und ihrem fränkischen Oberhetzer Julius Streicher verpasst bekam, sei er hier ausdrücklich ausgeklammert. Wirklich schade um den schönen Berg.)

Der Staffelberg bildet zusammen mit der Wallfahrtskirche Vierzehnheiligen und Kloster Banz, das seit 1978 der CSU-nahen Hans-Seidel-Stiftung als Tagungsstätte dient, die markanten Eckpunkte des sogenannten Gottesgartens am Obermain. Den Badener Dichter Victor von Scheffel inspirierte der Berg 1859 zu einem Wanderlied, das als *Frankenlied* bekannt und beliebt wurde. Es sollte dem Eremiten Ivo Hennemann ein Denkmal setzen, einem jener Einsiedler, die zwischen 1696 und 1929 auf dem Staffelberg lebten. Doch »Wohlauf, die Luft geht frisch und rein, … Ich will zur schönen Sommerszeit / ins Land der Franken fahren« geriet bald zur Hymne der Franken. Weitgehend in Vergessenheit geraten ist dagegen von Scheffels Gedicht *Der Ichtyosaurus*, das ebenfalls in seinem mehrwöchigen Aufenthalt im damals noch nicht von der CSU okkupierten Kloster Banz sowie in der dortigen Petrefakten(Fossilien-)sammlung seine Ursprünge hat. Dessen vorletzte Strophe lautet wie folgt: »Es starb zu derselbigen Stunde / die ganze Saurierei, / sie kamen zu tief in die Kreide, / da war es natürlich vorbei.«

Ein spektakulärer Unfall rückte den Staffelberg im Sommer 2014 ins Licht der Öffentlichkeit. Eine Frau aus Bad Staffelstein machte sich nachts auf die Suche nach ihrem Sohn. Weil sie ihn auf dem Staffelberg vermutete, fuhr sie bei Nacht und Regen mit dem Auto auf das für den öffentlichen Verkehr gesperrte Plateau, rauschte wegen schlechter Sicht über die Felskante, landete in einem Baumwipfel, und – weil sich der Baum durch die Wucht des Aufpralls sanft nach unten bog – etwa 50 Meter unterhalb der Klippe. Mit nur leichten Blessuren zog die Frau die Handbremse an, sperrte ihr Auto ab, machte sich zu Fuß auf den Weg nach Hause, schlief sich aus und meldete sich erst am nächsten Tag bei der Polizei, die wegen des aufgefundenen Autowracks bereits eine groß angelegte Suchaktion samt Hubschrauber am Staffelberg gestartet hatte. Wer an die Heiligkeit von Bergen glaubt, mag da schon von besonderen Schutzheiligen sprechen. Vielleicht waren es aber auch die Querkel, die einst in einer Höhle am Berg gelebt haben sollen. Das sind kleine hilfreiche Geister wie die Heinzelmännchen, die sich dafür bei den Kartoffelklößen der Bäuerinnen bedienten. Doch weil eine ihnen den Lohn nicht gönnte, sollen sie über Nacht mit Sack und Pack weggezogen sein.

Ein bisschen zurückstehen in der fränkischen Prominenz muss im Vergleich das Walberla bei Forchheim, offiziell Ehrenbürg geheißen. In der Popularität kann es allerdings locker mithalten, denn es liegt einfach näher am Ballungsraum Nürnberg-Fürth-Erlangen. Der Name Walberla, ursprünglich nur die Benennung der niedrigeren der beiden Hügelkuppen, soll sich von der heiligen Walburga ableiten, einer englischen Benediktinerin, der eine im 17. Jahrhundert erbaute Kapelle geweiht ist. Den Namen Walberla machten 100 Jahre danach Erlanger Studenten populär, deren spätere Kommilitonen Wilhelm Heinrich Wackenroder und Ludwig Tieck auf ihren Streifzügen in und durch die heutige Fränkische Schweiz übrigens mehr oder weniger die deutsche Romantik erfanden. Doch das ist ein anderes Kapitel. Ebenso wie, dass Erlanger Studenten manchmal schon der Weg zum Walberla zu weit war. Darum pilgerten sie an Pfingsten lieber zu den Bierkellern am Erlanger Burgberg, wodurch die Erlanger Bergkirchweih, kurz: »Der Berch«, sich inzwischen als weiterer heiliger Berg ins fränkische Panorama einreiht. Die Symbiose zwischen heiligen und Bier-Bergen liefert schließlich der Kreuzberg – trotz seiner Klosterbrauerei nicht der in der Rhön, sondern der bei Hallerndorf im Landkreis Forchheim. Dort werden gleich mehrere Brauereien bei schönem Wetter zu beliebten fränkischen Pilgerstätten.

GRUND 22

Weil Franken unterirdisch schön ist

Wie bei so vielem gilt auch hier der sympathische Grundsatz: Franken macht es eine Nummer kleiner. So ein Riesending wie im Berchtesgadener Land gibt es hier nicht. Mit der mehr als 1000 Meter tiefen Schachthöhle, die im Frühjahr 2014 durch eine spektakuläre Rettungsaktion bekannt wurde, können die fränkischen Höhlen nicht mithalten. Und das einstmals tiefste Bohrloch der Erde befindet sich ebenfalls einige Kilometer jenseits der fränkischen Grenzen im oberpfälzischen Windischeschenbach. Vor allem die Höhlen im Karstgebirge der Frankenalb haben aber ihren eigenen Reiz und ihre Schönheit. Da gibt es zum Beispiel Höhlen, die fast gar keine mehr sind, Höhlenruinen sozusagen. Zum Beispiel das Quackenschloss. Es ist der knapp 20 Meter lange Rest eines alten Höhlensystems, wo man einfach hindurchwandern kann. Ebenfalls in der Nähe des kleinen Ortes Engelhardsberg oberhalb der Wiesent im Herzen der Fränkischen Schweiz findet sich die Riesenburg. Drei große Felstore und ein kleiner Höhlenrest sind geblieben. Die Szenerie begeisterte schon die Romantiker. Dichter und Maler wie Ernst Moritz Arndt und Ludwig Richter widmeten der Riesenhöhle Worte und Bilder. Sogar Bayernkönig Ludwig I. soll hier gewesen sein, wovon ein in Stein gemeißelter Zweizeiler zeugt. Auch die Esperhöhle bei Gößweinstein ist eine Ruine. Benannt wurde sie nach Johann Friedrich Esper (1732–1781), einem Pfarrer aus Uttenreuth, der sich auch als Naturkundler betätigte und in seinem letzten Lebensjahrzehnt zum Höhlenforscher wurde. Seine schillernden Beschreibungen machten die Höhlen der Fränkischen Schweiz erst so richtig populär.

Populär ist heute vor allem die Teufelshöhle bei Pottenstein, in der jährlich weit mehr als 100.000 Besucher gezählt werden. Mit dieser Zahl kann es die größte fränkische Höhle beinahe mit der Attahöhle im Sauerland aufnehmen und stellt andere beliebte Tropfsteinhöhlen, wie etwa die Nebelhöhle und die Bärenhöhle auf der Schwäbischen Alb, in den Schatten. Eine Nummer kleiner, aber auf alle Fälle ebenfalls erwähnenswert, ist die Binghöhle bei Streitberg, die erst Anfang des 20. Jahrhunderts von dem Nürnberger Industriellen Ignaz Bing entdeckt – und gekauft – wurde. In der Nazizeit fiel diese Höhle im Zuge der Arisierung an die Gemeinde Streitberg. Sogar der Name ihres jüdischen Entdeckers musste weichen. Erst in den Jahrzehnten nach dem Krieg setzte sich der Name Binghöhle wieder durch.

Wo die Natur nicht selbst Höhlen schuf, halfen die Franken kräftig nach. Nahezu allerorts gruben sie Keller in Sandstein und Felsen, um Kühlräume zu schaffen. Beeindruckende Beispiele sind etwa der Kellerwald in Forchheim, der Kellerberg in Höchstadt an der Aisch oder die neu sanierte historische Kelleranlage in Unterhaid im Landkreis Bamberg. Aber auch ganze Altstädte wurden untergraben. Durch Verbindungsgänge entstanden oft richtige unterirdische Gangsysteme. Solche Labyrinthe finden sich etwa in Nürnberg, Bamberg oder Lichtenfels. In Erlangen wurde vom 17. bis zum Ende des 19. Jahrhunderts nach und nach ein schließlich 21 Kilometer langes System von unterirdischen Gängen in den Burgberg gegraben.

Nicht nur zur Lagerung von Lebensmitteln – vor allem von Bier – in der Zeit vor Erfindung des Kühlschranks tauchten Franken in die Unterwelt ein. Unterirdische Gänge dienten auch als Versteck oder Fluchtweg. Solche finden sich an vielen Orten in Franken. Oft stehen sie in Verbindung mit Wehrkirchen, Burgen und Schlössern, und entsprechend ranken sich viele Sagen darum. So zum Beispiel im unterfränkischen Euerbach. Nach neuen Erkenntnissen war der labyrinthische Gang allerdings wohl nur ein kurzer Fluchtweg, der in einer Kammer endet. Macht aber nichts, die Sagen sind trotzdem gut. Viel länger und weniger geheimnisumwoben sind etwa die Gänge unter der mächtigen Festung Rosenberg in Kronach. Sie dienten ganz klar militärischen Zwecken. Und nur Einheimische erinnern sich wohl noch daran, dass ihnen mal was anderes angedichtet wurde. Als nämlich in den 1970er Jahren der mäßig erfolgreiche und inzwischen in Vergessenheit geratene deutsche Kostüm- und Abenteuerfilm *Tod oder Freiheit* zum Teil in Kronach gedreht wurde, da bestiegen die Darsteller just einen dieser Gänge. Und wo kamen sie wieder heraus? Mitten in der Fränkischen Schweiz! Vom Frankenwald bis in die Fränkische – 60 Kilometer mindestens. Sapperlot! oder Allmächt! – wie es im Großraum Nürnberg heißt – möchte man ausrufen. Doch der Superstollen war halt nur dem Drehbuch geschuldet.

Nicht nur Höhlen, auch viele der Keller, Gänge und Stollen sind bei Führungen zu besichtigen. Außerdem gibt es sogar noch Bergwerke in Franken. Die Region ist ja nicht gerade dafür bekannt, der Kohlenpott Bayerns zu sein. Aber in Stockheim im Frankenwald wurde bis 1968 Steinkohle abgebaut. Und in Goldkronach im Fichtelgebirge wurde – wie der Name schon nahelegt – vom Mittelalter bis in die 1920er Jahre gar nach Gold gegraben. Das schwarze Gold des Frankenwaldes dagegen war der Schiefer. Meist wurde er in großen Steinbrüchen wie im thüringischen Lehesten betrieben, selten im Untertagebergbau gefördert. Doch in der Grube Lotharheil bei Geroldsgrün wird so noch heute Schiefer abgebaut.

GRUND 23

Weil Franken leuchtet

Jetzt werden Franken-Kenner sagen: Das hat es doch schon immer getan und lange, bevor Thomas Mann dasselbe von München behauptete. Man muss nur an die Herbstfarben der jahrhundertealten Buchen im Steigerwald denken, an die weißen Mauern der »Käppele«-Kirche in Würzburg, an das Goldhaar des Nürnberger

Christkindes. Wir wollen jetzt nicht rührselig werden, stellen aber fest, dass ganz Franken geleuchtet hat, leuchtet und immer leuchten wird. Seit zehn Jahren hat sich der Glanz aber nochmals gesteigert. Seitdem setzt die Initiative Oberfranken Offensiv den Regierungsbezirk in magisches, mystisches, poetisches Licht. Die Bayreuther Wagner-Festspiele 2005 waren der Anlass für die erste Lichtinszenierung. Nicht nur historische Highlights (Wortspiel! Klasse, oder?) wie das Markgräfliche Opernhaus oder die Schlossterrassen, auch ganz normale Plätze und Straßen wurden nach Anbruch der Dunkelheit von Lichtbändern, -objekten oder -schleiern in feenhaften Glanz getaucht. Sogar der Mühlbach, der von den Einheimischen »Canale Grande« genannt wird, strahlte in blauem Licht. Seitdem leuchtete die Orangerie im Schloss Rosenau bei Coburg, dem Geburtsort von Albert von Sachsen-Coburg und Gotha, der später die englische Königin Victoria heiratete. Es leuchteten die mittelalterliche Altstadt und die Festung von Kronach, die historischen Bierkeller von Oberhaid bei Bamberg und der Wallfahrtsort Gößweinstein in der Fränkischen Schweiz – um nur einige der mittlerweile über 30 Lichtevents zu erwähnen. Hinter den Lichtermeeren steckt der Verein Oberfranken Offensiv, der die Attraktivität der Region stärker bekannt machen will, und als Partner das Coburger Designforum Oberfranken. An den jeweiligen Orten setzen zehn bis zwölf Innenarchitektur-Studenten der Fachhochschule Coburg die Installationen um. Sie sind als Heinzelmännchen des Lichts nachtaktive Geschöpfe, die Leitungen verlegen, Strahler, Spots und Lichtbänder anbringen und die Wirkung von Lichtfarben testen. Als wir sie 2011 in Buttenheim zu ihrer Leuchtarbeit befragen wollten, die sie für die Neueröffnung des Levi Strauss Museums durchführten, war da – niemand. Wir hatten den Fehler gemacht, sie am späten Vormittag treffen zu wollen. Ein Buttenheimer klärte uns auf: »Die schlafen alle in meiner Scheune. Die war'n die ganze Nacht am Beleuchten.« Zehn Tage oder besser Nächte sind die Lichtinstallationen in der

Regel zu sehen. Mit ihnen wollen die Veranstalter Impulse und Ideen für Festinstallationen geben, die im Rahmen der Städtebauförderungen von den Kommunen umgesetzt werden können. Mit dauerhaften architektonischen Beleuchtungen in möglichst vielen Kommunen in Oberfranken soll nicht nur ein touristisches Alleinstellungsmerkmal für die Region entwickelt, sondern die Lichtkompetenz in Oberfranken gestärkt und kommuniziert werden, sagt der Verein. Eine Formulierung, die nicht mal annähernd die Verzauberung wiedergibt, in die das große Leuchten die Betrachter versetzt. Die Erfolgsgeschichte mit Strahlkraft geht weiter. Zum zehnjährigen Geburtstag 2015 werden Hallstadt, Teuschnitz, Waischenfeld und Schönbrunn im Steigerwald zu mystischen Orten.

GRUND 24

Weil man Seeungeheuer finden kann

Keine lebenden Seeungeheuer, schließlich ist Franken nicht Schottland, sondern tote. Große tote. Seltene tote. Sehr große und sehr seltene tote. Das liegt daran, dass Franken einst im Meer lag. In einem 23 Grad warmen Meer, mit Korallen, Lagunen, Muscheln, Seeschnecken, Fischen und Seesternen. Das klingt beinahe nach Urlaubsparadies – wenn da nicht die Zeitfrage und die Gefährlichkeit jener unerquicklichen Meerbewohner wie Krokodile und Saurier wären. Die warmen Wellen schwappten vor rund 200 Millionen Jahren über dem Land, wo später der sympathische Menschenschlag der Franken Städte wie Nürnberg, Würzburg, Bamberg oder Bayreuth bevölkern würde. Die unsympathischeren Lebewesen aus dem Jura-Meer trifft man deswegen in Museen wie der historischen Petrefaktensammlung im oberfränkischen Kloster Banz – oder man stößt bei Ausgrabungen auf sie.

Zuletzt holten Forscher 2012 in der Nähe von Wattendorf (das liegt auf der Jura-Höhe bei Bamberg) die versteinerten Knochen eines Flugsauriers aus dem Boden. Ein »sensationeller Fund«, zitierte *DER SPIEGEL* den Flugsaurier-Experten und Biologen Eberhard Frey vom Naturkundemuseum Karlsruhe. »Er ist von seiner Vollständigkeit und vom Typ her einmalig – ein extrem seltenes und wunderschönes Stück.« Er watete auf seinen langen Beinen durchs seichte Wasser der Jura-Lagunen, bereit, mit seinen über 400 Zähnen Beute zu schnappen. Das klingt allerdings gefährlicher, als er wirklich war. Da die Zähne nicht spitz, sondern wie Keulen verdickt waren, konnte er damit nicht zubeißen, sondern er filterte kleine und Kleinstlebewesen aus dem Wasser, bevor er sich auf seinen 1,20 Meter Spannweite messenden Flügeln auf den nächsten Schachtelhalm schwang. Seine letzte Mahlzeit ist mit ihm versteinert: Er hat die Reste winziger Fischchen im Bauch. Wenn es schon Menschen gegeben hätte, wären sie vor ihm sicher gewesen. Weniger harmlos war dagegen wohl sein Artgenosse, dessen Kopf in der Banzer Sammlung bestaunt werden kann. Das 2,10 Meter messende Schädel-Fossil wurde Anfang des 19. Jahrhunderts im Maintal bei Lichtenfels ausgebuddelt. Das gesamte Tier dürfte eine Länge von nicht weniger als zehn Metern gehabt haben. Von einem »kolossalen« Fischsaurier sprach denn auch der Jurist Carl Theodori, der ihn zusammen mit dem Pfarrer Johann Murk gefunden hatte. Er nannte ihn »Ornithocephalus banthensis« – Vogelköpfiger aus Banz. 1860 wurde erkannt, dass der Riesenschädel zu einer neuen Gattung gehören musste. Seither heißt er »Dorygnathus«, Lanzenkiefer. In Banz ist er geblieben, zusammen mit den versteinerten Überresten von Meereskrokodilen, Flugsauriern, Fischen, Seelilien, Ammoniten und Belemniten. Der Besuch des Museums ist genau richtig, wenn draußen mal wieder nichts an einen schönen Tag am Strand eines warmen Meeres erinnert. Wohlige Schauer beim Anblick der toten Seeungeheuer und sogar ein Schmunzeln sind inklusive – lesen Sie das Gedicht

Der Ichtyosaurus von Victor von Scheffel, das links neben dem Schädel des Bedichteten an der Wand hängt und das vom Niedergang der »ganzen Saurierei« erzählt.

GRUND 25

Weil der Steigerwald das Zeug zum Nationalpark hat

Vor 6500 Jahren bedeckten Buchenwälder 40 Prozent Europas. Doch Urwälder gibt es in Deutschland schon lange nicht mehr, also auch nicht in Franken. Nur in den Karpaten finden sich noch letzte Reste, die 2007 von der UNESCO ins Weltnaturerbe aufgenommen wurden. Die alten Buchenwälder in Deutschland sind wesentlich jünger, und nur wenige kleine Flecken blieben von Eingriffen von Menschenhand weitgehend verschont, wie etwa im Steigerwald. Fünf solcher Gebiete wurden 2010 zur Erweiterung des Welterbes in die Liste aufgenommen, denn der Grumsiner Forst in Brandenburg, der Nationalpark Kellerwald-Edersee in Hessen, der Nationalpark Jasmund, der Serrahner Buchenwald im Müritz-Nationalpark in Mecklenburg-Vorpommern und der Nationalpark Hainich in Thüringen sind laut UNESCO »die wertvollsten verbliebenen Reste naturnaher Tiefland-Buchenwälder, die es weltweit nur noch in Deutschland gibt«. Und der Steigerwald, im fränkischen Dreieck zwischen Nürnberg, Würzburg und Bamberg gelegen? Viele Experten sind der Ansicht, dass er alle Voraussetzungen erfüllt dazuzugehören. Zum Beispiel laut einer Studie des Bundesamtes für Naturschutz aus dem Jahr 2007, die als Grundlage für die Nachmeldung deutscher Wälder zur Naturerbestätte »Buchenurwälder der Karpaten und alte Buchenwälder Deutschlands« erstellt wurde.

Was hat der Steigerwald also nicht, was die anderen haben? Ihm fehlt es nicht an der ökologischen Wertigkeit, sondern an politischer Wertschätzung und daraus resultierend an einem entsprechenden

Schutzgebiet. Denn als nach der Studie von 2007 die Idee aufkam, einen Nationalpark im Steigerwald zu schaffen, war der Aufschrei groß. Es formierte sich Widerstand, der für sich reklamierte, für die gesamte Bevölkerung des Steigerwaldes zu sprechen. Die Angst ging – und geht noch immer – um, dass der Wald dann nicht mehr zum Spazierengehen und Pilzesammeln betreten werden dürfe und dass der Nachschub für die heimische Holzwirtschaft ebenso ausbliebe wie das Brennholz für den heimischen Kaminofen. Weltfremde Naturschützer aus der fernen Großstadt würden die Steigerwälder ihrer Lebensgrundlage berauben wollen. Da schwelt nun ein Streit im schönen Steigerwald, bei dem bisweilen auch schon mal ein offenes Feuer ausbricht. Die bayerische Staatsregierung, die für einen Nationalpark zuständig wäre, hat sich – dank gewisser Einflüsterer in den eigenen Reihen – auf die Seite der Gegner geschlagen. Kein Wunder, die Fläche von rund 10.000 Hektar, die für einen Nationalpark in Betracht käme, befindet sich ausschließlich in Staatsbesitz und wird vom Staatsbetrieb Bayerische Staatsforsten gewinnbringend bewirtschaftet. Der Erhalt teils über 300 Jahre alter Baumriesen – vor allem aber von deren Nachwuchs – spielt dort ebenso eine Nebenrolle wie die Artenvielfalt vom Ästigen Stachelbart über den Eremiten bis zur Wildkatze.

Mit welchen Bandagen gekämpft wird, zeigt eine Politposse aus den Jahren 2014 und 2015. Weil die Regierung von Oberfranken als Organ des Freistaats keine weiteren Naturschutzflächen im Steigerwald ausweisen wollte, ließ der Bamberger CSU-Landrat, ein erklärter Nationalparkbefürworter, 900 Hektar Staatswald nach Bundesgesetz als Geschützten Landschaftsbestandteil ausweisen – 14 Tage vor Ende seiner Amtszeit. Der oberste Nationalparkgegner, ein CSU-Staatssekretär aus Unterfranken, schäumte, mobilisierte den CSU-Forstminister und den CSU-Umweltminister in München, die daraufhin erklärten, der neue CSU-Landrat werde die Verordnung außer Kraft setzen. Das ging aber nicht. Der Altlandrat, ein versierter Verwaltungsjurist, hatte die Sache so wasserdicht eingefädelt, dass selbst seine in Bayern sonst so allmächtigen Parteifreunde das nicht mehr kippen konnten. Zuletzt sollten es eine von der CSU-Mehrheit durchgepeitschte Änderung des bayerischen Naturschutzgesetzes und eine Klage des Freistaats Bayern gegen sich selbst – nämlich des staatlichen Forstbetriebs gegen die Staatsbehörde Landratsamt Bamberg – richten. Ein kleines Stück Steigerwald bei Ebrach hatte bis zum Erscheinen dieses Buches aber immer noch Ruhe vor den Kettensägen. Und inzwischen mehren sich auch die Stimmen aus dem Steigerwald selbst, die einen Nationalpark für die bessere Lösung der Zukunftsprobleme der Region halten.

GRUND 26

Weil hier Bananen wachsen

Eine Freundin von uns meldete sich vor 20 Jahren beim Bamberger Arbeitsamt. Wo sie denn arbeiten wolle, fragte man sie. Na, in Franken, sagte sie. Was sie studiert habe, war die nächste Frage. Als sie »Tropische Landwirtschaft« antwortete, waren die Arbeitsvermittler einigermaßen ratlos. Heute wäre das anders. Unsere Freundin hätte gen Norden fahren können, in den tiefen, dunklen, kalten Frankenwald, wo fünf Monate im Jahr Schnee liegt und Bananen, Papayas und Maracujas wachsen. Das tun sie seit einigen Jahren in einem Gewächshaus in Klein-Tettau, das mit der Abwärme eines benachbarten Glasflakonwerks beheizt wird. Firmenchef Carl August Heinz hatte sich schon lange darüber geärgert, dass ein großer Teil der Energie, die bei der Flakonherstellung benötigt wird, ungenutzt in den oberfränkischen Himmel entwich. Zwar gab es bereits Tropenhäuser, die aber wurden mit teurer Primärenergie beheizt. Heinz wollte ein Haus, in dem das Tropenklima mit Abwärme im sogenannten Niedrigenergiebereich erzeugt wird, um im größeren Stil Lebensmittel für den regionalen Markt zu produzieren, und nicht etwa, um ein paar Orchideen und Palmen für botanisch Interessierte anzupflanzen. Er suchte und fand Mitstreiter in der Politik, in Forschung und Stiftungen, die seine Vision mit Geld und Knowhow unterstützten. Sie sahen sich um und reisten sogar mehrmals nach Cornwall, um sich vom dortigen »Project Eden«, wo unter riesigen Kuppeln eine Tropenwelt entstanden war, Anregungen zu holen. Von Anfang an begleitete der Ökologisch-Botanische Garten der Universität Bayreuth das Projekt, half bei der Auswahl der Pflanzenarten und beriet, wie man sie am besten kultivieren könne, damit die Ernte sich kommerziell lohnen würde. Der Glashersteller muss sich nun nicht mehr über verpuffte Energie ärgern: Sein Traumhaus aus Glas wurde gebaut, ist über 3000 Quadratmeter groß und trägt den schönen Namen »Klein-Eden«. Die erste Maracuja-Ernte brachte über 200 Kilogramm auf die Waage. Im Januar 2014 wurde außerdem der Rohbau der neuen Fischzuchtanlage fertiggestellt, in der Nilbarsche heranwachsen sollen. Bis zu zwölf Tonnen will man auf die Teller der Frankenwäldler bringen – die Karpfen der Gegend sehen einer rosigen Zukunft entgegen. Die Umwelt auch. Denn wenn »Klein-Eden« richtig läuft, müssen viele exotische Früchte, vielleicht sogar Kaffee und Kakao, nicht mehr von weither in die so idyllische wie abgelegene Region gekarrt und aufwendig gelagert werden. Die Franken-Exoten schmecken übrigens. In Blindverkostungen setzten Wissenschaftler der Uni Bayreuth Versuchspersonen von den Früchten jeweils drei Proben vor: aus dem Supermarkt, aus einem Gewächshaus in der Schweiz und aus »Klein-Eden«. Die Bananen und Papayas aus dem Frankenwald schnitten dabei am besten ab. Ökobilanz und Geschmack sprechen also für das kleine Eden. Wenn es allerdings nach den Betreibern geht, wird der verringerte CO_2-Ausstoß durch die Besucher, die sich die fränkischen Tropen ansehen wollen, wieder etwas erhöht werden. Im Frühjahr 2014 wurde deswegen ein Besuchergewächshaus eröffnet, in dem die tropische Pflanzenwelt nachgestaltet ist und exotische Früchte betrachtet werden können. Unsere Freundin fährt dort sicher auch einmal hin, aber nur zum Gucken, nicht zum Arbeiten. Sie hat sich nämlich schon längst eine erfolgreiche Heilpraktikerpraxis aufgebaut.

GRUND 27

Weil Bamberg auch anders kann

Weltkulturerbe, Traumstadt der Deutschen, Fränkisches Rom, Nabel der Welt, Bamberger Reiter, Kaiserdom, Klein-Venedig, Brückenrathaus, Alte Hofhaltung, Neue Residenz und Schlenkerla, Hauptstadt des Bieres, Himmelsgarten im Kloster Michelsberg und Rosengarten in der Residenz, Kaisergrab und Sternenmantel, Inselstadt und Altenburg, sechs Kirchen auf sieben Hügeln, zehn Brauereien für 70.000 Einwohner.

Bamberg ist so was von schön, da möcht' einem manchmal glatt das Kotzen kommen. Die barocke Puppenstube zieht Millionen Menschen an. Zu den offiziell inzwischen mehr als eine halbe Million Übernachtungen kommen jährlich schätzungsweise rund zweieinhalb Millionen Tagestouristen, immer mehr von ihnen mit Flusskreuzfahrtschiffen. Rund 800 wurden 2014 im Bamberger Hafen erwartet, die dort für durchschnittlich sechs bis sieben Stunden anlegten, um eine sechsstellige Zahl von Kurzzeitbesuchern in die Bamberger Altstadt zu spülen. Die Höhepunkte im Schnelldurchlauf: ein Foto von der romantischen Zeile der Fischerhäuser an der Regnitz, genannt Klein-Venedig; ein Gang über die obere Brücke durchs Alte Rathaus auf der künstlichen Insel im Fluss, erbaut auf neutralem Boden zwischen weltlicher Inselstadt und fürstbischöflichem Domberg; wenn Zeit ist, ein Rauchbier im Schlenkerla und davor oder danach ein Blick auf den Bamberger Reiter im Dom. Der bekannteste Bamberger verbirgt sich jedoch so unscheinbar hinter einer Säule, dass nicht wenige Touristen aus dem Dom kommend draußen nach einer monumentalen Statue Ausschau halten. Darum sieht man auch am Schönleinsplatz, in dessen Nähe viele Touristen aussteigen und wieder in ihre Busse verladen werden, nicht wenige, die das dortige Reiterstandbild des bayerischen Prinzregenten Luitpold von 1899 – das ursprünglich tatsächlich auf dem Domplatz aufgestellt war – für *den* Bamberger Reiter halten. Vor dem Dom aber findet sich (seit 2007) nur ein Loch im Boden mit einer Glasplatte drüber – der Nabel der Welt. Bis 1779 stand hier eine achteinhalb Meter hohe Säule mit Christusfigur, im Volksmund Tattermann genannt. Sie soll nach dem Willen von Heinrich II., Bamberger Bistumsgründer (1007) und römisch-deutscher Kaiser (1014–1024), den Mittelpunkt des Reiches markiert haben.

Der Nabel der Welt zu sein, das hat sich auch in die Mentalität der Bamberger eingegraben. Darum fühlen sie sich einerseits geehrt, dass sich so viele für ihre Stadt interessieren, andererseits sind sie aber auch genervt von der Touristenflut. Zumal weil Veranstaltungen und Attraktionen wie Sandkerwa und »Bamberg zaubert«, Antiquitätenwochen und Weltkulturerbelauf, Symphoniker und Basketballer regelmäßig noch mehr Menschen in die Stadt ziehen.

Bamberg kann zum Glück aber auch anders sein – still und ruhig, statt laut und hektisch. So zählt zur Bamberger Altstadt, die 1993 ins Weltkulturerbe der UNESCO aufgenommen wurde, nicht nur der denkmalgeschwängerte barocke Teil, sondern auch die traditionelle Gärtnerstadt. Vor flüchtigen Blicken weitgehend verborgen, weil hinter den zur Straße hin gebauten Höfen liegend, hat sich bis heute der urbane Gartenbau erhalten. Seit dem Mittelalter war er einer der wichtigsten Wirtschaftszweige der Stadt, der unter anderem Lokalsorten wie Bamberger Hörnla (nicht die Croissants, sondern die Kartoffeln), Bamberger Rettiche, Spitzwirsing, birnenförmige Zwiebeln (denen die Bamberger ihren Spitznamen »Zwiebeltreter« verdanken) und Süßholz (bis ins 19. Jahrhundert eines der bedeutendsten Produkte der Stadt) hervorgebracht hat.

Abseits der ausgetrampelten Touristenpfade gibt es noch unzählige Geheimtipps, die Bamberg tatsächlich liebenswert machen. Und weil das auch so bleiben soll, sei darüber geschwiegen. Sorry, aber das ist hier ja nicht der Lonely Planet. Nur zwei Besonderheiten wollen wir noch kurz erwähnen: das Hainbad und das Sandbad. Das Hainbad ist ein altes Flussbad am linken Regnitzarm. Vor ein paar Jahren wollte es die Stadt aus Versicherungsgründen schließen, beziehungsweise das Schwimmen dort verbieten. Das ließen sich die Bamberger aber nicht gefallen. Inzwischen ist es, herabgestuft zur Badestelle, wieder in Betrieb. Ins Sandbad gehen die Bamberger dagegen weniger gern. So nennen sie nämlich die Justizvollzugsanstalt im Sandgebiet, mitten in der Touristenmeile unterhalb des Doms und gegenüber von Klein-Venedig. 2014 beschloss die bayerische Staatsregierung, die JVA durch einen Neubau an anderer Stelle der Stadt zu ersetzen, was viele Bewohner des von den Touristen und der nächtlichen Kneipenszene stark frequentierten Viertels gar nicht gut finden, weil sie fürchten, statt der doch recht ruhigen Nachbarn neue, lärmende zu bekommen.

GRUND 28

Weil Rhönhilde lebt

Ein französischer Kaiser machte sie einst zur Königin, die langbeinige, dunkelhäutige Schöne aus der Rhön. Aber weil Königinnen im 20. Jahrhundert diesseits wie jenseits des Rheins aus der Mode kamen, ging es ihr auch in der Heimat an den Kragen. Doch da waren ein paar Prinzen, die ihr das Überleben sicherten – hauptsächlich deswegen, weil sie sie zum Fressen gern hatten.

Ein Märchen? Irgendwie schon. Die Rede ist jedenfalls vom Rhönschaf. Bestens angepasst an das raue Klima des ansonsten so sanftkuppigen Mittelgebirges, war es über Jahrhunderte die bevorzugte Nutztierrasse in der Region im Dreiländereck von Hessen, Bayern und Thüringen (die sich zum größten Teil dem fränkischen Sprachraum zuordnen lässt). Überregional bekannt machte das Rhönschaf kein anderer als der französische Kaiser. Im Jahr 1813 soll Napoleon auf dem Rückzug durch die Rhön (vermutlich nach der Völkerschlacht bei Leipzig) eines der Tiere verspeist haben. Er war von dem Fleisch offenbar so begeistert, dass er dafür sorgte, dass in der Folgezeit die Schafe herdenweise – von jährlich bis zu 80.000 ist die Rede – nach Frankreich und dort auf die Teller gebracht wurden. So machte das Souvenir aus der Rhön – durch lautliche Angleichung wohl ebenso wie des Geschmacks wegen – als »mouton de la reine«, als »königliches Schaf«, Karriere. Bei *Slow Food* liest sich das heute so: »Das Fleisch von Lamm und Schaf ist durch das langsame Wachstum relativ kurzfaserig und daher zart. Durch das reiche Kräuterangebot der kargen Wiesen erhält das Fleisch zusätzlich einen leichten Wildgeschmack, der beim Lamm fein und zart, beim Schaf und Hammel ausgeprägter und würziger zur Geltung kommt.« Das können wir nach einem Selbstversuch im Brennereigasthof Dickas in Bischofsheim nur bestätigen. Bevor das Rhönschaf aber in der Neuzeit die Arche des Geschmacks besteigen und den kulinarischen Olymp erklimmen konnte, wäre es mit ihm beinahe aus und vorbei gewesen. Andere Rassen lieferten mehr Wolle oder mehr Fleisch. In Frankreich kamen 1878 Importbeschränkungen für Schaffleisch hinzu. Und so gab es in den 1960er und 1970er Jahren in der Rhön nur noch rund 300 Tiere. Heute hat sich der Bestand dank einiger aufopferungsvoller Züchter – und Genießer, für die der Verzehr kein großes Opfer bedeutet – wieder auf mehrere Tausend Exemplare erhöht. Und das Schaf ist sozusagen zum Gesicht der Marke Rhön geworden. Zum Aufschwung beigetragen hat sicher das seit 1991 bestehende Biosphärenreservat Rhön, verbunden mit der Rückbesinnung auf regionale Produkte. In der Rhön sind das vor allem das Schaf und der Apfel. Wobei das Schaf charakteristischer ist und sich einprägsamer darstellen lässt. Das dachte sich wohl auch der Schweinfurter Cartoonist Alexander Ziegler. Für die Vermarktung auf Tassen, Tellern und T-Shirts zeichnete er 2007 das Schaf Rhönhilde. Doch das Ergebnis gefiel nicht allen, weil Ziegler ein peinlicher Fehler unterlaufen war. Denn dunkelhäutig – wie eingangs erwähnt – ist nur das Gesicht der königlichen Schönheit. Schwarz ist der Kopf bis hinter die Ohren, der Rest ist weiß. Cartoon-Rhönhilde stand jedoch auf schwarzen Beinen. Ein Sturm der Empörung brach los, angeführt vom Landrat des bayerischen Rhön-Grabfeld-Kreises und einem verdienten Züchter, der eine Unterlassungsklage gegen die Marketingfirma Extra-Schaf einreichte. Auch die Verwaltung des Biosphärenreservats drängte darauf, Rhönhilde weiße Beine zu verpassen. Schließlich räumte selbst der Zeichner den Fauxpas ein: »Ich habe bei meinen Recherchen auf Kopf und Brust geachtet und nicht so sehr auf die Beine. Rhönhilde ist eine reine Comicfigur. Da kommt es vor allem auf das Gesicht an. Oder schauen Sie immer zuerst auf die Beine?«, zitierte ihn damals eine Lokalzeitung. Etwas entspannter sah man die Sache auf der hessisch-fränkischen Rhönseite. Dort benannte ein Schäfer ein an Heiligabend geborenes und von der Mutter verstoßenes Lamm nach Rhönhilde und gewann einen Bundestagsabgeordneten als Paten. Schließlich kam man sich näher und verständigte sich darauf, dass Comic-Rhönhilde für eine Übergangszeit noch »schwarze Socken« tragen durfte. Weit mehr als Feinschmecker-Elogen, Naturschützer-Appelle und auch das Werbemaskottchen selbst hat dieser skurrile Zwist dazu beigetragen, das Rhönschaf bekannt und beliebt zu machen.

GRUND 29

Weil Franken den Kanal nicht voll kriegt

Nein, der Main-Donau-Kanal ist nicht unbedingt ein Grund, Franken zu lieben. Aber die Tatsache, dass sich die Franken mit dem »ziemlich dümmsten Projekt seit dem Turmbau zu Babel« inzwischen ganz gut arrangiert haben, zeugt doch auch von einer gewissen Liebenswürdigkeit. Dabei geht die Idee auf den Überfranken schlechthin zurück: Karl der Große ließ im Jahr 793 einen drei Kilometer langen Kanal anlegen, der im heutigen südlichen Mittelfranken die Schwäbische Rezat mit der Altmühl – und damit die Flusssysteme von Rhein und Donau – miteinander verband. Das Vorhaben, eine der größten Ingenieurleistungen des frühen Mittelalters, verlief jedoch schon recht bald im Sande. Ob der Kanal jemals schiffbar war oder ob der heute erhaltene 500 Meter lange Karlsgraben (Fossa Carolina) im Treuchtlinger Ortsteil Graben nur die Ruine eines gescheiterten Bauprojekts ist, konnte bis heute unter Historikern nicht geklärt werden. Für den Vergleich zu seinem Nachfolger in dritter Generation wäre es aber schon sehr apart, hätten die Händler Karls Kanal schon nach wenigen Jahren schlichtweg mangels Wirtschaftlichkeit aufgegeben. Etwa so, wie es gut 1000 Jahre später dem nächsten Durchstich vom Main zur Donau erging. Dem Ludwig-Donau-Main-Kanal, zwischen 1836 und 1846 erbaut, war ebenfalls nur eine kurze Karriere vergönnt. Eigentlich war der 172 Kilometer lange Wasserweg zwischen Kehlheim und Bamberg schon zum Zeitpunkt seiner Inbetriebnahme überflüssig. Denn gleichzeitig wurde im nördlichen Abschnitt die Eisenbahn gebaut. Erhalten geblieben sind immerhin einige sehenswerte Schleusen von einst sowie südlich Nürnbergs der von einem schönen Radweg begleitete Alte Kanal. Zwischen Nürnberg und Bamberg wurde das alte Kanalbett allerdings zur Autobahntrasse, und am Unterlauf der Altmühl wurde er von jenem Monster verschlungen, das 1981 den damaligen Bundesverkehrsminister Volker Hauff (SPD) zu seinem legendären Babel-Vergleich anregte. Ebenso legendär ist Dieter Hildebrandts *Scheibenwischer* vom 14. Januar 1982. 45 Minuten lang ging es in diesem Meisterwerk des politischen Kabaretts live um das damals noch Rhein-Main-Donau-Kanal genannte bayerische Großprojekt, um die Verquickung von Macht und Geld, um wirtschaftliche Idiotie und die Umweltzerstörung im Altmühltal. Es war keine fränkische Produktion, sondern mehr eine münchnerische, sowohl was die Akteure auf der Berliner Studiobühne (neben Hildebrandt vor allem Gerhard Polt und Gisela Schneeberger) als auch die aufs Korn Genommenen aus der bayerischen Regierung betraf. Franken war nur der Kriegsschauplatz. Das Ergebnis ist bekannt: Die Politiker gewannen, zehn Jahre später wurde der Kanal feierlich eröffnet. Die letzten 35 Kilometer der Altmühl wurden dazu mitsamt zahlreichen Biotopen im Kanal versenkt. Aber aus fränkischer Sicht verläuft dieser Abschnitt ja auf den Territorien der Regierungsbezirke Oberpfalz und Niederbayern. Auf fränkischer Seite hat sich der Kanal als Radwegtrasse etabliert. Auf den meist fein geschotterten oder asphaltierten Deichkronenwegen lässt es sich ohne nennenswerte Steigungen und abseits viel befahrener Straßen zügig vorankommen. Ein bisschen eintönig kann es jedoch manchmal schon werden. Bewährt hat sich der Kanal – vor allem bei Bamberg – auch als Hochwasserüberlaufrinne. Und was ist mit der Wirtschaftlichkeit? »Früher haben sie in Hamburg immer gerufen: ›Schiff ahoi!‹ In Franken werden sie jetzt sagen: ›Hoi, a Schiff.‹« So prophezeite es Dieter Hildebrandt im *Scheibenwischer* von 1982. Nun, es sind etwas mehr Transporte geworden, als von den Kritikern erwartet – und weniger, als von den Befürwortern vorausgesagt. Wobei die Kritiker am Südende des Kanals bei Kehlheim deutlich weniger Fracht zählen als die Befürworter im Norden bei Bamberg. Gut ein Dutzend Schiffe sind pro Tag auf dem Kanal unterwegs. Nur die Flusskreuzfahrten boomen. Was den Warenumschlag betrifft, meldet der Hafen Bamberg zwar regelmäßig steigende oder doch zumindest gleichbleibende Zahlen. Doch schaut man genauer hin, dann werden inzwischen nur noch elf Prozent der Waren per Schiff verfrachtet. Neun Prozent rollen auf der Schiene, aber 80 Prozent werden im Lkw über die Straßen transportiert. Die Zahl der Schiffe, die in Bamberg anlegten, sank von 732 im Jahr 2002 auf 345 im Jahr 2012. Ob sich die Milliardeninvestitionen in den Kanal letztlich ausgezahlt haben, lässt sich also nicht so genau sagen. Aber aus Franken ist die Wasserrinne schon aufgrund ihrer Dimension nicht mehr wegzudenken. Also haben sich die Franken, pragmatisch wie sie nun mal sind, damit arrangiert.

GRUND 30

Weil die Schläger auf Gold aus sind

Hier ist alles Gold, was glänzt! Welche Ausstellung kann das schon von sich behaupten? Der Dauerschau im Stadtmuseum Schwabach wird man das jedenfalls nicht abstreiten. Der Glanz ist allerdings ein sehr oberflächlicher – gerade mal ein zehntausendstel Millimeter (0,0001 mm) stark oder ein ganz klein bisschen mehr. Von der anderen Richtung kommend: 100 Nanometer. Nanotechnologie in handwerklicher Tradition sozusagen. Und das Ganze ist nicht nur ein Fall fürs Museum. Heute lassen sich die aktiven Goldschlägerwerkstätten in Schwabach zwar an den Fingern einer Hand abzählen, nachdem es zu Hochzeiten 120 bis 130 waren. Doch die produzieren nicht fürs Museum und auch nur zu einem geringen Teil für die Touristen, die dem Lockruf der Goldschlägerstadt gefolgt sind. Sie stellen ein seltenes Produkt für den Weltmarkt her: Blattgold – begehrt seit Jahrtausenden. Die Inder waren vor 5000 Jahren wohl die Ersten, die das Handwerk beherrschten, es folgten die Ägypter zur Zeit der Pharaonen. Die Römer brachten die Kunst nach Europa. Dort war dann erst mal Pause bis ins späte Mittelalter.

»500 Jahre Blattgold in Schwabach«, hieß es erst 2004. Dabei war die Stadt südlich von Nürnberg schon früh das Zentrum, in dem das Herz und vor allem die Hämmer der Blattgoldmacher schlugen, nachdem diese Nürnberg wegen seiner restriktiven Handwerksordnung den Rücken gekehrt hatten. Das Handwerk fiel in Schwabach auf goldenen, weil trockenen Boden. Trockenheit erleichtert den Goldschlägern die Arbeit. Die Stadt in ihrer Kessellage auf sandigem Boden bot diese Voraussetzung. Und der Rohstoff kam zumeist aus Franken – aus Goldkronach im Fichtelgebirge. Zeitweise soll jeder sechste Einwohner Schwabachs mit der Blattgoldmacherei beschäftigt gewesen sein. Vielleicht wurden aber auch die Wirte und Brauer dazugerechnet, die von dem schweiß- und dursttreibenden Handwerk profitierten. 125 Goldschläger habe es in Schwabach gegeben und 125 Wirtshäuser und Brauereien, berichtete der inzwischen verstorbene Goldschlägermeister Herbert Vestner vor wenigen Jahren dem Bayerischen Rundfunk. Man habe quasi in Symbiose gelebt – im Hinterhaus die Goldschläger, im Vorderhaus die Wirte. Der Durst kommt sicher schon beim ersten Arbeitsgang, bei dem ein Goldbarren geschmolzen (Legierungen mit Silber geben ein weißeres, mit Kupfer ein rötlicheres Endprodukt), in eine flache Form gegossen und zunächst auf die Stärke von Zeitungspapier gewalzt wird. Doch mit etwa einem dreißigstel Millimeter wären diese Blätter immer noch viel zu dick – schwer zu bearbeiten und vor allem viel zu teuer. In Quadrate geschnitten und säuberlich durch Papierschichten getrennt, werden diese Goldplatten vom Goldschläger mittels Quetsche und/oder Hammer auf etwa eintausendstel Millimeter geplättet – womit in etwa die im Mittelalter gängige Stärke erreicht wäre. Doch dann werden die Blätter erneut in Quadrate (Quartiere) geschnitten. Als Zwischenlage für diesen letzten Verdünnungsschritt dient heute Kunststofffolie, früher waren es »Goldschlägerhäutchen«, gefertigt aus den Blinddärmen von Rindern. In Handarbeit geht es dann noch mal runter bis auf den neun- oder zehntausendsten Teil eines Millimeters. Fertig ist das sogenannte Einfachgold – für Vergoldungen im Außenbereich darf beziehungsweise muss es aber zwei- oder dreimal so dick sein (Doppel- oder Dreifachgold). Beim Einfachgold wird so aus einem Gramm des Edelmetalls rund ein halber Quadratmeter Goldfolie. Wie es genau geht, kann man sich im Schwabacher Stadtmuseum in der Schauwerkstatt zeigen und erklären lassen, die sich in einer mit 10.000 Blatt Gold verkleideten »Goldbox« befindet. Was rund ums Blattgold noch alles möglich ist, lässt sich in der Goldschlägernacht erleben, die seit 2004 alle zwei Jahre Anfang August in Schwabach stattfindet. Ein kleiner Tipp: Als E 175 kommt Blattgold auch als Lebensmittelfarbe zum Einsatz. Bekannt ist das Danziger Goldwasser. Die Schwabacher haben seit einigen Jahren ihr eigenes Goldwasser – einen Gewürzlikör mit Blattgoldflocken – und zudem andere Alkoholika sowie Blattgold zum Überziehen von Süßigkeiten. Der Verzehr gilt gesundheitlich als vollkommen unbedenklich, da das Edelmetall unverdaut wieder ausgeschieden wird. Daraus ließe sich auch ableiten, dass auf den jahrhundertelangen Einsatz von Gold in der Medizin geschissen ist – ob als aurum potabile (Trinkgold), ein Produkt der Alchemie des Mittelalters, oder bis ins 20. Jahrhundert hinein als Goldbromid gegen Epilepsie oder auch nur zum Vergolden von Pillen.

GRUND 31

Weil die fränkische Wüste lebt

Sand – das klingt nach Strand und Meer. Aber Franken liegt nicht am Meer, jedenfalls schon lange nicht mehr. Sand klingt nach Sahara. Sandwüste findet sich aber auch in Franken. Zumindest in einigen kleinen Biotopen. Viele davon wurden ab dem Jahr 2000 in einem der größten Naturschutzprojekte Bayerns vereint: zur Sandachse Franken, die sich über rund 100 Kilometer von Weißenburg im Süden bis Bamberg im Norden in den Tälern von Regnitz, Pegnitz, Rednitz und deren Zuflüssen erstreckt. Vor rund 10.000 Jahren wurde während der letzten Eiszeit viel Sand von den Flüssen angeschwemmt, es entstanden Terrassen, und der Wind formte meterhohe Wanderdünen – mitten in Franken. Einige sind noch heute unterwegs. Außerdem wurde in dieser Zeit auch viel auf und aus Sand gebaut. Denn fast genauso lange siedeln die Menschen in den sandigen Flusstälern. Durch Bebauung und Abbau verschwand der Sand als Lebensraum fast vollständig. Besonders rasch im vergangenen Jahrhundert. Besiedlung und Industrialisierung haben viele der Sandlebensräume unwiederbringlich zerstört. Und als Rohstoff wird Sand wie seit Jahrtausenden noch immer genutzt, heutzutage etwa als Ausgangsstoff für Halbleiter und Solarmodule. Was in den Biotopen erhalten blieb, ist nur noch ungefähr ein Prozent der einstigen Fläche. Den ursprünglichen Lebensraum teilen sich heute etwa eineinhalb Millionen Menschen mit seltenen Pflanzen und Tieren wie Bergsandglöckchen, Schafschwingel und Frühlingsspörgel, Trugameise, Dünen-Sandlaufkäfer und Blauflügelige Ödlandschrecke. Letztere ist auch das Wappentier der Sandachse. Und sie alle zusammen sind nur einige wenige verbliebene Ureinwohner, die auf den Offensanden, Silbergrasfluren, Sandmagerrasen oder Heiden der Sandachse Franken heimisch sind. Die Sandböden, gekennzeichnet durch Hitze, Trockenheit und Nährstoffarmut, sind kleine Wüsten vor der fränkischen Haustür. Im Reichswald bei Nürnberg und im Hauptsmoorwald bei Bamberg gibt es sogar noch die unbewaldeten Sanddünen. Die Sandräume sind heiß, trocken und nährstoffarm. Pflanzen und Tiere, die unter diesen extremen Standortbedingungen bestehen, sind hochspezialisierte Überlebenskünstler. Verschwindet aber der Sand, helfen ihnen auch ihre ausgeklügelten Anpassungsstrategien nicht mehr. Schön, dass es von den Sandterrassen an der Rednitz bis zur Sandgrasheide bei Pettstadt noch natürliche oder zumindest naturnahe Flächen gibt.

Auch wenn die Fördergelder für das Projekt Sandachse inzwischen ausgelaufen sind und eine Weiterentwicklung ins Stocken geriet, so ist doch nicht alles im Sand verlaufen. Interessierte finden vor Ort wie auch im Internet viele Informationen über diese faszinierenden fränkischen Wüsten. Und fast alle dürfen auch frei betreten werden. Allerdings sollte man darauf achten, dass man auf den Wegen bleibt und nicht die Picknickdecke auf den geschützten Pflanzen ausbreitet und schließlich vielleicht sogar noch Müll zurücklässt. In vielen Biotopen bieten die örtlichen Naturschutzgruppen auch geführte Exkursionen an.

GRUND 32

Weil das Seenland nicht mehr neu ist

Auch in Franken gibt es manchmal zu viel Wasser. Die Anwohner am Main und seinen Zuflüssen wissen davon zu berichten. Und die Wasserwirtschaftsämter haben alle Hände voll zu tun, mit dem Hochwasserschutz den Wünschen der Kommunen nachzukommen. Doch der Ernst- ist immer noch der Ausnahmefall. Im Allgemeinen gilt der Norden Bayerns als eher trockene Region. Und in einigen Gegenden hat sich der Mangel an Niederschlag, beziehungsweise die Tatsache, dass dieser im porösen Karstgebirge allzu schnell versickert, sogar in Ortsnamen niedergeschlagen. Dürrbrunn ist so ein Beispiel. Oder Dörrnwasserlos, das gleich die Dürre mit der Wasserlosigkeit vereint. Namen wie Mährenhüll weisen auf die Hüllen hin, kleine Tümpel, in denen Wasser zur Versorgung der Dörfer gesammelt wurde. Die verbreiteten Hungerbrunnen – in der Fränkischen Schweiz auch als Tummler bekannt – heißen allerdings nicht so, weil diese Karstquellen nur sporadisch nach starken Schneeschmelzen oder Dauerniederschlägen sprudeln und die Menschen in der trockenen Zeit wegen des Wassermangels Hunger leiden müssen. Im Gegenteil: Das Sprudeln der Hungerbrunnen wurde als Vorzeichen für Missernten und Hungersnöte gewertet. Nicht grundlos, denn in allzu feuchten Jahren verfaulte die Ernte oft schon auf dem Feld.

Doch zurück zum trockenen Franken. Wasserlosen (Landkreis Schweinfurt), Wasserlos (Stadt Alzenau) gibt es auch in unmittelbarer Nähe des Mains. Die Idee, Wasser aus dem damit reichlich gesegneten Bayern, etwa aus dem Einzugsbereich der Donau, nach Norden umzuleiten, hatte also durchaus ihren Reiz. Eine der seltenen Win-win-Situationen: Bayern ist vor Hochwasser besser geschützt, und Franken erhält, woran es ihm mangelt. Allerdings war das Wasser in der Zeit des Wirtschaftswunders, als die Pläne reiften, weniger zum Trinken und zum Bewässern der Felder gedacht, sondern als Kühl- und Spülmittel für Kraftwerke und Fabriken. Zwar zeichnete sich schon Mitte der 1970er Jahre, als mit dem Bau der Überleitungen von der Altmühl in das künftige Fränkische Seenland begonnen wurde, ab, dass der Rohstoff Wasser nicht mehr in dem Maße wie zuvor von der Industrie benötigt wurde. Aber der Bau war nun mal beschlossene Sache, und es regte sich nur wenig Widerstand gegen das Vorhaben, Wälder und Felder südlich von Nürnberg in Wasser zu verwandeln. Dafür rückte der touristische Aspekt zunehmend in den Vordergrund. Schon zu Franz-Josef Strauß' Zeiten wurde damit begonnen, Altmühl-, Roth- und Brombachsee zu fluten. Rund ein Dutzend Einödhöfe und ehemalige Mühlen mussten weichen. Mit der offiziellen Einweihung des Großen Brombachsees am 20. Juli 2000 war es dann so weit: Sieben künstliche Seen mit einer Gesamtfläche von rund 20 Quadratkilometern – sie variiert je nach Menge des gestauten Wassers – bildeten das Neue Fränkische Seenland. Das Attribut »neu« wurde bald abgelegt. Inzwischen heißt die Region, die sich über Teile der mittelfränkischen Landkreise Ansbach, Roth und Weißenburg-Gunzenhausen erstreckt, nur noch Fränkisches Seenland. Es ist also eine gut und gern angenommene Selbstverständlichkeit geworden. Mit dem Tourismus werden jährlich dreistellige Millionenbeträge umgesetzt, mehrere Tausend Arbeitsplätze hängen daran. Zwar sorgen immer wieder mal Blaualgen für Besucherschwund, und so manches touristische Angebot ist inzwischen auch in die Jahre gekommen. Aber das Seenland setzt nicht nur auf die Seen, sondern auch auf das Land drum herum, in dem es einiges zu entdecken gibt.

GRUND 33

Weil Erlangen so gerade ist

Wer nach Franken fährt, will schöne schiefe Fachwerkhäuser oder prächtige Barockbauwerke sehen, will durch schmale Gässchen über holpriges Kopfsteinpflaster bummeln, will es mittelalterlich verwinkelt. Erlangen kann das alles nicht bieten. Und das ist auch gut so. Die mittelfränkische Großstadt ist für ihre Universität, für ihre Uni-Kliniken und für einen ziemlich namhaften Elektrokonzern bekannt, aber nicht für ihr romantisches Flair. Erlangen ist keine der Städte, in die man sich beim ersten Anblick verliebt, und deshalb rangiert sie auf der Hitliste fränkischer Tourismusziele ziemlich weit hinten. Sie ist nicht putzig klein und pittoresk wie Rothenburg, sie ist aber auch nicht groß genug, um coole Urbanauten anzuziehen. Das bringt für die Erlanger mindestens zwei Vorteile mit sich: Erstens drängen sich nicht scharenweise Touristen durch ihre Straßen, und zweitens haben sie die gemütlichen Kneipen, den Schlossgarten und den Botanischen Garten und die kleinen Geschäfte in der Theatergegend für sich – vom Ausnahmezustand, in den die Bergkirchweih an Pfingsten die Stadt stürzt, mal abgesehen. Wenn man nicht studiert, in der Elektrotechnik arbeitet oder operiert werden muss, reist man nicht nach Erlangen. Die Berliner Band Foyer des Arts hat 1982 in ihrem Lied

Wissenswertes über Erlangen die Stadt in eine Reihe mit Iserlohn, Idar-Oberstein, Wolfsburg und Bielefeld gestellt, Orte also, die man im Normalfall nicht als Urlaubsziele wählt. Im Gegensatz zu Bielefeld, dessen Existenz ja bekanntlich umstritten ist, gibt es Erlangen aber definitiv. Wir müssen es wissen, schließlich haben wir dort studiert (lange – in den 80ern durfte man das noch) und gelebt (noch länger als studiert). Und uns dort kennengelernt, was beweist, dass Romantik in einer unromantischen Stadt möglich ist. Als wir – zu unterschiedlichen Zeitpunkten – nach Erlangen kamen, mussten wir erst mal einen Kulturschock überwinden. Hans, weil ihm die Stadt nach Studium in München und Auslandsjahr in Taipei doch sehr beschaulich vorkam. Barbara, weil sie aus der mittelalterlich verwinkelten Idylle namens Kronach an einen Ort kam, dessen Straßen mit dem Lineal gezogen schienen. Das sind sie auch tatsächlich. Der Markgraf Christian Ernst von Brandenburg-Bayreuth bot Ende des 17. Jahrhunderts den in Frankreich verfolgten Hugenotten an, sich in Erlangen anzusiedeln und dort frei ihre Religion auszuüben. Dieser Akt von Toleranz und Nächstenliebe gegenüber Flüchtlingen hatte einen handfesten wirtschaftlichen Hintergrund. Der Markgraf wollte sich das handwerkliche Können der Hugenotten sichern und damit seinem von den Folgen des Dreißigjährigen Krieges angeschlagenen Fürstentum zu neuem Aufschwung verhelfen. Da er auf viele neue Bürger hoffte, ließ er neben Alt-Erlangen – der Stadtteil heißt noch heute so – eine neue Siedlung bauen. Der 1686 entstandene, älteste erhaltene Plan der Erlanger Neustadt zeigt rechte Winkel, gerade Linien, ordentliche Häuserblocks. Er schaut simpel aus, ist aber von seinem Zeichner, dem Baumeister Johann Moritz Richter, nach dem goldenen Schnitt raffiniert ausgetüftelt. Ziel war, eine Stadt zu errichten, die ein einheitliches und harmonisches Gesamtbild bot, ohne die mittelalterlichen Schiefwinkligkeiten und Extravaganzen älterer Städte. Bauherr und Baumeister schritten noch 1686 zur Tat. 1700 wurde begonnen, das markgräfliche Schloss zu errichten, Erlangen wurde zur Residenzstadt. 1706 brannte Alt-Erlangen fast komplett nieder. Wir wollen Christian Ernst nichts unterstellen, aber jetzt konnte auch das alte Gassengewirr beseitigt und die Siedlung nach dem Vorbild der Neustadt mit begradigten Straßen und einheitlichen Häusern wieder aufgebaut werden. Dadurch ist die Altstadt Erlangens baugeschichtlich jünger als die Neustadt. Die heutigen Bewohner verdanken dem Markgrafen Straßenzüge, die genügend Licht in die Häuser und viel Platz zum Flanieren lassen. Und wenn man es doch mal winklig will, fährt man einfach die paar Kilometer nach Rothenburg …

GRUND 34

Weil hier mal der Nabel der vornehmen Welt war

»Mondän« ist ein Wort, das so ganz und gar nicht zu Franken passt. Vielleicht mit Ausnahme einer kleinen Stadt am Rande der Rhön. Aber das ist nun auch schon ein Weilchen her. In den 100 Jahren vor dem Ersten Weltkrieg gaben sich hier der europäische Hochadel – der damals noch was zu sagen hatte – sowie hochrangige Politiker und Diplomaten, Wirtschaftsgrößen und namhafte Kunst- und Kulturschaffende die Klinke, oder besser gesagt den Trinkbecher in die Hand. Nach Kissingen kamen sie alle. Die Sisi zum Beispiel. Gleich sechsmal weilte Elisabeth, Kaiserin von Österreich und Königin von Ungarn, zwischen 1862 – da war sie gerade mal 24 Jahre alt – und 1898 in der fränkischen Kurstadt. Im zweiten Jahr war auch ihr Franz Joseph dabei. Als »Graf und Gräfin von Hohenembs« stiegen sie mit großem Gefolge im Hotel »Carl von Hess« ab. Ein Jahr später kam es dann zur sogenannten Kaiserkur, als sich Franz Joseph I. von Österreich-Ungarn mit Zar Alexander II., der schon 1857 hier gekurt hatte, in Kissingen traf. Das Treffen ließ sich auch der frisch gekrönte, 18 Jahre alte Bayernkönig Ludwig II. nicht entgehen. Der Kini war es auch, der Kissingen 1883 offiziell zum Bad ernannte. Aufenthalte in dem Kurort hatten da in seiner Familie schon Tradition. Noch als Kronprinz hatte der spätere König Ludwig I. von Bayern bereits 1820 den Anfang gemacht. 1833 und 1847 kam er wieder, beim zweiten Mal vom Kronprinzen begleitet, der ein Jahr später zum Bayernkönig Maximilian II. aufstieg. Als solcher kurte dieser weitere dreimal in Kissingen, 1852 mit der ganzen Familie, zu der auch schon der spätere Ludwig II. gehörte. Die Liste der gekrönten Häupter, die den Kurort besuchten, ist lang – Russen, Preußen, Schweden, Württemberger –, die der Grafen, Barone, Herzöge und sonstigen Fürsten noch viel länger. Zu nennen ist noch der große Kissingen-Fan Otto von Bismarck. Obwohl der legendäre Reichskanzler bei seinem ersten Kuraufenthalt von einem Attentäter angeschossen wurde, kam er noch weitere 14-mal nach Kissingen. Nicht nur, um zu kuren, sondern auch, um handfeste Politik zu betreiben. Auch nach seiner Entlassung aus dem Dienst kam Bismarck noch als Privatmann zur Kur, wobei oft Tausende von Neugierigen und Verehrern anreisten, um ihm zuzujubeln. Bereits 1885 hatte ihm die Stadt die Ehrenbürgerwürde verliehen, was sie aber zu jener Zeit auch mit Stammgästen tat, die 25-mal und öfter hier kurten. Bis 1933 kam Bad Kissingen auf sage und schreibe 79 Ehrenbürger. Paul von Hindenburg und Adolf Hitler waren am 17. März 1933 die Nummern 78 und 79. Danach ging es erst 1952 mit dem Würzburger Bischof Julius Döpfner weiter – und seitdem sind nur noch drei dazugekommen. Doch zurück zu Bad Kissingens großer Zeit. Nicht nur hauptberufliche Politiker und Adlige trafen sich hier. Zu den illustren Gästen zählten auch die Architekten Friedrich von Gärtner – nach dessen Plänen der Arkadenbau im Kurgarten entstand –, der Erbauer der Walhalla bei Regensburg, Leo von Klenze, Karl Friedrich Schinkel und später – 1919 – der Bauhaus-Gründer Walter Gropius, der Maler Max Liebermann, der Landschaftskünstler, Schriftsteller und Weltreisende Hermann Fürst von Pückler-Muskau, der Verleger Heinrich Brockhaus, der Luftschiffkonstrukteur Ferdinand Graf von Zeppelin und der Troja-Entdecker Heinrich Schliemann. Auch die Namen von Schriftstellern wie Leo Tolstoi, Viktor von Scheffel, Theodor Fontane, Vladimir Nabokov, Paul Heyse und George Bernard Shaw finden sich in den alten Gästelisten. Nabokov war als Elfjähriger mit seiner Familie hier und vertrieb sich die Zeit vor allem mit dem Fangen von Schmetterlingen. Heyse, erster deutscher Literaturnobelpreisträger, schrieb hier an seiner Novelle *Ein Familienhaus*, die teils in Bad Kissingen spielt. Shaw, der 1912 seine Frau und deren Schwester begleitete, soll in Bad Kissingen die ersten Druckfahnen seines *Pygmalion* korrigiert haben. Überliefert ist auch eine Notiz von ihm: »Ich habe ebenfalls von dem Wasser getrunken – einen Schluck nur, und der genügte mir für den Rest meines Lebens.« Der Kurort war auch Treffpunkt von Wirtschaftsgrößen wie dem Bleistiftfabrikanten Lothar Freiherr von Faber oder dem schwedischen Dynamit-Erfinder Alfred Nobel. Selbst aus Amerika kamen die Gäste, zum Beispiel Abner Weyman Colgate, dessen Unternehmen schon florierte, bevor es Zahnpasta in Tuben abfüllte. Oder Henry John Heinz. Der Ketchup-Fabrikant deutscher Abstammung war mehrmals zur Kur hier, zuletzt 1914. Als der Erste Weltkrieg ausbrach, durfte er sein Hotelzimmer nicht verlassen. Es gelang ihm dennoch, zu entkommen und über Holland in die USA zurückzukehren. Später ließ er sich, wie so viele andere internationale Gäste, nicht mehr blicken. Nach einem kurzen Zwischenhoch in den 1920er Jahren war nach 1933 schon wieder Schluss mit der Weltläufigkeit. Nach dem Zweiten Weltkrieg kurten zwar noch die beiden ersten Bundespräsidenten Theodor Heuss und Heinrich Lübke – der 1960 in Bad Kissingen das thailändische Königspaar Bhumibol Adulyadej und Sirikit empfing – und der damalige Verteidigungsminister Franz Josef Strauß in der fränkischen Provinz. Doch die ganz große Zeit war endgültig vorbei. Das Kuren ist eben demokratischer geworden, was beileibe kein Fehler ist. Fast zwei Millionen Gästeübernachtungen zählte man Mitte der 1990er Jahre.

Nach diversen Gesundheitsreformen ist es nun etwa eine halbe Million weniger geworden. Bad Kissingen, dessen Heilquellen bereits im 9. Jahrhundert erwähnt wurden und das mit dem Würzburger Domherrn Dietrich von Thüngen bereits 1520 nachweislich einen ersten Kurgast verzeichnen konnte, darf sich aber immer noch »der bekannteste Kurort Deutschlands« nennen. Entsprechende Umfragen belegen das.

GRUND 35

Weil Franken eine gute Filmkulisse abgibt

Der Rummel war ganz schön groß, als Hollywood nach Franken kam. Der Film *Die drei Musketiere*, der 2010 in Würzburg, Bamberg und Schloss Weißenstein bei Pommersfelden gedreht wurde, war mit seinem Staraufgebot – Orlando Bloom, Milla Jovovich, Christoph Waltz und andere – sicher der bislang aufwendigste, der hier entstanden ist. Aber als Filmkulisse hat die Region eine lange Tradition. Dabei hat auch hier das Bilderbuchfranken mit seinen Klassikern wie Würzburg, Bamberg, Rothenburg und Coburg sowie der Fränkischen Schweiz die Nase vorn. Auf Nürnberg etwa wurde recht selten die große Kamera und somit das Auge der Welt gerichtet. Natürlich waren für *Das Urteil von Nürnberg* (1961) mit dem noch größeren Aufgebot von Hollywoodstars – Spencer Tracy, Burt Lancaster, Richard Widmark, Marlene Dietrich, Maximilian Schell, Judy Garland, Montgomery Clift, William Shatner und andere – der Schwurgerichtssaal 600 als Originalschauplatz der Nürnberger Prozesse und die Stadt die logische Kulisse. Ansonsten musste Nürnberg als Schauplatz für Nazipropaganda (Leni Riefenstahls *Triumph des Willens* über die Reichsparteitage der NSDAP) oder – quasi eine direkte Folge – als Sinnbild für die Trümmerwüste, in der Deutschland 1945 lag, herhalten. An Veit Harlans 1938 gedrehten Streifen *Das unsterbliche Herz* über den Uhrmacher Peter Henlein mit Heinrich George und der Reichswasserleiche Kristina Söderbaum erinnert sich heute kaum noch jemand, und der 20er-Jahre-Stummfilm *Der Meister von Nürnberg*, eine Filmkomödie nach Richard Wagners Meistersinger-Oper, fiel wütenden Protesten zum Opfer, weil Wagnerianer eine Verunglimpfung des Meisters darin sahen. Und in jüngerer Zeit (2011) kutschierte Elmar Wepper in *Dreiviertelmond* als Taxifahrer ein türkisches Mädchen durch Nürnberg und Fürth. Als bisher letzter wurde ausgerechnet der Film *Landauer* über den jüdischen Präsidenten des FC Bayern München in Fürth und Nürnberg gedreht.

Doch zurück zu den fränkischen Prachtkulissen. *Das Wirtshaus im Spessart* mit Lilo Pulver, bei dem 1957 das Wasserschloss Mespelbrunn als Kulisse diente, ist natürlich ein deutscher Filmklassiker. Im selben Jahr fuhren Heinz Rühmann und Marianne Koch in *Vater sein dagegen sehr* im Cabrio durchs Maintal zwischen Ochsenfurt und Würzburg. *Bei der blonden Kathrein* (1934), *Entscheidung vor Morgengrauen* (1950) und *Die Ursache* sind weitere Filme, die mit Würzburg verbunden sind. 2007 entstand *Vorne ist verdammt weit weg* mit dem Kabarettisten Frank-Marcus Barwasser in seiner Paraderolle als Erwin Pelzig. Bamberg kann dagegen mit Filmen wie *Lola Montez* (1955), *Stadt ohne Mitleid* (1961), *Das fliegende Klassenzimmer* (1973) und *Resturlaub* aufwarten. Und natürlich dürfen wir auch die Sams-Filme aus den Jahren 2001, 2003 und 2011 nicht vergessen. Schließlich wohnt der geistige Vater des Sams, der Kinderbuchautor Paul Maar, in Bamberg. Obwohl das Image von Rothenburg ob der Tauber ziemlich eindeutig festgelegt ist, wurden hier doch recht unterschiedliche Filme gedreht – und beileibe nicht nur romantische. Zu nennen sind zum Beispiel ein Remake von *Der blaue Engel* mit Curd Jürgens (1959) oder der Horrorfilm *Die Schlangengrube und das Pendel* mit Lex Barker und Christopher Lee (1967). 1968 folgte der Musical-Film *Tschitti Tschitti Bäng Bäng*, produziert vom legendären James-Bond-Produzenten Albert R.

Broccoli. Für Teil 1 von *Harry Potter und die Heiligtümer des Todes* wurde ebenfalls hier gefilmt – von oben. Aber die Luftaufnahmen fanden für den Film dann doch keine Verwendung.

Auch andere fränkische Orte durften schon im Kino mitspielen. Wim Wenders drehte für *Im Laufe der Zeit* 1975 in Ostheim vor der Rhön. *Tod oder Freiheit*, ein Historienfilm von1977, frei nach Schillers *Die Räuber* mit Peter Sattmann, Mario Adorf, Gerd Fröbe und Erika Pluhar entstand unter anderem in Kronach und Schloss Irmelshausen. In Kronach wurde unter anderem auch für *Die wunderbaren Jahre* von Reiner Kunze gefilmt. Das Nahe Wasserschloss in Mitwitz war jüngst Kulisse für die Märchenverfilmung *Drei Federn*. Für die Fantasy-Trilogie *Liebe geht durch alle Zeiten* wurde dagegen der oberfränkische Nachbar Coburg als Drehort ausgewählt. Schon für den ersten Teil, *Rubinrot*, kamen deutsche Stars wie Veronica Ferres, Axel Milberg oder Katharina Thalbach in die Veste-Stadt. 2003 diente die Coburger Veste im US-Film *Luther* als thüringische Wartburg. 1530 hat sich der Reformator tatsächlich in Coburg aufgehalten. Nicht unbedingt vermuten würde man, dass auch Rainer Werner Fassbinder hier drehte: 1979 *Die Ehe der Maria Braun*.

Die Liste ist längst nicht vollzählig. Aber wenigstens noch schnell was für die Kleineren: Schloss Faber-Castell in Stein bei Nürnberg musste als Internat Lindenhof bei *Hanni & Nanni* herhalten.

GRUND 36

Weil man Ohnegleichen findet

Wer Ohnegleichen erreichen will, geht von Kulmbach aus gen Südwesten, von Bayreuth aus gen Nordwesten und von Bamberg aus stracks gen Osten, immer der Nase nach, bis am Horizont der Turm der mittelalterlichen Burg Zwernitz aufragt. Nur die, in deren Herzen noch der Glaube an den Zauber vergangener Zeiten lebendig ist, werden Ohnegleichen ohne Hindernisse finden. Auf Landkarten sucht man es vergebens, und die Kunst der Helfergeister in modernen Kutschen – Navigationsgeräte genannt – versagt ebenfalls. Kein Wunder. Das fränkische Ohnegleichen heißt in Wirklichkeit nämlich Sanspareil. Sie sollten aber, falls Sie ohne Navi und Karte unterwegs sind und einen Einheimischen nach dem Weg fragen, keinesfalls »Sangpareijl« sagen. Der Name des Zauberortes in den nördlichen Ausläufern der Fränkischen Schweiz wird von den Bewohnern der Gegend so ausgesprochen, wie man ihn schreibt: Sanspareil. Vielleicht ist das ein Überbleibsel eines stillen Protests gegen die völlige Verwandlung ihres Dorfes vor über 250 Jahren. Damals beschloss die Markgräfin Wilhelmine von Bayreuth, die pittoresken Felsformationen, die wie von Riesenhand inmitten eines Haines mächtiger Buchen geworfen schienen, in einen Landschaftsgarten nach englischer Art einzubinden. Anders als bei den Parks ihrer Adelskollegen sollte »die Natur selbst Baumeisterin« sein, schrieb sie an ihren Bruder Friedrich den Großen. Allerdings nahm sie sich den Gartenarchitekten Joseph Saint-Pierre zum Gehilfen der »großen Baumeisterin«. Er gestaltete (sicher mit tatkräftiger Unterstützung der ortsansässigen Bauern) einen rund 13 Hektar großen Zaubergarten, durch den man noch heute an 39 zerklüfteten Felsformationen vorbeispaziert, in denen auch Grotten oder kleinere Höhlen entdeckt werden können. Wilhelmine mochte den Roman *Die Abenteuer des Telemach* von François Fénelon sehr, weswegen der Weg durch den Mythenhain zu einzelnen Stationen der Telemach-Abenteuer führt. Die kleinen Holztempelchen und Lauben, die im 18. Jahrhundert errichtet wurden, sind dem Zahn der Zeit zum Opfer gefallen; die in den Felsen angelegten oder schon vorhandenen Grotten wie die Kalypsogrotte oder die Vulkanshöhle sind aber noch da. Am beeindruckendsten ist das Ruinen- und Grottentheater. Es wurde 1985 von der Studiobühne Bayreuth aus seinem Dornröschenschlaf geweckt. Jedes Jahr im Juli und August finden unter den Felsarkaden Freilichtaufführungen statt. Da der Felsengarten das ganze Jahr über frei zugänglich ist, kann jeder Besucher, der einmal auf den Felsen stehen will, die in Sanspareil Wilhelmines Welt bedeuteten, das tun. Die Akustik ist wunderbar, und im Frühling und Sommer liefern Singvögel die musikalische Begleitung. Von den Wohn- und Wirtschaftsgebäuden, die für die markgräfliche Weltflucht erbaut wurden, stehen nur noch ein Teil des Küchenbaus, in dem heute ein Café betrieben wird, und der mit Stein- und Glasmosaiken verzierte Morgenländische Bau, in dem ein kleines Museum an die große Zeit von Ohnegleichen und an die bauwütige Wilhelmine erinnert, der die Franken unter anderem auch die Eremitage und das Schloss Fantasie bei Bayreuth zu verdanken haben. Das Reizendste an diesem reizenden Luft-, das zum Lustschlösschen wurde, ist der offene Innenhof, um den alle Räume angeordnet sind und in dem eine einzelne Buche wächst. Das Schlösschen wurde einst um die Urahnin dieses Baumes herum gebaut. Das alles war damals und ist auch heute noch ohnegleichen. Als eine Hofdame die wilhelminischen Wunderwerke 1746 das erste Mal sah, soll sie ausgerufen haben: »Ah, c'est sans pareil!« Kurz darauf ordnete Markgraf Friedrich an, den Ort, der vorher nach der Burg Zwernitz hieß, in Sanspareil umzubenennen. Auch das ist unserer Meinung nach ohnegleichen.

GRUND 37

Weil Barock ein Aushängeschild ist

Franken in Reiseführern und auf Hochglanzbildern, das ist Fachwerkromantik, das ist aber auch Barock. Die Würzburger Residenz, UNESCO-Welterbe seit 1981, und die Altstadt von Bamberg, die – nicht nur wegen des Barocks, sondern als größter unversehrt erhaltener historischer Stadtkern in Deutschland – seit 1993 Weltkulturerbe ist, sind die herausragenden Beispiele. Die Liste ist lang. Die Wallfahrtskirchen Vierzehnheiligen und Gößweinstein zählen ebenso dazu wie etwa die Schlösser Weißenstein, Veitshöchheim, Seehof, Erlangen, Gaibach, Dennenlohe und Tambach sowie die Residenzen in Ansbach, Bayreuth und Bamberg. Barock in Franken, das ist vor allem Balthasar Neumann. Dem 1687 in Eger geborenen und 1753 in Würzburg gestorbenen Baumeister wird in Franken so ziemlich alles zugeschrieben, was Rang und Namen hat oder haben möchte. Da gibt es zum Beispiel aber auch noch die Dientzenhofers, fünf Brüder aus Oberbayern – Georg, Wolfgang, Christoph, Leonhard und Johann –, von denen alle bis auf Christoph Spuren in Franken hinterließen, sowie Johanns Sohn Justus Heinrich. Ihrer aller Hauptauftraggeber gilt manchen als der wahre Erfinder des fränkischen Barocks: Lothar Franz von Schönborn. Der Adlige aus einer einflussreichen Familie war von 1693 bis 1729 Fürstbischof von Bamberg und von 1695 bis 1729 Kurfürst und Erzbischof von Mainz. Nach eigenen Worten war er vom »Bauwurmb« besessen. »Das Bauen ist eine Lust und kostet viel Geld, doch einem jeden Narren seine eigene Kappe gefällt«, reimte er einmal selbstironisch. Zugeschrieben werden ihm auch die Worte: »Wie könnten die Künstler und anderen Handwerksleute, die Gott doch auf dieser Welt haben will, bestehen, wenn er nicht zugleich Narren werden ließe, die sie ernähren täten.« Er war wohl ein durch und durch barocker Mensch, worauf auch seine auf Porträts erkennbare Leibesfülle schließen lässt. Schon als Domherr in Würzburg ließ er seit 1694 Schloss Gaibach bei Volkach kunstvoll ausgestalten. 1711 bis 1718 ließ er in Pommersfelden Schloss Weißenstein als prächtige Sommerresidenz errichten. Das Schloss ist bis heute im Besitz der Schönborns. Der »Bauwurmb« übertrug sich als Familienkrankheit auch auf seine Neffen Johann Philipp Franz von Schönborn – 1719 von seinem Onkel Lothar Franz zum Fürstbischof von Würzburg geweiht, wo er den Ausbau der Residenz vorantrieb – und Friedrich Karl von Schönborn. Friedrich Karl beerbte 1729 seinen Onkel

Lothar Franz in Bamberg und seinen 1724 verstorbenen älteren Bruder Johann Philipp Franz in Würzburg und legte in seiner Amts- und Lebenszeit als Fürstbischof beider Bistümer bis 1746 in Sachen Barock noch mal ordentlich nach.

Im Barock errichtete man aber nicht nur Neubauten. Auch alte Gebäude, Schlösser und Kirchen wurden barockisiert. So was wäre heute, dem Denkmalschutz sei Dank, nicht mehr möglich. Zudem birgt die Barockisierung bis heute Gefahren. Ein Beispiel ist die Kirche des ehemaligen Klosters St. Michael in Bamberg – von den Einheimischen schlicht und liebevoll Michelsberg genannt. Der im Kern romanischen Klosterkirche wurde um 1700 eine barocke Fassade vorgeblendet – Leonhard Dientzenhofer zeichnete verantwortlich. Dieses angehängte Mauerwerk hat nun die Mauern so weit auseinandergezogen, dass das Dach einzustürzen droht. Dem würde auch der einmalige Himmelsgarten, ein Deckengemälde, das rund 600 Pflanzen naturgetreu abbildet, zum Opfer fallen.

Trotzdem sind die meisten Franken stolz auf ihre barocke Pracht. Nicht nur die katholischen in Bamberg und Würzburg, sondern auch die evangelischen in den Residenzstädten Ansbach, Bayreuth und Erlangen lieben die Werke ihrer markgräflichen Bauherren. Dass sich daraus in Franken ein »barockes Lebensgefühl« entwickelt und etabliert hätte, kann man aber wirklich nicht sagen. Die kirchlichen und weltlichen Fürsten blieben doch zu abgehoben. Zwar neigt vielleicht auch das gemeine Volk bisweilen zur Völlerei, dabei bleibt es aber ganz und gar bodenständig. Prunksucht liegt den Franken ohnehin fern. Und vor allem sind sie schnörkellos.

KAPITEL 4

SPEIS & TRANK

GRUND 38

Weil Franken jeden Bierdurst löscht

Mehr Bier ist nirgends. Nicht nach Masse, denn allein die weltgrößte Brauerei im mexikanischen Piedras Negras kann ein Vielfaches der Menge aller fränkischen Braustätten zusammen ausstoßen. Es geht auch nicht nur um die Qualität. Gutes Bier gibt es auch anderswo. Es ist die Vielfalt. Und die Nähe. 200 Meter sind es von unserer Haustür zur nächsten Brauerei, in die andere Richtung ist es doppelt so weit. Übern nächsten Hügel liegt Bamberg – neun Brauereien. Unser Lieblingsbier kommt aber aus der entgegengesetzten Richtung. Zwischen ihm und uns liegen ein halbes Dutzend Dörfer, zwei weitere Brauereien und sage und schreibe zwölf Kilometer. Da kann man schon mal ein schlechtes Gewissen kriegen – wegen der Ökobilanz, lange Transportwege und so. Doch was soll's. Das Lieblingsbier aus dem Weiler Weiher ist schon mehrfach als Europas bestes ausgezeichnet worden. Dem stimmen wir zu. Andere mögen ihren Stoff kistenweise aus der Ferne kaufen. Selber schuld. Fernseh- oder Billigbiere gibt es leider auch hier in Franken.

Im Landkreis Bamberg zu leben ist für Bierliebhaber schon ein echter Standortvorteil, selbst für fränkische Verhältnisse. Immerhin findet sich hier etwa jede sechste der immer noch mehr als 300 fränkischen Brauereien. Da kann man eigentlich nichts falsch machen. Eigentlich. Denn nicht alles, was schäumt, ist Gold, nicht alles, was klein ist, schmeckt automatisch fein. Aber die schwarzen Schafe sind glücklicherweise vom Aussterben bedroht. Dafür gibt es immer mehr Brauer – und Brauerinnen! –, die ihr Handwerk verfeinern. Der Trend reicht sogar bis in die mittelgroßen und größeren Betriebe, die jahrzehntelang versucht haben, über den Preis konkurrenzfähig zu bleiben. Etliche davon sind dabei auf der Strecke geblieben. Dass dem viel beklagten Brauereisterben immer nur die feinsten Kleinsten zum Opfer gefallen sind, ist eine Mär.

Woanders heißt dieser Trend Craft Beer. Der bringt viel Erstaunliches ins Degustationsglas, treibt aber auch so manche obskure Stilblüte. In Franken heißt das meistens noch handwerkliche Braukunst. Klar, verwirrt das auch manche einheimische Biertrinker, die bei ungewohnten Geschmacksnoten gleich einen Verstoß gegen das Reinheitsgebot wittern. Es ist auch müßig, ihnen was von Aromahopfen zu erzählen. Ihr Seidla (für Nichtfranken: Halbliterkrug) sei ihnen gegönnt. Denn das kriegen sie kaum irgendwo besser und – erstaunlicherweise – billiger. Unzählig sind die Berichte von Franken, die Besucher aus anderen Regionen oder aus Großstädten auf die Bierkeller in der Fränkischen (Schweiz) führen, denen beim Anblick der Bierpreise – beim Essen schaut's ähnlich aus – ein Aufschrei entfährt, dass hier doch alles so billig sei. Versuche, ihnen schnell den Mund zuzuhalten, kommen meistens zu spät. Dankenswerterweise reagieren die meisten fränkischen Wirte darauf gemäßigt.

In puncto Bier kann also Franken und den Franken keiner was vormachen. Die Liebe zum Gerstensaft ist kaum irgendwo weiter verbreitet und spürbarer als in dem Landstrich, der sich in Abgrenzung zum viel bekannteren Weinfranken als Bierfranken bezeichnet. Die Grenze verläuft irgendwo im Maintal westlich von Bamberg, sie ist aber fließend, um nicht zu sagen: flüssig. Und um zum Lieblingsbier zurückzukommen: Die betreffende Brauerei ist in dieser Gegend ansässig. Bis ins 19. Jahrhundert war's ein Weingut, dann ein Wirtshaus mit Kleinbrauerei. Seit ein paar Jahren macht man hier einige der besten Biere Europas. Andere fränkische Biere lassen wir uns aber trotzdem schmecken. Wäre schade drum, sie ungetrunken zu lassen.

GRUND 39

Weil es noch viel mehr als 111 Biere gibt

111 Gründe, Franken zu lieben? »Mindestens!«, sagt der Bierfreund: A U (Mahrs-Bräu, Bamberg), Urstöffla (Kundmüller, Weiher), Goldblondchen (Steinbach, Erlangen), Huppendorfer Vollbier (Grasser, Huppendorf), Felsentrunk (Hartmann, Würgau), Zwickelbier (Friedel, Schnaid), Bauernbier (Held, Oberailsfeld), Goldstoff (Wiethaler, Neunhof), Helles Landbier (Hofmann, Pahres), Sommergold (Hennemann, Sambach), Eller Rotes (Eller, Birkach am Forst), IPA (Hertl, Schlüsselfeld), Schwarze Anna (Neder, Forchheim), Schwarzer Keller (Pfister, Weigelshofen), Weizenbock (Hennemann, Stublang), Dunkel (Elch, Thuisbrunn), Florian-Trunk (Schübel, Stadtsteinach), Vollbier (Meister, Unterzaunsbach), Kellerbier (Eichhorn, Dörfleins), Kraft-Stoff (Krug, Breitenlesau), Blauer Löwe Dunkel (Blauer Löwe, Höchstadt/Aisch), Lager (Hausbräu, Stegaurach), Lager (Greifenklau, Bamberg), Välta (Mazour Fößel, Appendorf), Rotes (Brandmeier, Cadolzburg), Hallerndorfer Bockbier (Rittmayer, Hallerndorf), Landbier (Wernsdörfer, Schönbrunn), Schwedentrunk (Kaiserhöfer, Kronach), Märzen (Wagner, Merkendorf), Posthörnla (Hönig, Tiefenellern), Landbier (Schroll, Nankendorf), Doppelbock Hell (Meinel, Hof), Zwergla (Fässla, Bamberg), Weizen (Lindenbräu, Gräfenberg), Dunkles (Dremel, Wattendorf), Räucherla (Hummel, Merkendorf), Kräusen (Faust, Miltenberg), Export (Rother Bräu, Roth/Rhön), Dunkel (Klosterbrauerei Kreuzberg, Bischofsheim), Dunkles Gold (Gundel, Barthelmesaurach), Laurentius (Wernecker, Werneck), Schönbrunner Urbock (Lang, Wunsiedel), Holladiebierfee Sommernachtstraum (Haberstumpf, Trebgast/Drei Kronen, Memmelsdorf/Meinel, Hof), Hetzelsdorfer Bier (Penning, Hetzelsdorf), Nothelfer (Trunk, Vierzehnheiligen), Weisse (Greif, Forchheim), Rhöner Landbier (Streck, Ostheim), Spezial (Martin, Schonungen/Hausen), Weiß-

bier (Simon, Lauf), Schorschbock Ice 13% (Schorschbräu, Gunzenhausen), Jubeltrunk Altfränkisch (Pyraser, Thalmässing), Vollbier (Löwenbräu, Buttenheim), Vollbier (Hübner, Steinfeld), Herrenpils (Keesmann, Bamberg), Lager (Beck, Trabelsdorf), Förster-Gold (Gampert, Weißenbrunn), Bernstein (Kommunbräu, Kulmbach), Landbier Dunkel (Lohndorf), Micherla (Müller, Debring, Spezi Rauchbier (Spezial, Bamberg), Mönchsambacher Export (Zehendner, Mönchsambach), Kellerbier (Raab, Hofheim), Keiler Weißbier (Keiler, Lohr), Export Hell (Hebendanz, Forchheim), Urbräu (Sauer, Rossdorf am Forst), Märzen (Mager, Pottenstein), Minnesänger (Klosterbrauerei, Weissenohe), Kellerbier (Herrmann, Ampfernach), Hopfen-Gold Pils (Staffelberg-Bräu, Loffeld), Kräußenpils (Becher, Bayreuth), Mainseidla Porter (Binkert, Breitengüßbach), Storchen-Bier (Schleicher, Kaltenbrunn, Prinz Eugen (Murmann, Untersiemau), Festbier (Hetzel, Frauendorf), Rotgold (Schwind, Aschaffenburg), Festbier (Meusel, Dreuschendorf), Bock (Grosch, Rödental), Bernsteinbock (Hecht, Zimmern), Eremitentrunk (Mühlenbräu, Mühlendorf), Urtyp Hell (Sonne, Bischberg), Braunbier (Klosterbräu, Bamberg), Stöffla (Drei Kronen, Memmelsdorf), Vollbier (Hölzlein, Lohndorf), Leupser Dunkel (Gradl, Leups), Lagerbier Dunkel (Kathi Bräu, Heckenhof), Kellerbier (St. Georgen, Buttenheim), Edelhell (Scherdel, Hof), Märzen (Hütten, Warmensteinach), Hausbräu (Löwenbräu, Neuhaus/Aisch), Landbier Dunkel (Ammerndorfer, Ammerndorf), Metzgerbräu Lager (Reichert, Uetzing), Aufsesser Festbier (Rothenbach, Aufseß), Dunkles Landbier (Reblitz, Nedensdorf), Urtrunk (Schroll, Reckendorf), Amber (Braumanufaktur Lippert, Lichtenfels), Ur-Weisse (Will, Motten), Edelhell (Oechsner, Ochsenfurt), Rotfränkisch (Landwehr-Bräu, Reichelshofen), Rotbier (Hausbrauerei Altstadthof, Nürnberg), Landbier (Enzensteiner, Enzenreuth), Ahornberger Märzen (Frankenwälder Bürgerbräu, Naila), s'Antla e1ns (Antla, Kronach), Reckendorfer Kellerbier (Schlossbrauerei, Reckendorf), Festtagsbier (Döbler, Bad Windsheim), Leinburger Lager (Bub,

Leinburg), Zwilling (Wagner, Kemmern), Zwickel-Pils (Hübner, Wattendorf), Bernsteinweizen (Ambräusianum, Bamberg), Helles (Büttner, Untergreuth), Kellerbier (Seinsheimer Kellerbräu, Seinsheim), Aechts Zwick'l (Haberstumpf, Trebgast), Räuber-Weisse (Brauhaus Wiesen, Wiesen).

Die Liste ist alles andere als vollständig. In Franken gibt es ja dreimal so viele Brauereien wie die hier genannten.

GRUND 40

Weil Franken den Wein achten

Auch beim Frankenwein gab es einmal eine Zeit, da galt vor allem Masse statt Klasse. Der Ertrag sollte es richten. Und der wurde von durchschnittlich gut 20 Hektolitern je Hektar in den 1950er Jahren auf rund 90 in den 1980er und 1990erJahren gesteigert. Der gutmütige Müller-Thurgau verdrängte mehr und mehr den anspruchsvolleren, aber typischen Silvaner, der schon vor 250 Jahren hier erstmals in Deutschland angebaut wurde. Das Wirtschaftswunder blieb dennoch aus. Masse statt Kasse. Im Preiskampf im Supermarkt hatte das Weinland Franken von vornherein schlechte Karten. Zu viele steile Lagen und trotz der frühen Flurbereinigungen viele kleine Parzellen und kleine und kleinste Betriebe sind daran schuld. Der Wein vom Main blieb im Vergleich zur Konkurrenz aus Rheinhessen, aus der Pfalz und von der Mosel immer ein gutes Stück teurer – aber irgendwann halt qualitativ nicht mehr besser. Und der Bocksbeutel, für den man 1989 endlich EU-weiten Schutz erhielt, war so zeitgemäß wie Butzenscheiben, ein Sinnbild für bürgerliche Behäbigkeit, der Inhalt nur noch was für Senioren auf Kaffeefahrt. Die Toskana war da doch der totale Gegenentwurf.

Inzwischen haben sich beide Fraktionen einander angeglichen – zumindest, was die Konsumentenseite betrifft. Natürlich hat es auch in Franken immer Winzer gegeben, die ihrem Wein die nötige Wertschätzung angedeihen ließen. Und Weintrinker, die dem Winzer ihres Vertrauens die Treue hielten. Aber es dauerte ein Weilchen, bis eine neue Generation von Winzern heranwuchs, die Tradition mit frischen Ideen verband. Und noch ein Weilchen länger dauerte es, bis auch die Weinbauoberen erkannten, dass der Wirtschaftswunderweg, der in den Nachkriegsjahren eingeschlagen wurde, in eine Sackgasse führte. Heute kann man auf viele Frankenweine wieder richtig stolz sein. In unserem Weinkochbuch haben wir ihnen etliche Rezepte gewidmet, vor allem dem Silvaner, der beim Anbau fast wieder zum Müller-Thurgau aufgeschlossen hat. Aber auch dem Roten. Bei Domina denken inzwischen nicht mehr alle automatisch an Rotlichtviertel, sondern manche auch an ein Viertel fränkischen Rotweins.

So gewinnt der Frankenwein viele neue Freunde. An einen seiner besten sei darum an dieser Stelle erinnert. Der Schauspieler Günter Strack, ein Hesse mit Leib und Seele, lebte lange im mittelfränkischen Münchsteinach. Er war Hobbywinzer und besaß im Frankenland zwei Weinberge, einen hessennah im Alzenauer Stadtteil Wasserlos, den anderen bei Krassolzheim, zwischen seinem Wohnort und der Frankenweinhochburg Iphofen gelegen. Letzterer war auch in der TV-Krimireihe *Der König* zu sehen, die von 1994 bis 1998 auf Sat1 lief. Strack spielte darin den Wein liebenden Exkommissar Hannes König, der es trotz Pensionierung nicht lassen konnte, weiterhin in Bamberg zu ermitteln. Und für den Weinliebhaber Strack wurde sogar die Bierstadt Bamberg auf den Kopf gestellt. Die traditionsreiche Brauereigaststätte Mahr wurde zum Weinlokal Traube umfunktioniert. Eine stadtbekannte, leicht bärbeißige Bedienung, die sonst Bier und Bratwürste servierte, mutierte als Komparsin zum sanften Engel, der Wein und Königsberger Klopse mit einem Knicks servierte. Sie lächelte sogar – ob's dem Strack oder dem Wein zu verdanken war, wissen wir nicht. Im Film fuhr sogar ein Linienbus vom oberfränkischen Bamberg aus ins 80 Kilometer entfernte unterfränkische Iphofen, um König-Strack zu seinem – real existierenden – Weingut zu bringen.

Strack starb 1999, in Münchsteinach ist er begraben. Die Frankenweinfreunde halten ihn in dankbarer Erinnerung. Aber auch die Bamberger Biertrinker haben ihm längst verziehen. So viel Gemeinsamkeit zwischen Bier- und Weinfranken war nie. Und seit der Landesgartenschau 2012 gibt es sogar auch wieder einen richtig bewirtschafteten Weinberg in Bamberg.

GRUND 41

Weil Franken auch seinen Terroir hat

Terroir, das ist ein zwiespältiges Wort für die fränkische Zunge, Zum einen ist da gleich am Anfang ein »T«. Und das, obwohl es doch dem Westfränkischen entspringt, also aus der Sprache jenes Frankenreichs stammt, in dem sich schließlich die einst am Mittel- und Niederrhein siedelnden Stämme der Salier – wie die Franken auch genannt wurden – niederließen. Also aus dem Französischen. Andererseits schmeichelt das doppelte »r« so der fränkischen Zunge, dass es dem heutigen Ostfranken – also dem, um den es in diesem Buch geht – schon in seiner einfachen Ausführung so schön herausrollt, dass man andernorts gleich drei davon benötigen würde. Was die so lange getrennten fränkischen Stämme – am Schluss wurde der östliche gar von einem Westfranken mit korsischem Migrationshintergrund an die Bajuwaren verkauft – verbindet, das ist die Liebe zum Wein, der an den Ufern des Mains so vorzüglich gedeiht wie jenseits des Rheins. Und da kommt der Derrroar, excusez-moi, der Terroir ins Spiel. Der französische Bauer, insbesondere der Weinbauer, kennt das ja schon lange. Die Hauptrolle übernimmt dabei natürlich, wie der Name schon sagt, der Boden – die Geologie und die Hydrologie. Aber das Klein-, wenn nicht gar Mikroklima spielt ebenso mit hinein wie das Gelände und schließlich auch die Schaffenskraft der bodenständigen Bearbeiter des Landes. Der Terroir geriet so zum besonderen Prädikat eines kleinen bestimmten Teils eines Weinanbaugebietes. In fränkischen Breiten – und hier ist wieder der Teil mit den mindestens 111 Liebesgründen gemeint – dauerte es ein Weilchen, bis man dieses Alleinstellungsmerkmals nicht zuletzt aus PR-Gründen gewahr wurde. Dabei war er doch schon immer da, der Terroir des Frankenweins. Man nehme nur mal die unterschiedlichen Böden, die seinen Charakter prägen. Aber wie sollen unterschiedliche Böden einen Charakter prägen? Tun sie ja eben nicht, sondern es entstehen Weine mit verschiedenen Charakteren. Das Problem war wohl eher, dass man bocksbeutelselig den einen Frankenwein vermarkten wollte. Aber zurück zu den kleinen feinen Unterschieden, als da sind vor allem die Böden: Buntsandstein, Muschelkalk und Keuper. Was sich in Abständen von jeweils etwa zehn Millionen Jahren bildete, lag lange übereinander. Erst viel später, also nochmals nach rund 30 Millionen Jahren, wurden sie aufgeworfen und verworfen zu dem, was die nochmals viel später hier siedelnden Menschen irgendwann als ihre fränkische Heimat bezeichnen sollten. Und der Wein war da wohl noch lange nicht da. Aber er wuchs und gedieh – viel später – prächtig. Gen Hessen hin mehr auf Buntsandstein, mittendrin auf Muschelkalk und kurz vorm Obermain auf Keuper. Natürlich kommen noch all die anderen natürlichen und weinkulturhistorischen Faktoren dazu. Doch auf jedem der Böden entwickelte er seine spezielle Art mit dem besonderen Extra, das heutzutage meist nur ausgebildete Weinexperten auseinanderschmecken können. Eingebildete Weinconnoisseurs mögen sich dagegen mit Begeisterung auf den Terroir stürzen, ohne ihn wirklich zu schmecken. Denen, die es weder schmecken noch behaupten, es zu tun, sei aber versichert: Der Terroir ist – und zwar für jeden Frankenweintrinker – ein bisschen wie Franken überhaupt: unaufdringlich, aber beständig und vor allem vielfältig. Die wortreichen Fürsprecher hat er eigentlich gar nicht nötig. In diesem Sinne sei hier Schluss der vielen Worte und still ein Glas Frankenwein genossen.

GRUND 42

Weil es zwar kein Schnapsfranken gibt, aber …

Es gibt Weinfranken, und es gibt Bierfranken. Die Grenzen – und Mentalitäten – sind immer noch recht klar. Auch wenn sich an den Rändern Aufweichungen zeigen, was ja beileibe nichts Schlechtes ist. Eines haben aber beide Gruppen gemeinsam: nämlich den Saft von den Streuobstwiesen und auch den Schnaps, der sich vor allem aus diesem Obst – aber aus noch viel mehr – destillieren lässt. Von Schnapsfranken spricht jedoch keiner. Klar, das bekommt auch leicht einen Beigeschmack, klingt nach Schnapsdrosseln, Schnapsnasen und Ähnlichem. Das will sich nicht mal der Franke nachsagen lassen. Schnaps spielt hier sicher auch nicht die gleiche Rolle wie etwa in Norddeutschland. Der geschmacksneutrale Korn schon gleich gar nicht. Das Hochprozentige ist in Franken mehr das besondere Extra, die Zugabe. Nicht der Gipfel des Genusses, sondern eher das i-Tüpfelchen, das Gipfelkreuz sozusagen, nach Schäufela, Kloß und Bier beziehungsweise Karpfen, Kartoffel und Kerner. Brennereien, die dieses besondere Extra liefern, finden sich in allen Regionen Frankens. So haben sich einige bereits 1994 in der Vereinigung Fränkischer Edelbrenner unter der Marke Rosenhut zusammengeschlossen. Den Namen »Rosenhut« leiten sie von dem tütenförmigen kupfernen Aufsatz über dem Kessel der typischen mittelalterlichen Brennerei ab, an dem das Destillat teilweise kondensierte. Das Siegel soll »ein Brennen in seiner einfachsten und reinsten Form ohne die heute erlaubten Zusätze« garantieren und so »für die Wahrung der lauteren und puren Destillation nach überlieferter Tradition« stehen, so das Selbstverständnis der Verbandsbrenner. Doch nicht nur unterm Rosenhut werden edle Schnäpse gebrannt. Aus Bierfranken mit seinen traditionellen Brauereigasthöfen kommend, fanden wir es recht apart, in der Rhön mal in einem Brennereigasthof einzukehren und zu logieren. Im »Dickas« in Bischofsheim beglückten uns die Wirtsleute nicht nur mit regionaler Slow-Food-Küche, sondern auch mit Hochprozentigem, von Klassikern aus Obst bis hin zum drei Jahre im Barriquefass ausgebauten Kartoffelbrand aus Rhöner Erdäpfeln. Einen guten Überblick und Umtrunk durch fränkische Brennereikunst und -kultur gibt es regelmäßig auch beim Tag der offenen Brennereien rund ums Walberla bei Forchheim. Gut ein Dutzend Brenner zeigen hier seit Jahren jeweils im späten Oktober, nachdem die Obsternte eingebracht und verarbeitet ist, was sich daraus extrahieren lässt. Und noch in Sichtweite des legendären Berges befindet sich die älteste Whisky-Destillerie Deutschlands. Nach einem guten Jahrzehnt des Experimentierens brachte Robert Fleischmanns Brennerei »Blaue Maus« in Eggolsheim 1996 den ersten deutschen Malt-Whisky auf den Markt. Manchem Highland-gewohnten Gaumen mag er recht mild erscheinen. Doch ob traditionell oder modern: Guter fränkischer Schnaps ist eben kein scharfer Rachenputzer – okay, die gibt es auch, aber dann verdienen sie das Prädikat »Gut« nicht –, sondern ein süffiger Genuss, dem man auch nicht wie beim Bier oder Wein einen ganzen Abend lang frönen sollte, sondern nur für einen – oder vielleicht noch einen zweiten – Augenblick.

GRUND 43

Weil es um die Wurst geht

Wir geben es offen zu: Bratwürste sind keine fränkische Erfindung. Aber nirgendwo werden sie in solcher Vielfalt angeboten wie zwischen Franken- und Steigerwald, Fichtelgebirge und Rhön, wie an Main und Pegnitz. Wer mag, kann eine 31 Zentimeter lange Coburger neben eine fingerkurze Nürnberger Wurst auf den Grill legen, man kann sich dünne, mitteldicke oder dicke Varianten einverleiben, hergestellt werden sie mit Schweinefleisch, in einigen Gegenden kommt aber auch Kalb- oder Rindfleisch dazu, sie werden mit Pfeffer und Kümmel oder mit Majoran gewürzt … Auch Zubereitung und Begleitung variieren je nach Region. In Kulmbach hat man für sie ein besonderes Brötchen, den Bratwurststollen, entwickelt. In Coburg wurden sie auf offenem Feuer mit Kiefernzapfen gegrillt, bis man wegen gesundheitlicher Bedenken (die Nitrosamine!) zu Buchenholzscheiten überging. In Bamberg und Umgebung werden sie in Essigsud gekocht und dann als »blaue Zipfel« serviert. Dann ist zu entscheiden, ob man sie mit Senf oder mit Meerrettich genießen will. Neben all diesem irdischen Beiwerk haben die Würste außerdem eine metaphysische Komponente. Einst konnte man an ihrer Beschaffenheit sogar ablesen, ob der Metzger, aus dessen Kessel sie kamen, den Lehren Roms oder den Thesen Luthers folgte. Die grobe Bratwurst wurde vor allem in den evangelischen Gebieten Frankens angeboten; die mittelgrobe bis feine dagegen in den katholischen. Auch wenn es allen Vorurteilen über den Katholizismus widerspricht, liegt der Grund dafür in der Rückwärtsgewandtheit – na ja, nennen wir's netter: der Purismusverbundenheit – der Protestanten. Die grobe Bratwurst war als erste da. Schon im 15. Jahrhundert, sagen die Coburger, wurden hier die Wurstzutaten durch den Wolf gedreht. Dieses grobe Gemisch wurde dann mit Salz, Pfeffer und Kümmel abgeschmeckt und in Därme abgefüllt. So machten es Evangelen und Katholen, bis im 19. Jahrhundert der Kutter aufkam. Nein, nicht das Boot, sondern eine Maschine, mit der die Wurstfülle mittelfein bis fein zerkleinert werden kann. Dazu kam eine ausgereiftere Gefriertechnik, die verhindern half, dass die Wärme der schnellen Maschinenmesser das im Fleisch enthaltene Eiweiß gerinnen ließ. Der Wurstmasse wurde zur Kühlung Eis zugesetzt. Als schlauer Franke holte man das aus den Eiskellern der Brauereien. Bis so ein feines Würstchen in der Pfanne landete, war also viel mehr Aufwand nötig als bei ihrer groben Verwandten. Das machte sie teurer. Deswegen, so die Bratwursthistoriker, waren sie eher in den wohlhabenderen katholischen Städten wie Bamberg gefragt. Die protestantischen Gemeinden dagegen hielten an der einfacheren Variante fest. Warum auch nicht. Schließlich schmeckte die grobe Wurst genauso gut, war aber schneller hergestellt. Der Metzger hätte also theoretisch mehr Zeit zum Beten gehabt. Noch heute lässt sich sagen: Je höher der Feinbrät-Anteil der Wurst, desto katholischer der Ort, an dem sie hergestellt wird. Die Ökumene macht sich aber auch hier schon bemerkbar. Metzgermeister Erich Kolb aus dem beim katholischen Kronach gelegenen protestantischen Seibelsdorf bietet zum Beispiel beide Varianten an. Wir geben den Geheimtipp ungern preis, aber der Umweg in sein Geschäft lohnt sich, nicht nur wegen der ökumenischen Bratwürste. Der Leberkäs und der Schinken, Schröttla genannt, sind auch sehr gut. Aber das ist eine andere Geschichte.

GRUND 44

Weil die Franken ihren Senft dazugeben

Gemeinhin gilt das Wort »Senft« als das einzige im fränkischen Dialekt, das mit einem harten »t« gesprochen wird. Dass die Franken es nicht einfach beim Senf belassen, verwundert kaum. Schließlich ist es eines von nur drei Wörtern in der deutschen Sprache, die auf »nf« enden. »Fünf« und »Hanf« sind die beiden anderen. Gewiss, es gibt noch die Stadt Genf und das Flüsschen Sernf. Aber beides liegt in der Schweiz, ist also weit weg – und dem bodenständigen Franken somit eher fremd. Der scharfen Paste aus dem gleichnamigen Gewürz das »t« zu verpassen, damit sind die Franken im süddeutschen Sprachraum allerdings nicht allein. Sogar der ihnen so ganz und gar abholde, weil als kolonialherrschaftlich verstandene – und im Gespräch gern unverstandene – bairische Dialekt kennt das. Man muss sogar einräumen, dass die manchmal aufgestellte Behauptung, das einzige Mal, dass im Fränkischen ein hartes »p« und eben auch »t« auftaucht, sei das Wort »Sempft«, sich nicht belegen lässt. Denn den »Sempft« gibt es nun mal eher im bairischen Sprachraum. Zum Beispiel in seiner süßen Variante zur Weißwurst. Das ist zwar auch eine feine Sache, aber überhaupt nicht fränkisch. Fränkisch ist die Bratwurst. Manche meinen zwar, die schmecke für sich schon so gut, dass es keinen Senft dazu brauche. Die meisten geben ihn aber trotzdem dazu. Meerrettich, also Kren, besser noch Kree genannt, darf's schon auch mal sein, wenn die Bratwürste auf dem Teller landen und mit Messer und Gabel gegessen werden. Im Brötchen – Brödla, Weggla oder in bajuwarischen Randgebieten auch Semmela – jedoch nicht. Und Ketchup geht gar nicht, auch wenn mancher rebellische Jugendliche zu diesem Kulturbruch neigt. Das klassische Nürnberger Fastfood »3 im Weggla« wurde sogar bei McDonald's mit einer Senfsoße kredenzt, nachdem der gebürtige Schwabe, damalige Bayern-München-Präsident und Fabrikant von Nürnberger Bratwürsten Uli Hoeneß im Jahr 2010 einen Überraschungsdeal mit dem amerikanischen Burgerbrater abgeschlossen hatte. Wenigstens das. Der Standort der Wurstfabrik im Nürnberger Hafen sicherte den Würstchen immerhin den Status als »Produkt mit geschützter geografischer Angabe« gemäß EU-Verordnung 1257/2003. Dass als Weggla ein Ciabatta-Brötchen herhalten musste, ließ die Franken allerdings nicht viel weniger als erschaudern. Durchgesetzt hat sich das Produkt bei der Schnellfresskette allerdings nicht. Auch für die McCurrywurst aus Hoeneß'scher Produktion, die den Franken allerdings so was von am sonst wo vorbeiging, kam 2013 das Aus. Nicht nur in Nürnberg geben die Brater jetzt wieder ihren Senft zur eigenen Wurst.

Der Senftenberg im oberfränkischen Gunzendorf, zu dem der Georgiritt – eine traditionelle Reiterwallfahrt – führt, hat übrigens nichts mit alldem zu tun. Obwohl auf dem Bierkeller in der Nähe der dortigen Kapelle die Bratwürste natürlich mit Senft auf den Tisch kommen.

GRUND 45

Weil ohne Kloß nix los ist

Die Franken lieben ihre Klöße und nennen sie auch so. Dass sie in Nürnberg »Kniedla« heißen, beachten wir hier nicht weiter. Laut bairischem Wörterbuch kommt das vom Wort »Knödel« und das wiederum aus dem bairischen Sprachraum und nicht aus dem fränkischen. Also noch mal: Klöße.

Nichts gegen Bratkartoffeln und Kartoffelpüree, aber so vielseitig wie ihr wohlgerundeter Kollege sind sie einfach nicht. Klöße sind die beste Beilage zu Braten aller Art, vor allem natürlich zum allerfränkischsten von allen, dem Schäuferla. Sie machen als Kloß mit Soß nicht ganz prinzipientreue Vegetarier satt (die Hardliner-Veggies nehmen statt der Soß Gemüse). Da mittlerweile immer öfter kalorienbewusste Fleischesser den Kloß ohne tierische Begleitung wählen, beschimpft man die Kombination auch nicht mehr als kastrierten Schweinebraten. Bleiben mal Klöße übrig, was angesichts des regionaltypisch beträchtlichen Appetits selten, aber dann und wann doch vorkommt, sind sie als »Eingeschnittene« eine leckere Reste-Mahlzeit. Dafür schneidet der hungrige Franke sie in Scheiben und brät sie in Butter mit Zwiebeln und Eiern an.

Bevor das allerdings geschehen kann, muss der runde Allrounder entstehen. Hier führen verschiedene Wege zum Glück. Es gibt Klöße aus rohen Kartoffeln oder welche aus gekochten und rohen, manche werden durch Ei, Stärkemehl oder Mehl zusätzlich gebunden. Die Variante aus rohen Kartoffeln heißt auch »grüne Klöße«. Mit Ökologie hat das nichts zu tun. Sie werden so genannt, weil sie sich durch Oxidation grün bis dunkelgrau verfärben können. Die Dickers-Mutter hat das verhindert, indem sie ein Blatt Schwefel zu den geschälten Kartoffeln in die Schüssel gab, es anzündete und die Schüssel schnell abdeckte. Der Schwefelqualm ging jedem Sonntagsessen voraus – gesundheitsschädlich war er wegen der nur geringen Dosis Schwefeldioxid, die dabei entstand, nicht. Wer fertigen Kloßteig kauft, kann aufs Schwefeln verzichten, da die Kartoffelmasse schon mit Antioxidantien versehen ist.

Je nach Region ist der Lieblingskloß unterschiedlich fest. Im Coburger Raum und im Frankenwald mag man sie locker. Die Bezeichnung »Coburger Rutscher« drückt aus, wie diese Klöße förmlich in den Rachen flutschen. In Bamberg liebt man sie dagegen etwas fester, damit sie die Soße besser aufnehmen. Richtig fränkisch wird der Kloß aber erst, wenn er mit gerösteten Weißbrotwürfeln gefüllt wird, von Küchensnobs Croutons, vom Frankenwald bis an die Regnitz »Bröggela« genannt. Und immer, immer ist das Kartoffelkunstwerk von Hand geformt. Eigentlich fast zu schade zum Essen …

Aber genau dafür sind sie natürlich da. Gegessen werden und wurden sie gern und oft. Wie oft, macht ein Liedchen deutlich, das Kloß-begeisterte Kronacher in den 20er Jahren des 20. Jahrhunderts auf die Melodie von *Bruder Anton* dichteten: »Bruder Anton! Ja, was ist denn? Heut ist Sonntag, heut ist Klößtag. Ach wenn doch alle Tage Klößtag wär.« Die zweite Strophe geht so: »Bruder Anton! Ja was ist denn? Heut ist Montag, heut ist Klößtag. Ach wenn doch alle Tage Klößtag wär.« Die dritte so: »Bruder Anton! Ja was ist denn? Heut ist Dienstag, heut ist Klößtag …« Und so weiter, bis wieder Sonntag ist. Der fränkische Kloß macht jeden Tag zum Feiertag.

GRUND 46

Weil der Siegeszug der Kartoffel in Franken begann

Wir haben Preußen viel zu verdanken. Zum Beispiel … oder …, Moment … ach ja: die Kartoffel. Ohne den Preußenkönig Friedrich II. würden wir heute noch Hirsebrei und Hafergrütze löffeln, statt uns an Pommes, Kartoffelsalat oder Klößen zu laben. Oder? Ach nein, selbst diese Errungenschaft wurde nicht zuerst aus den sandigen Böden Brandenburgs auf die Teller der Deutschen geholt, sondern aus der kargen Erde des fränkischen Vogtlands. Und das kam so: Mitte des 17. Jahrhunderts besuchte der Franke Hans Rogler Verwandte in Böhmen. Dort wurden die »Potacken« schon angebaut und gegessen – trotz der von Botanikern und Medizinalräten verbreiteten Meinung, sie seien gesundheitsschädlich. Sie wurden vor allem in botanischen Gärten oder den Parks adliger Familien als Raritäten und wegen ihrer schönen Blüten angebaut. Was sie unter der Erde zu bieten hatten, interessierte weniger. Die Böhmen blickten und gruben tiefer und verließen sich nicht auf vorgefertigte Urteile. Sie hatten die Pflanze zum Fressen gern. Auch dem Franken Rogler schmeckten die gelben Knollen. Er nahm einige mit ins heimische Pilgramsreuth und steckte sie in seinen Acker. Sie wuchsen, wurden geerntet und verspeist. Erst von Rogler und seiner Familie, dann von den Nachbarn und bald im ganzen Sechsämter- und Vogtland. Um 1647, so ist es in örtlichen Quellen überliefert, wurde dort das nahrhafte Nachtschattengewächs systematisch angepflanzt.

In nur knapp fünf Jahrzehnten nahm hier der Kartoffelanbau dermaßen zu, dass noch vor der Jahrhundertwende ein Jahresertrag von 1300 Zentnern aus über 700 Beeten, die mehr als 14 Tagwerke ausmachten, erzielt wurde. Bis die Preußen so weit waren, sollte es noch 100 Jahre dauern. Die Deutschen haben also den Franken die Kartoffel zu verdanken, zumindest den ersten Anbau im großen Stil. Damit das nicht vergessen wird, trägt eine Straße in Selb, in dessen Nähe Pilgramsreuth liegt, Roglers Namen. In Pilgramsreuth selbst erinnert seit 1990 ein Denkmal an die fränkische Vorgräberrolle bei der Verbreitung der Ärpfel, wie die Kartoffeln in Franken genannt werden. Die Bronzeplastik auf einem Steinsockel zeigt einen Bauern mit Kartoffelgrabegerät und eine kniende Bäuerin mit Kartoffelkorb, beide im bäuerlichen Gewand des 17. Jahrhunderts. Seit 1998 verleiht die Stadt Rehau außerdem den Ehrenpreis »Die Goldene Kartoffel«. 2012 ging er an Friedrich II. von Preußen. Die Franken sind eben großzügig.

GRUND 47

Weil Elise hier ihren Lebkuchen bekam

Diese Geschichte hat alle Zutaten für einen rührenden Weihnachtsfilm. Ein schönes, todkrankes Mädchen. Ein verwitweter Vater, der nach der Frau nicht auch noch die Tochter verlieren will. Eine wundersame, süße Heilung. Das Mädchen hieß Elisabeth, genannt Elise, der Vater war Lebkuchenbäcker in Nürnberg, und das Heilmittel war ein besonders feiner Lebkuchen, der außer Gewürzen fast nur aus Nüssen bestand. Das Mädchen aß das Backwerk, wurde gesund, und wenn sie nicht gestorben ist … nein, sie lebt sicher nicht mehr. Die Geschichte soll sich 1720 in der fränkischen Reichsstadt zugetragen haben. So lebensverlängernd kann nicht einmal der beste Lebkuchen sein. Aber auch wenn die schöne Elise ihr Schleckermäulchen längst geschlossen hat, ist uns das nach ihr benannte Backwerk erhalten geblieben. Elisen-Lebkuchen müssen mindestens aus 25 Prozent Mandeln, Hasel- oder Walnüssen bestehen und dürfen höchstens zehn Prozent Mehl enthalten. Die ersten Lebkuchen mit diesem Namen tauchten 1838 im *Nürnberger Waaren-Lexikon* auf – also über 100 Jahre nach der wundersamen Genesung der Lebküchners-Tochter. Die Bäcker in der alten Noris hatten also genug Zeit, sich eine verkaufsträchtige Geschichte auszudenken. Am feinen Geschmack und am anhaltenden Erfolg der nussigen Elisen ändert das ja auch nichts. Wie unser Autorenfreund Rolf-Bernhard Essig, der Indiana Jones der Redensarten, immer zu sagen pflegt: Wenn's nicht wahr ist, ist's zumindest gut erfunden. Dass Elise eine Nürnbergerin gewesen sein soll, ist sehr plausibel. Die mittelfränkische Metropole genoss schon im Mittelalter den Ruf einer Lebkuchenstadt. Alles, was man für das Gebäck brauchte, war vorhanden: Honig zum Beispiel bekam man von den Imkern aus dem Reichswald vor den Toren der Stadt, der den Beinamen »des Kaisers und des Reiches Bienengarten« trug. Die Gewürzstraße führte von Venedig aus direkt nach Nürnberg, also herrschte auch kein Mangel an Muskat, Nelken oder Zimt. Die Stadt war stolz auf ihre Lebkuchen. Bis Ende des 18. Jahrhunderts erhielten hohe Gäste neben den üblichen diplomatischen Geschenken wie Tellern, Luftballons oder Kugelschreibern mit Stadtansichten auch Lebkuchen. Gut, die ersten drei Dinge sind gelogen, die Lebkuchengeschenke sind aber belegt. Die Backware selbst ist es in Nürnberg auch. 1395 werden in Steuerlisten die ersten gewerbsmäßig tätigen Lebküchner aufgeführt. Verbürgt ist auch, dass Kaiser Friedrich III., als er sich 1486 zu einem Reichstag in der Stadt aufhielt, an mehrere Tausend Nürnberger Kinder Lebkuchen verschenkte, auf denen sein Bildnis zu sehen war.

In vielen Büchern hielten die Nürnberger und Nürnbergerinnen Lebkuchenrezepte fest. Das wohl älteste stammt aus dem 16. Jahrhundert und wurde von Susanne Harsdörfferin »ihren lieben Kindern zum besten« verfasst. Sie verwendete statt Honig den kostbaren Zucker und würzte die Küchlein mit Zimtrinde, Muskat, Ingwer und Nelken. Das *Vollständige Nürnbergische Kochbuch* von 1691 führt mehrere Rezepte zum Backen von Mandellebkuchen auf, die in ihrer Zusammensetzung schon an die späteren Elisen-Lebkuchen erinnern. Noch heute ist Nürnberg eine Lebkuchenstadt. Neben großen Firmen, die das Backwerk in die ganze Welt exportieren, gibt es auch zahlreiche kleine Bäckereien und Lebkuchenmanufakturen, die das ganze Jahr über weihnachtliche Geschmackserlebnisse anbieten, die der industriell gefertigten Massenware weit überlegen sind. Ein Blick ins Branchenbuch lohnt sich. Seit 1996 darf sich nach europäischem Recht übrigens Nürnberger Lebkuchen nur nennen, was auf dem Stadtgebiet hergestellt wurde.

GRUND 48

Weil dem Karpfen der Kuschelfaktor (nicht) fehlt

Wir müssen es gestehen: Für uns persönlich ist der Karpfen kein Grund, Franken zu lieben. Obwohl wir seit einem Jahrzehnt umgeben von Karpfenweihern in einem Karpfendorf leben, können wir dem Lieblingsfisch der Franken geschmacklich nicht viel abgewinnen. Dabei schaut er doch recht appetitlich aus, wenn er gebacken oder blau in den hiesigen Gaststätten – teils frisch aus dem Hausteich – auf die Teller kommt. Da ihn so viele, auch viele unserer Freunde, zum Fressen gern haben, finden wir, dass es sich schon um ein liebenswertes Stück fränkischer Kultur handeln muss. Karpfenkultur eben. Noch dazu ist der Verzehr von Karpfen Ernährungswissenschaftlern zufolge nahrhaft und gesund und seine Zucht laut Umweltschützern allemal nachhaltiger als jeder noch so zertifizierte Seefischfang.

Schon auf der ältesten kartografischen Darstellung unseres Dorfes Stegaurach, von dem Nürnberger Paul Pfinzing Ende des 16. Jahrhunderts angefertigt, sind die zahlreichen Karpfenweiher als zentrales Element der Dorfkultur zu sehen. Quasi gleichberechtigt mit der Kirche. Man kann sogar davon ausgehen, dass es in der Ansiedlung, die vor rund 1200 Jahren erstmals urkundlich erwähnt wurde, noch nicht mal eine Kirche gab. Dafür hatte man aber wahrscheinlich ein Gasthaus an der Brücke über den kleinen Fluss, dem der Ort seinen Namen verdankt – und der Fluss wiederum wurde nach den in der Talaue grasenden Auerochsen benannt. Man könnte auch annehmen, dass vielleicht schon damals Karpfen auf den Tisch kamen, obwohl der Fisch in Franken eigentlich ein Neozoe ist, ein tierischer Zuwanderer also – oder Neigeschmeckter beziehungsweise Reigschlaafter, wie der Franke sagt. Nach manchen Naturschutzrichtlinien zum Erhalt indigener Tierarten dürfte es ihn in Franken also eigentlich gar nicht geben, wie Robert Klupp, langjähriger Leiter der Fischereiberatung des Bezirks Oberfranken, in einer Festrede zum Jubiläumsjahr unseres Karpfendorfes ausführte. Der Karpfen habe von den Naturschützern also leider mit wenig Unterstützung zu rechnen. Darüber hinaus habe ihn auch noch ein anderer zum Fressen gern, nämlich der Kormoran. Der sei jedoch ein Vogel, und die Vogelschützer seien zahlreich. Und weil man mit ihnen eben singende Vöglein in Feld und Flur, Wald und Garten verbinde, hätten diese einfach die besseren Karten. Fischschützer seien dagegen eher eine rare Spezies, und ob man die gewerbliche Fischzucht zum Zwecke des Verzehrs dazuzählen kann, sei dahingestellt. Jedenfalls sei festzustellen, dass dem schweigsamen, kalten Karpfen nun mal der Kuschelfaktor fehle, resümierte der rührige Herr Klupp.

Der Karpfen hat also keine Chance, sich bei tierliebenden Kindern gegen ach so niedliche Bären durchzusetzen. Plüschkarpfen sind uns keine bekannt – was ihn vielleicht auch wieder sympathisch macht. Der These vom fehlenden Kuschelfaktor wollen wir außerdem vehement widersprechen. Wir erinnern uns beide daran, wie vor Festtagen Karpfen in den heimischen Badewannen schwammen. Wenn man die Finger ins Wasser steckte, waren sie recht zutraulich und lutschten daran. Trotzdem – oder gerade deswegen – haben sie uns später nicht geschmeckt. Vielleicht ist es also ganz gut, dass der Karpfen keine Kuscheltierkarriere aufzuweisen hat. Sonst würden wohl Horden karpfenliebender Tierschützer hungrigen Franken den Appetit verderben. Und das wollen wir denn auch wieder nicht. Darum ist der Karpfen doch ein guter Grund, Franken zu lieben.

GRUND 49

Weil hier gegen alles ein Kraut gewachsen ist

Vor allem in Vestenbergsreuth. In diesem kleinen mittelfränkischen Ort befindet sich der Stammsitz der MB-Holding. Was das mit Kräutern zu tun hat? Alles. Denn das M und das B stehen für Martin Bauer. Der gründete 1930 sein »Kräuterverarbeitungswerk Martin Bauer«, um das Einkommen aus seinem Erstberuf (er war sinnigerweise Bauer) aufzubessern. Mit dem Verkauf von Pfefferminze fing alles an. Heute beschäftigt das von ihm ins Leben gerufene Unternehmen, das mittlerweile von zweien seiner Enkel geführt wird, deutschlandweit fast 3000 Menschen, doppelt so viele, wie Vestenbergsreuth Einwohner hat. Mitten im Ort wurde ein Kräutergarten angelegt, der natürlich nach dem Pfefferminz-Bauer benannt ist. Auf 1200 Quadratmetern haben die Greuther (so die auch aus dem Fußball bekannte Kurzform des Ortsnamens) rund 90 verschiedene Kräuter angebaut, nach Anwendungsgebieten oder Eigenschaften sortiert. So passiert man nach dem Eingang den Magen-Darm-Trakt, äh, das Beet mit den Pflanzen, die gut gegen diverse Verdauungsunpässlichkeiten wirken, wie Dill oder Pfefferminze. Links erstreckt sich die Duftpflanzenrabatte mit rotem Salbei oder Orangenminze. Weiter geht's an Pflanzen vorbei, die bei Frauenleiden, Gefäß- und Hauterkrankungen, bei Störungen der Psyche, Schlafproblemen, Erkältungen oder Rheuma helfen können. Ihr Wehwehchen war noch nicht dabei? Keine Sorge! Der Martin-Bauer-Garten hat außerdem noch Kräutern, die bei Beschwerden von Nieren und Blase oder bei Herz-Kreislauf-Erkrankungen nützlich sein sollen, den Boden bereitet. Von A wie Adonisröschen über L wie Liebstöckel und R wie Rosenwurz bis Z wie Zitronenthymian reicht das mittelfränkische Kräuteralphabet, das von April bis Oktober bei freiem Eintritt besucht werden kann. Pflücken sollte man die Pflanzen nicht – das braucht man aber auch nicht, denn im Greuther Teeladen gibt's Kräuter, Gewürze und Tees zu kaufen. Der liegt ganz nahe – wie alles in Vestenbergsreuth. Das ist eben der Vorteil kleiner Orte. Wer noch nicht genug von der Botanik hat, der kann sich auf den Kräuterrundweg machen. Man sollte aber gut zu Fuß sein. Entspannter lassen sich die 24 Kilometer, die er lang ist, mit dem Fahrrad zurücklegen. Auf besagtem Rundweg kommt man im »Land der 1000 Teiche« von Vestenbergsgreuth nach Lonnerstadt und Uehlfeld. Wissbegierige lesen die Schautafeln, die am Wegesrand Auskunft über Pflanzen geben, Kauflustige erwerben in Hofläden heimische Produkte, und alle gemeinsam fahren durch Wiesen und Wälder und schöne, gemütliche Dörfer, in denen es nicht nur Pfefferminztee zu trinken gibt. Schließlich war zum Beispiel Lonnerstadt für Hopfenanbau bekannt … In Franken ist eben doch das beste Kraut gegen den Durst gewachsen.

GRUND 50

Weil verstreut auch Quitten wachsen

Streuobstwiesen sind ein prägender Bestandteil der fränkischen Kulturlandschaft. Die Erkenntnis, dass diese ökologisch wertvoll und erhaltenswert sind, ist allerdings noch nicht so sehr alt. Bis in die 1980er Jahre waren sie jedem Flurbereiniger ein Dorn im Auge. Und die Flurbereinigung hatte in Franken mit seiner vor allem durch das Erbrecht bedingten landwirtschaftlichen Kleinteiligkeit einiges zu tun. So blieb manches ursprüngliche Gehölz doch noch erhalten. Wer die Monokulturen der Obstplantagen in der Bodenseeregion oder in Südtirol kennt, der weiß das zu schätzen. Dabei waren die Streuobstwiesen doch beileibe keine Überreste von Urwäldern, sondern sie wurden zumeist erst im 18. und 19. Jahrhundert zur Versorgung der Bevölkerung gezielt angelegt. Der Beinahe-Zusammenbruch des fränkischen Weinanbaus durch klimatischen Wandel und Rebkrankheiten verstärkte diesen Trend noch. In zahlreichen aufgelassenen Weinbergen wurden Obstbäume gepflanzt. Zum Beispiel am Kloster Michelsberg in Bamberg. Dort sorgte 2012 das Vorhaben, zur Landesgartenschau wieder Wein anzubauen, für teils heftige Diskussionen. Denn schließlich mussten dafür in dem ehemaligen Klostergarten etliche alte Obstgehölze weichen. Doch zurück zu den traditionellen Streuobstwiesen. Die haben ihren Namen nicht daher, dass die Obstbäume ihre Früchte auf der Wiese verstreuen, wo sie dann aufgelesen werden. Mit Fallobst hat Streuobst nichts zu tun. Vereinfacht gesagt, heißt das vielmehr so, weil auf den Wiesen große Obstbäume – im Gegensatz zu den modernen Obstplantagen noch echte Hochstämme – verstreut gepflanzt wurden. Man beschränkte sich dabei nicht nur auf eine Sorte, sondern baute die verschiedensten an. Und nicht nur Äpfel, obwohl die in unzähligen Sorten dominieren. Auf einer echten Streuobstwiese finden sich auch Birnbäume und die eine oder andere Kirsche und Zwetschge. Ganz selten (geworden) sind jedoch Quitten. Zugegeben, die Quitte ist ein etwas schwieriges Obst. Die kann man nicht vom Baum pflücken und einfach reinbeißen. So schön und wunderbar duftend die großen gelben Früchte auch sind, sie verlangen nach Bearbeitung. Weil wir selbst einen dieser seltsamen Bäume im Garten haben und ihn lieben, wissen wir das. Ein, zwei Quittenrezepte haben wir darum auch jeweils in unseren Kochbüchern untergebracht. Umso faszinierter waren wir, als wir erfahren haben, dass es nicht so arg weit weg von uns – in der Mainschleife bei Volkach – einen Quittenweg gibt. In Astheim am Main wächst mit teils hundertjährigen Bäumen die wohl älteste obstbauliche Quittenkultur. Bereits um das Jahr 1500 wurden die ersten Quitten in einem Klostergarten geerntet. Der große Aufschwung kam aber auch hier erst mit dem Abschwung beim Wein. Und dass verwilderte Quittenbestände erhalten geblieben sind, die seit Kurzem wieder rekultiviert werden, ist vor allem der Tatsache zu verdanken, dass hier die Flurbereinigung vor der kleinteiligen Parzellenstruktur, die nach der Säkularisation entstanden war, schlichtweg kapitulierte. Darum ein Hoch auf die fränkischen Streuobstwiesen und ein besonderes Hoch auf die Quitten.

GRUND 51

Weil Franken so schön scharfe Botschafterinnen hat(te)

In München wurde Franken stets ja nur am Rande wahrgenommen. Da war es schon gut, dass der nördliche Landesteil über Jahrzehnte hinweg so augenfällige – noch dazu mit hohem Sympathiewert versehene – Botschafterinnen im Straßenbild der Hauptstadt hatte: die Krenweiberl. In ihren traditionellen bunten Trachten waren die Frauen aus Franken wohl schon seit dem ausgehenden 19. Jahrhundert in München unterwegs und verkauften, was die manchmal Krenland genannte Region im Regnitztal zwischen Erlangen und Forchheim so zu bieten hatte: nämlich Meerrettich, in Stangen oder auch schon gerieben im Glas, dazu Kräuter, Gewürze und Tees. Waren sie anfangs mit ihren geflochtenen Körben als Hausiererinnen von Tür zu Tür unterwegs, fanden sie später feste Standplätze – meist rund um den Viktualienmarkt. Dabei erfüllten sie – vor allem beim Haustürhandel – gleich eine doppelte Funktion, die ihnen später das Internet streitig machen sollte. Neben Waren lieferten sie auch die neuesten Geschichten und Gerüchte. Aus dem Münchner Stadtbild waren sie jedenfalls lange nicht wegzudenken. Da mag sich mancher die Augen gerieben haben – sei es aus Nostalgie oder der scharfen Wurzeln wegen –, als 2010 der damalige OB Christian

Ude die letzte der fränkischen Krenfrauen in seinem Amtszimmer offiziell aus München verabschiedete. Aber mit 70 Jahren wollte sich auch Maria Kraus schließlich zur Ruhe setzen, nachdem sie 53 Jahre lang aus ihrem Heimatdorf Heroldsbach regelmäßig mit ihrer scharfen Ware nach München gefahren war, um sie dort bei Wind und Wetter in der Fußgängerzone zu verkaufen. Und Nachfolgerinnen waren schon länger nicht mehr in Sicht. »Mit Ihrem Ruhestand geht eine Ära zu Ende«, beschied der Oberbürgermeister der Fränkin. Helga Kraus erinnerte sich bei dieser Gelegenheit auch an Stammkundinnen wie Michaela May, Christine Neubauer und Lena Valeitis.

Die Geschichte der traditionsreichen Zunft der Krenweiberl war damit vorbei. Aber den Kren, fränkisch meist »Kree« gesprochen, wie der Meerrettich von Österreich über Altbayern bis ins Frankenland genannt wird, den gibt es natürlich immer noch. Und ein großer Teil davon kommt nach wie vor aus Franken, vor allem aus Baiersdorf. Die Kleinstadt nördlich von Erlangen gilt als Zentrum des Meerrettichanbaus und vor allem der -verarbeitung in Europa. Auch wenn direkt im Ort nur noch ein Landwirt den mühevollen Anbau – »Ein Acker mit Kren will seinen Herrn jeden Tag sehn«, heißt es – der scharfen Wurzeln betreibt. Aber im fränkischen Umland gibt es noch mehr von ihnen. Als »bayerischer Meerrettich« hat ihr fränkischer Kree seit einigen Jahren eine geschützte Herkunftsbezeichnung. Das hebt ihn auch von dem aus Ungarn stammenden ab, auf den auch fränkische Hersteller immer öfter zurückgreifen. In Baiersdorf hat der Meerrettich seit einigen Jahren sogar ein eigenes Museum. Und rund um den Ort gibt es jedes Jahr im Oktober die »Scharfen Wochen«, an denen sich zahlreiche Restaurants und Gaststätten beteiligen.

GRUND 52

Weil wieder Süßholz geraspelt wird

Die Franken sind nicht eben dafür bekannt, verschwenderisch Komplimente auszuteilen. Hatten sie auch nicht nötig. Schließlich lieferten sie anderen den Grundstoff für Süßholz-Raspeleien. Bis Anfang des 20. Jahrhunderts war Bamberg eines der wichtigsten deutschen Anbaugebiete für die Pflanze, die Heil- und – als Zutat für Lakritze – Genussmittel zugleich ist. Die Wurzel des Schmetterlingsblütlers enthält das entzündungshemmende Glycyrrhizin – und das ist 150-mal so süß wie Zucker. Dazu wirkt es krampf- und schleimlösend, weswegen die Pflanze verwendet wurde, um Husten und Heiserkeit zu lindern. Der Medicus Leonhard Fuchs schrieb in seinem Kräuterbuch von 1543: »Der safft von Süßholtz, so man denselbigen in den mund nimpt und laßt jn selber zerschmeltzen und im hals hinab schleichen, miltert unn lindert die rauhe kelen.« Dass aus der rauen Kehle durch die wundersame Wurzel wieder ein sanftes, wohltönendes Stimmchen dringen konnte, erklärt die Entstehung des Ausdrucks »Süßholz raspeln«. Das tut jemand, der seine Rede verschwenderisch mit süßen Worten und Komplimenten garniert. Die Bamberger hatten dafür keine Zeit, weil sie die Hacke schwingen mussten, um die Süßholzernte aus den sandigen Böden der Regnitzauen zu graben. Die Legende will es, dass die Pflanze nur dort wuchs, wo Kunigunde, die Frau von Kaiser Heinrich II. und Schutzpatronin der Stadt, ihren Fuß hingesetzt habe. Das hat vielleicht um das Jahr 1100 gestimmt, als die Franken begannen, Süßholz anzubauen, und Kunigundes Geist noch relativ frisch über den Landen schwebte, heute dürfte es aber selbst strenggläubige Katholiken nicht mehr überzeugen. Die erste schriftliche Quelle berichtet im Jahr 1563, dass Süßholz in Bamberg seit Langem bekannt sei. Danach wurden Pflanze und Stadt ein Gespann – fast jeder Reisebericht aus früheren Zeiten widmet dem Süßholz viel Raum.

Im Stadtplan von Petrus Zweidler aus dem Jahr 1602 wird das Signum von drei Süßholzpflanzen und zwei aus Süßholzwurzeln geflochtenen Ringen umkränzt. Eine Aufgabe der Meisterprüfung der Bamberger Gärtnerzunft bestand darin, eine Süßholzwurzel am Stück auszugraben. Süßholz war die Hauptzutat des »Bamberger Hirschtalers«, einer Lakritzspezialität der Bamberger Gärtnerfamilien. Der Begriff »Bärendreck«, der in Süddeutschland oft für die tiefschwarze herb-süße Leckerei verwendet wird, hat übrigens auch fränkische Wurzeln. Mit ihm wurden zuerst die Lakritzsorten des Nürnberger Süßwarenfabrikanten Karl Bär bezeichnet, dann auch alle anderen. Bamberger Süßholz war jahrhundertelang in ganz Deutschland begehrt. Noch 1922 heißt es in einem Kräuterbuch, dass Bamberg-Besucher immer mindestens einen Süßholzring mit nach Hause nahmen. Solche aus den Wurzelfasern geflochtenen Ringe könnten bald wieder zum Domstadt-Souvenir werden. Denn nachdem 60 Jahre lang kein Süßholz mehr an der Regnitz angebaut wurde, weil Importware billiger war, wird es seit einigen Jahren hier im größeren Umfang wieder kultiviert. Zwar wuchsen einige Pflanzen zu Anschauungszwecken im Bamberger Gärtner- und Häckermuseum, aber erst 2011, als die Bamberger Süßholz-Gesellschaft gegründet wurde, bekam die Pflanze sozusagen neue Triebe. Mittlerweile wächst das Traditionskraut auf mehreren 100 Quadratmetern und wurde im Herbst 2014 erstmals wieder großflächig geerntet. Demnächst sollen auch wieder eigene Produkte wie Süßholzstangen, ein Tee und echte Bamberger Lakritze verkauft werden. Wer sein eigenes Süßholz raspeln will, kann bei der Süßholz-Gesellschaft einen Genuss-Schein erwerben. Damit erhält man mehrmals jährlich Süßholzspezialitäten und hilft außerdem, eine alte fränkische Tradition wieder zu verwurzeln.

GRUND 53

Weil altes Gemüse frisch auf den Tisch kommt

Wer sagt denn, dass es immer junges Gemüse sein muss? Wie wär's mal mit Statzinäri oder Wirsching? Beim Wirsching kommt man ja noch drauf. Das ist der Wirsing. In Franken wird der Wirsching genannt. Und in Oberfranken, rund um Bamberg, ist damit etwas Besonderes gemeint: der Spitzwirsing. Bei dem ist der Kopf locker, die Blätter sind weniger gekräuselt, fleischiger und zugleich zarter als beim gewöhnlichen Wirsing. Und gekocht schmeckt er weit weniger kohlig, sondern viel milder. Das Problem: Außerhalb Bambergs ist er kaum zu bekommen, denn er wird fast nur noch von den Bamberger Gärtnern kommerziell angebaut. Und das Angebot, also die Ernte, kommt auf den lokalen Markt und verschwindet dann rasch in den Küchen der einheimischen Liebhaber und der Restaurants. Der Spitzwirsing ist eine von drei alten Bamberger Gemüsesorten, für die sich der fränkische Ableger der internationalen Genießer-Organisation Slow Food um eine Aufnahme in die Arche des Geschmacks bemüht. Die beiden anderen sind der Bamberger Rettich und der Bamberger Knoblauch. Der Bamberger Rettich – genau genommen gibt es gar nicht den einen, weil fast jede Gärtnerfamilie ihr eigenes Saatgut wie einen Schatz hütet – ist in der Regel butterzart und hat eine recht milde Schärfe. Mehr als ein paar Körnchen Salz auf hauchdünnen Scheiben braucht es nicht, damit er sein volles Aroma entfaltet. Auch der Knoblauch wartet mit einem feinen Aroma auf, das sich in heutzutage marktgängiger Ware nicht mehr findet. Seit den 1960er Jahren ist er allerdings fast von den Feldern verschwunden, weil damals die meisten Bamberger Gärtner versuchten, im Großhandel mitzuhalten. Ähnlich erging es auch den birnenförmigen Zwiebeln. Gegen die importierte Konkurrenz hatten die Gärtner auch mit Massenware keine Chance. Ein Umdenken hat erst in den letzten Jahren eingesetzt. Prominentestes Beispiel für einen solchen Bamberger Arche-Passagier ist das Hörnla (Hörnchen). Sogar die Bamberger selbst dachten dabei über Jahrzehnte fast ausschließlich an das gleichnamige Croissant-ähnliche Gebäck. Die kleine, länglich krumme Kartoffel drohte dagegen wie so viele andere Sorten auszusterben, weil ihr Anbau aufwendig, der Ertrag vergleichsweise niedrig und die Krankheitsanfälligkeit höher als bei neuen Zuchtsorten ist. Es wäre verdammt schade um die gelb- und festfleischigen Knollen mit dem nussigen Aroma gewesen, die vor allem im Kartoffelsalat die Konkurrenz klar in den Schatten stellen.

Doch zurück zum Anfang. Statzinäri – so heißen bei den Bambergern die Schwarzwurzeln. Fast wären sie aber sogar unter dieser allgemein üblichen Bezeichnung in Vergessenheit geraten. Denn das auch als Winterspargel oder Arme-Leute-Spargel bekannte Wurzelgemüse ist umständlich anzubauen und aufwendig zuzubereiten. Mit Spargel hat die Schwarzwurzel nichts gemein. Sie ist ein Korbblütler, verwandt mit dem Löwenzahn. Die Pfahlwurzeln brauchen sich kulinarisch ganz bestimmt nicht hinter dem Edelgemüse zu verstecken. In der Landesanstalt für Gartenbau in Bamberg wird seit einiger Zeit getestet, ob eine Rückkehr der Schwarzwurzel auf heimische Felder wirtschaftlich rentabel sein könnte. Ihren Bamberger Namen hat die Schwarzwurzel übrigens aus dem Italienischen: Scorzonera.

GRUND 54

Weil Ausgezogene und geschnittene Hasen einfach süß sind

Hier geht es nicht um knackige Frankenjungs und schnuckelige Frankenmadla. Hier geht es um Zucker, um Mehl, um Schmalz. Hier geht es um fränkisches Backwerk. Das war und ist zweifach besonders. Da besonders im ländlichen Franken früher eher Schmalhans

Küchenmeister war, gab es süße Genüsse vor allem zu speziellen Anlässen wie Familienfesten, Kirchweihen oder im Fasching. Sie waren etwas, auf das man sich freute. Diesen Seltenheitswert haben sie heute, wo es von September bis Dezember Lebkuchen und spätestens ab Januar Faschingskrapfen zu kaufen gibt, natürlich nicht mehr. Was geblieben ist, das sind ihre ganz speziellen Namen. Die Franken mussten in der kargen Vergangenheit wie alle Bewohner ärmerer Gegenden zwar sparsam mit Zucker umgehen, an Wortwitz mussten sie aber niemals knausern. Noch heute isst man deswegen bei fränkischen Festen Ausgezogene, geschnittene Hasen, Streubla, Knieküchla, Blöcher, Schneeballen oder Storchennester – jede Gegend hat ihre eigene Spezialität. Manche Namen erklären sich von selbst. Die Ausgezogenen zum Beispiel sind Hefeteigkrapfen mit einem dicken weichen Rand und einem hauchdünnen Mittelteil. Der entsteht, weil die Bäckerinnen (meistens sind es ja die Frauen, die dem Leben Süßigkeit verleihen) den Teig auf Millimeterstärke »ausziehen«. Das geschieht nach wie vor unter vollem Körpereinsatz: Die Bäckerin legt sich den Teig übers Knie und zieht ihn darauf dünn aus. Am begehrtesten waren die »Knieküchle« der Frauen mit den stämmigsten Beinen. Deren breite Knie sorgten dafür, dass man durch den Küchle-Mittelteil einen Liebesbrief hätte lesen können. Vermutlich erhielten die Breit-Knie-Bäckerinnen selbst etliche davon. Anders als die wohlgerundeten Küchle treten die geschnittenen Hasen und die Streubla, Strauben oder Sträuberla auf. Ihre wild verschlungenen Formen lassen vermuten, dass ein großer Teil des Schnapses, der den Schmalzteig locker machen sollte, durch die Kehle der Bäckerinnen geflossen ist. Der Vorteil dieser Freestyle-Bäckereien ist, dass sie rundum knusprig sind. Der Hasenname wird von der Back-Wissenschaftlerin Irene Krauß übrigens damit erklärt, dass das Gebäck als Ersatz für echte Hasenohren entstanden ist, die man Kindern im Mittelalter als Krankheitsabwehr in die Wiege legte. Lieber Schmalz- als Blutflecke auf dem Kissen, mag man sich gedacht haben, ein Gedanke, der bei den echten Hasen sicher auf Zustimmung stieß. »Streubla« leitet sich mit ziemlicher Sicherheit vom alemannischen Wort »straub« ab, was so viel wie »gewunden« oder »kraus« heißt. Während die süßen Knieabbilder, Häschen und Krausheiten in ganz Franken verbreitet sind, sind die »Blöcher« typisch für den Frankenwald. Der Name wurde aus der Flößerei übernommen, die über viele Jahrhunderte der wichtigste Erwerbszweig in der holzreichen Gegend war. »Blöcher« waren besonders dicke und deshalb wertvolle Baumstämme, die in die Sägemühlen geflößt wurden. Anders als diese sind ihre essbaren Kollegen innen hohl. Sie werden in einem speziellen Backeisen geformt, darin in heißem Schmalz ausgebacken und noch warm mit einem Zimt-Zucker-Gemisch bestreut. Wie auch die mittelfränkische Spezialität Schneeballen werden sie aus einem besonders reichhaltigen Teiggemisch, das viele Eier und sogar Sahne enthält, hergestellt. Wir wollten uns mal in Rothenburg ob der Tauber eine süße Schneeballschlacht liefern, mussten aber schon nach zwei Stück aufgeben. Sie schmecken köstlich, decken aber den Tagesbedarf an Kalorien von Schreibtischarbeitern, wie wir es sind – vor allem, wenn man zu modernen Varianten greift, die mit Schokolade überzogen oder mit Marzipan gefüllt sind. Eines haben aber Ausgezogene, geschnittene Hasen, Blöcher und Schneebälle noch heute mit Frankenjungs und -madla gemeinsam: Sie werden mit viel Liebe gemacht.

GRUND 55

Weil es schokoladet

Dass Franken nicht nur deftig, sondern auch süß können, beweisen sie mit Nachspeisen wie Apfelkräpfla im Bierteig oder Gebäck wie den Schneeballen oder den geschnittenen Hasen. Sie rühren aber nicht nur in der Teigschüssel, sondern auch im Schokoladenkessel. Mit den 1869 in Würzburg gegründeten Frankonia Schokoladenwerken sitzt sogar einer der traditionsreichsten Hersteller in der Region. Das Unternehmen, mittlerweile mit Sitz in Veitshöchheim, hat seinen Schwerpunkt heute auf spezielle Schokoladen zum Beispiel für Diabetiker gelegt. Das Unternehmen Piasten hatte 1923 im oberschlesischen Brieg begonnen, Schokolade zu produzieren. In Forchheim startete es 1945 neu. 1953 entstand in Cadolzburg im Nürnberger Land aus einer seit 1892 bestehenden Bäckerei die Firma Riegelein, die heute zu den großen Anbietern von Weihnachtsmännern und Osterhasen gehört. Alle drei haben an ihren jeweiligen Standorten einen Fabrikverkauf. In Cadolzburg erinnert die Confiserie Riegelein mit der »Chocothek« außerdem an die Anfänge des Unternehmens, als die süßen Figuren noch komplett in Handarbeit entstanden. Eine Autorenkollegin aus dem ebenfalls in dem hübschen mittelfränkischen Ort ansässigen ars vivendi verlag erzählte uns von ihrer Tante, der Osterhasenstreichlerin. Ihre Aufgabe war es, Fältchen oder Wülste im Stanniolgewand der fertigen Saisonfiguren mit den Händen glatt zu streichen. Das ist in der »Chocothek« nicht zu sehen, dafür kann man in der integrierten »Gläsernen Manufaktur« im Frühjahr miterleben, wie auf traditionelle Art bemalte Osterhasen oder die im Frankenland sehr beliebten Lammtafeln von Hand gefertigt werden, und sich aus dem Schokoladenbrunnen selbst Schokolade »zapfen« und genießen. Wenn handgeschöpfte Schokolade mit ganzen Haselnüssen vorrätig ist, sollte man unbedingt ein paar Tafeln erstehen – es gibt sie nicht immer, und sie macht zum Wiederholungsgenießer. Wie beim Bier liegt auch bei der Schokolade Handwerkliches im Trend. Die Franken waren hier natürlich auch ganz vorne mit dabei (wir müssen einfach ab und zu ein kleines verstecktes Lob einbauen). Schon seit Mitte der 1960er Jahre werden in der Confiserie Burg Lauenstein in Handarbeit Pralinen, Trüffel und auch Tafelschokolade gefertigt. Sitz der Manufaktur ist in einer historischen Mühle, die namensgebende mittelalterliche Burg – die nördlichste Bayerns – thront über dem engen Frankenwaldtal. Freunde von uns waren immer sehr beeindruckt, wenn wir sie aus dem Werksverkauf mit der gläsernen Manufaktur hinauf zu Lauensteins Wahrzeichen führten und sie dort eine Marc-de-Champagne-Praline mit einem in Kakao gedruckten Bild der Burg kosten ließen. Probierfreudige Besucher dürfen in der Manufaktur übrigens auch selbst in die Rolle eines Chocolatiers schlüpfen und ihre eigene Praline gestalten. Wissenswertes über die Kunst der Pralinenmacherei kann man sich bei der jüngsten der hier vorgestellten fränkischen Chocolaterien, der als »Maison de Qualité« ausgezeichneten Confiserie Storath in Stübig bei Bamberg, direkt in der Schokoladenstube bei einer Führung einverleiben. Johannes Storath, der seine Manufaktur 1989 gründete, sagt von sich selbst, dass er in dunkler Schokolade denkt. Seine Schokoladenprodukte zeichnen sich durch einen sehr hohen Kakaoanteil aus – das, so Storath, bedeutet: weniger Zucker und mehr Geschmack. In einigen fränkischen Restaurants werden Storath-Pralinen mittlerweile als Zwischengang oder auch als kleines Dessert gereicht. So süß kann es in Franken zugehen.

KAPITEL 5

GESCHICHTE & GSCHICHTLA

GRUND 56

Weil die Kelten erlebt werden können

Und zwar auf vielfältige Art. Esoterisch veranlagte Zeitgenossen kleiden sich in weiße Gewänder und pilgern bei Voll-, zunehmendem oder abnehmendem Mond nach Wohlmannsgesees im Landkreis Forchheim. Dort stapfen sie durch den Wald zum Druidenhain, fassen sich an den Händen und tanzen um die Felsblöcke, die dort wie aufgereiht liegen. Na ja, ob in diesem Waldstück einst wirklich keltische Druiden mit goldenen Sicheln Kräuter schnitten, ist wissenschaftlich nicht belegt. Wahrscheinlicher ist, dass die Felsformationen Überreste eines eingestürzten Höhlensystems oder eines mittelalterlichen Steinbruchs sind. Aber wild ist der Ort und mystisch, und ein oder zwei Druiden würden gut hinpassen. Wer es historisch verlässlicher mag, lässt den Mythenwald links liegen und fährt ein paar Kilometer weiter zur Ehrenbürg. Dieser Zeugen- oder Inselberg, von den Einheimischen Walberla genannt, ist kilometerweit zu sehen und zog die Menschen schon vor Jahrtausenden an. Heute kommen Wanderer, Wallfahrer und Kletterer, früher siedelten dort Germanen und noch früher Kelten. Sie wohnten dort, beteten ihre Götter wie Mogons an (zu dem kommen wir gleich noch) und errichteten gewaltige Trockensteinmauern, um sich gegen Feinde zu verteidigen. Wie das Walberla ist auch der Staffelberg bei Lichtenfels ein Zeugenberg, und auch er war Standort einer keltischen Burg und einer keltischen Siedlung, komplett mit Wohnhäusern, Handwerksbetrieben und einer Geldprägerei. Münzen vom Staffelberg wurden in der Schweiz und in Kleinasien gefunden. In Franken wurden eben schon immer rege Handelsbeziehungen gepflegt. Das Oppidum Menosgada, wie die Siedlung genannt wurde, wird im 1. Jahrhundert n. Chr. vom griechischen Geografen Claudius Ptolemäus erwähnt, obwohl zu der Zeit schon keine Kelten mehr dort lebten. »Menosgada« bedeutete wohl »Stadt über dem Maintal«. Und hier kommt Mogons ins Spiel. Manche Forscher der keltischen Sprache vertreten die Theorie, dass der Fluss nach dem Gott benannt ist, andere sagen, dass ein indogermanisches Wort für »Wasser« dem Fluss den Namen gab. Dass Frankens wichtigste Wasserader bis ins 14. Jahrhundert »Moin« hieß, spricht unserer Nicht-Linguisten-Meinung nach für die Mogons-Theorie. Nicht nur auf Bergen hat der Volksstamm, dem mit Asterix und Obelix ein gezeichnetes Denkmal gesetzt wurde, in Franken Spuren hinterlassen. Bei Bamberg, an der Staatsstraße von Litzendorf nach Geisfeld, können frühkeltische Grabhügel bestaunt werden. Als der Friedhof in Benutzung war (angelegt wurde er um 700 vor Chr.), waren es über 50, einige von ihnen fast vier Meter hoch und mit einem Durchmesser von 25 Metern. Ein Teil der Hügel wurde restauriert, und auch ein kleines Heiligtum wurde ausgegraben. Da Franken, wie wir an anderer Stelle in diesem Buch ausführen, auch unterirdisch viel bietet, werden immer wieder Begräbnisstätten in Höhlen entdeckt. Vor einigen Jahren stießen Forscher in der »Kirschbaumhöhle« (ein Deckname, den die Archäologen ihr gaben, damit sie nicht von Druidennachahmern oder Hobbygräbern gefunden werden kann) auf der nördlichen Frankenalb auf frühkeltische Knochen. Wem all das Gerede von Göttern, Gräbern und Gelehrten zu morbide oder zu trocken ist, der kann sich weiter westlich in Franken auf den Kelten-Erlebnisweg machen. Er führt über mehrere Hundert Kilometer von Südthüringen über die Haßberge, durch den Steigerwald bis zum Aischgrund, durch wunderschöne Land- und Ortschaften, vorbei an archäologischen Zeugnissen und – wer mag – hinein in Museen. Darauf eine Cervisia! Asterix-Leser wissen was gemeint ist, für die anderen bestellen wir ein Bier.

GRUND 57

Weil die Römer ihre Grenze fanden

Die Ursprünge der mittelfränkischen Stadt Weißenburg liegen in der Römerzeit. Hier befanden sich ein bedeutendes römisches Kastell und eine beeindruckende Bäderanlage, hier wurde auch der größte Römerschatz in Deutschland gefunden. Die Wehranlage, von der eines der vier Tore rekonstruiert wurde, die freigelegten Grundmauern der Thermen und der Schatz – zumeist Tempelinventar, das in der ersten Hälfte des 3. Jahrhunderts vor einer nahenden Gefahr versteckt und vergraben wurde – im Römermuseum geben Zeugnis vom Leben der Römer in Franken ab. Auch das Bayerische Limes-Informationszentrum befindet sich in Weißenburg. Denn hier war Grenzland. Der Limes verlief nur wenige Kilometer nördlich. Und die Wälle und Befestigungsanlagen, welche die Römer im 2. Jahrhundert errichteten, machten eigentlich einen Bogen um Franken. Auf den rund 550 Kilometern zwischen Rhein und Donau verläuft der Limes vom Main bei Miltenberg aus Richtung Süden durchs württembergisch-fränkische Hohenlohe, wendet sich beim schwäbischen Lorch nach Osten, führt über Gunzenhausen, Weißenburg, Treuchtlingen und Eichstätt zur Donau bei Kehlheim. Die Nordgrenze des Römischen Reiches entsprach also in etwa der West- und Südgrenze der heutigen Region Franken. Zufall? Die Franken waren jedenfalls nicht das unbeugsame gallische Dorf Germaniens. Denn zu jener Zeit siedelten sie noch gar nicht hier. Sie trieben sich damals vor allem am Unterrhein herum, waren also aus heutiger fränkischer Sichtweise Nordlichter beziehungsweise Fischköpfe. Im Land nördlich des Limes lebten Alamannen (Alemannen), zu denen vermutlich auch der Stamm der Juthungen gehörte. Und die machten den Römern in deren Spätzeit – ebenso wie die Franken – schwer zu schaffen. In den Jahren 233 und 234 kam es zu Überfällen und Zerstörungen.

Die Römer machten sich jedoch in jener Zeit auch gegenseitig das Leben schwer. So relativieren Wissenschaftler inzwischen die frühere Theorie, dass die Aufgabe des Limes und der Fall der Nordgrenzen allein Folge eines großen Germanenansturms im Jahr 259 gewesen sei. Innere Zerrüttung, Machtkämpfe und bürgerkriegsähnliche Zustände hätten das Ihre zum Zerfall beigetragen. So könne es durchaus sein, dass etwa das nachweislich kriegerischen Handlungen anheimgefallene Kastell Pfünz bei Walting im Altmühltal gar nicht 233 von Alamannen, sondern erst Jahre später durch rivalisierende römische Truppen zerstört wurde.

Endgültig vorbei war es dann spätestens 259/260 mit dem Limes als römischem Grenzwall – der aber nie so wehrhaft und abweisend gedacht und gebaut war wie etwa die Chinesische Mauer. Im Norden drangen die Franken über den Rhein bis nach Nordfrankreich vor. Die Alamannen zogen vom Rhein-Main-Neckar-Gebiet aus plündernd bis nach Zentral- und Südwest-Frankreich, und die Juthungen stießen über Augsburg bis nach Italien vor.

GRUND 58

Weil es die Nürnberger mit der Zeit haben

Die Wiege der modernen Zeitmessung mittels tragbarer Uhren stand wohl in Nürnberg. Es sollte aber ein Weilchen dauern, bis sie sich zum Taktgeber unserer heutigen Lebens- und vor allem Arbeitswelt entwickelten. Wie schön, dass in Nürnberg aber auch eine wesentlich entschleunigtere Form der Zeitmessung gepflegt wurde: die Kalendermacherei.

Doch wie macht man aus 365,2422 Tagen, in denen die Erde um die Sonne wandert, exakt ein Jahr, das pünktlich um Mitternacht an Silvester beginnt? Wie ordnet man die 29,53059 Tage eines Mondumlaufs zu zwölf Monaten und wie die 7,38265 Tage einer

Mondphase zu Wochen? Die Frage wurde nicht in Franken aufgeworfen, aber einige der klügsten Köpfe, die sich mit der Lösung beschäftigten, waren Franken.

Schon im 15. Jahrhundert wurde Nürnberg die Nummer eins in der deutschen Kalenderbranche. Namen wie Friedrich Creussner und Max Ayrer prägten das durch die Erfindung des Buchdrucks möglich gewordene Geschäft. Vor allem aber Regiomontanus, der Astronom Johannes Müller aus Königsberg in Unterfranken, machte sich einen bleibenden Namen. 1474 erschien sein *Nürnberger Kalender*, gültig für 57 Jahre und 60 Seiten stark, in einer Auflage von 1000 Stück – für damalige Zeiten ein Mega-Seller. Das Werk war nicht nur in Latein, sondern auch in Deutsch geschrieben, doch trotzdem nur etwas für die gebildeten Stände. Verlässliche Daten zum Jahresablauf brauchten aber vor allem die Bauern. Mit den Bauernkalendern wurde der Jahresplaner zum Allgemeingut. Der *Hundertjährige Kalender*, zusammengestellt aus Wetterbeobachtungen des aus dem oberfränkischen Weismain stammenden Abtes des Klosters Langheim, Mauritius Knauer, war ein besonders erfolgreiches Exemplar dieser Gattung. Edle Wappenkalender waren dagegen prächtige Aushängeschilder der Bessergestellten. Eine wertvolle Sammlung aus drei Jahrhunderten wurde 1806 aus Nürnberg nach – wohin wohl? Klar: nach München geschafft.

Nachdem Regiomontanus in Nürnberg wesentliche astronomische Grundlagenforschungen durchgeführt hatte, machte er sich 1475 auf den Weg nach Rom, um an einer Kalenderreform mitzuarbeiten. Doch er starb schon im Jahr darauf. Die Reform ließ dann noch mehr als 100 Jahre auf sich warten. Und es war wiederum ein Franke, der 1582 wesentlich zur Umsetzung der Reform und zur Einführung des Gregorianischen Kalenders beitrug: der Bamberger Christoph Clavius.

Damit hatte Nürnberg aber ein Problem. Der neue Kalender war zwar wirklich gut, galt aber als päpstliches Machwerk. Das heißt, er wurde im Reich zunächst nur in katholischen Regionen eingeführt. Bei den Evangelischen dauerte es noch 118 Jahre, bis sie die neue Zeitrechnung anerkannten. Erst im Jahr 1700 machten sie den Sprung, und zwar vom 18. Februar auf den 1. März, weil der julianische Kalender zehn Tage nachging. Andere waren noch später dran.

»Gebt uns unsere elf Tage zurück!«, lautete eine viel zitierte Forderung in England, das erst vom 2. auf den 14. September 1752 den Zeitsprung vollzog. Und in Russland dauerte es sogar bis zur Oktoberrevolution von 1917 – die dadurch nachträglich in den November rutschte.

Kalendermachen blieb also lange eine Kunst. Und das Produkt, das dabei herauskam, war jahrhundertelang ein Dauerbrenner.

Die Nürnberger Kalenderbranche zeigte sich jedoch unbeeindruckt und erwies sich als innovativ: Es gab Tageskalender im Querformat für die Schreibtischschublade – das älteste erhaltene Exemplar stammt aus dem Jahr 1554 –, Schreibkalender im Quartformat und Taschenkalender. Für das Jahr 1700 erschien im Verlag Johann Jonathan Felseckers Erben ein »ganz neu inventirter Schreib- und Sack-Calender«. Auch neue Zielgruppen wurden erschlossen, zum Beispiel die Frauen. Die Idee dazu stammte allerdings von der Konkurrenz aus Zürich. Dort war 1724 ein *Compendieuser Hand- und Sack-Kalender für das Frauenzimmer* auf den Markt gekommen. Dennoch blieb Nürnberg im 18. Jahrhundert Hauptdruckort für das deutsche Sprachgebiet.

GRUND 59

Weil Schneewittchen eine Fränkin war

Und zwar aus Lohr am Main. Da können die Hessen und die Niedersachsen, die das Märchen-Mädchen ebenfalls für sich beanspruchen, gerne vor Wut auf einem Bein hüpfen wie Rumpelstilzchen; Schneewittchen ist eine Fränkin, war eine Fränkin und wird immer eine bleiben. Überzeugende Belege dafür hat der Lohrer Apotheker Karlheinz Bartels zusammengetragen und 1986 veröffentlicht. Die weiß-rot-schwarze Schönheit, die böse Stiefmutter, der sprechende Spiegel, die Zwerge – alles hat es seinen Nachforschungen zufolge in der Spessart-Stadt gegeben. 1725 kam die spätere Zwergenhaushälterin als Maria Sophia Margarethe Catharina Freifräulein von Erthal im Lohrer Schloss auf die Welt. Sie muss nicht nur äußerlich, sondern auch innerlich schön gewesen sein. Ein Zeitzeuge beschrieb sie als »Engel an Barmherzigkeit und Güte«. Als Maria (die anderen Vornamen sparen wir uns jetzt mal) 16 war, starb ihre Mutter, als sie anmutige 18 war, heiratete ihr Vater zum zweiten Mal – und die böse Stiefmutter kam ins Spiel. Sie soll herrschsüchtig gewesen und mehr auf das Wohlergehen ihrer eigenen Kinder aus erster Ehe als auf das ihrer Stieftochter bedacht gewesen sein. Eitelkeit wird ihr außerdem nachgesagt. Lohr war genau der richtige Ort, um diese Eigenschaft auszuleben. In der dortigen Kurmainzischen Spiegelmanufaktur wurden Exemplare hergestellt, auf deren Rahmen Sinnsprüche angebracht waren. Die Spiegel »sprachen« also. Ein besonders prunkvoller, 1,60 Meter hoher Spiegel war ein Geschenk von Schneewittchens Vater an seine zweite Frau. Auf ihm stehen unter anderem die Worte »Amour Propre« (Eigenliebe). »Ihr seid die Schönste hier«, musste sich die Betrachterin eben dazudenken. Der Spiegel steht übrigens heute noch im Spessartmuseum im Lohrer Schloss. Und die Zwerge? Bartels fand auch für sie historische Vorbilder. Der Spessart war eine arme Gegend, seine Bewohner schlecht ernährt. Den Wald roden, um ihre Äcker zu vergrößern, durften sie nicht: Der Spessart war kurfürstliches Jagdrevier. Also gingen sie in den Untergrund, und zwar ganz im Wortsinn. Sie trieben Stollen in die Hügel und suchten nach Bodenschätzen. Da die Gänge niedrig und eng waren, arbeiteten dort nur kleinwüchsige Männer oder sogar Kinder – voilà: die Zwerge. Neben diesen Hauptakteuren fand Bartels auch alle wichtigen Nebendarsteller in und um Lohr: den Jäger, das Wildschwein, dessen Herz und Leber für die Schneewittchens ausgegeben wurden, und selbst die Hammerwerke, in denen die eisernen Schuhe geschmiedet wurden, in denen sich die Stiefmutter zu Tode tanzen musste. Und sogar sieben Berge gibt es, hinter die das schöne Mädchen flüchten konnte. Die »Schneewittchen-Wanderung«, die die marketingtechnisch begabten Fremdenverkehrsämter der Gegend jedes Jahr anbieten, führt zu den Bergen hin und über sie: Hammersbuch, Steckenlaubshöhe, Pfirschhöhe, Gaulskopf, Eichenberg, Erkelshöhe und Hirschberg. Wem die über 30 Kilometer zu anstrengend sind, kann nur das Spessartmuseum im Schloss mit dem Schneewittchenkabinett besuchen. Oder sich ins Café setzen und ein Stück Schneewittchenkuchen (weiß wie Sahne, braun wie Nussnougat-Creme, rot wie Kirschen) essen.

GRUND 60

Weil es Bierfeen gibt

Bier ist Männersache, sowohl was das Trinken, als auch was das Brauen betrifft. Stimmt natürlich nicht. Es mag wohl mehr Bier trinkende und brauende Männer als Frauen geben. Doch wo, wenn nicht im Bierwunderland Franken, könnte der Nährboden für eine weibliche Bierkultur fruchtbarer sein? Denn die vielen privaten Brauer haben schließlich nicht nur Söhne. Immer öfter stehen die Töchter am Sudkessel. Diese Geschichte könnte auch mit »Es war einmal …« beginnen. Sie geht jedenfalls so: Vier junge Braumeisterinnen … – in anderen Regionen mag allein das schon wie ein Märchen klingen. Also noch einmal: Vier junge Braumeisterinnen aus Oberfranken setzten sich eines Sommertages zusammen und dachten darüber nach, wie man Frauen für Bier begeistern und von solchen Abwegen wie Aperol Spritz abbringen könnte. Sie schritten zur Tat und setzten gemeinsam einen Sud an. Erst mal nicht viel, nur 300 Liter. Denn vielleicht wollte das gar keiner, besser gesagt keine. Und diese Menge ließe sich übers Jahr auch noch selbst konsumieren. Kurz vor Weihnachten 2012 war es dann so weit: Holladiewaldfee. Ja, genau so hatten sie ihr Gebräu getauft. Und, Holladiewaldfee – das Interesse war plötzlich riesengroß. Fast die gesamte fränkische Bier-Insiderszene war auf den Beinen und vollkommen vom Hocker. Und dazu auch noch einige überregionale Medien. Die 300 Liter waren in den drei traditionsreichen Brauereigasthöfen, denen die Bierfeen – wie sie rasch genannt wurden – entstammen, rasch ausgeschenkt und verkostet. Nur wenige Traditionalisten rümpften die Nase über das, was da in bauchigen 0,33- oder 0,75-Liter-Sektflaschen verkorkt auf den Tisch und dort in Sektgläser kam. Alle anderen, Frauen wie Männer, verlangten nach mehr, und die vier Braumeisterinnen versprachen denn auch, bald einen neuen Sud anzusetzen. Doch bevor der so weit war, verlangten noch andere ihren Anteil. Weil bereits ein Getränk mit dem Namen »Holla die Waldfee« als Marke eingetragen war, flatterte den Bierfeen eine Abmahnung ins Haus. Hinter dem geschützten Namen verbirgt sich übrigens ein Himbeerlikör mit Wodka. Das ist es anscheinend, was sich viele unter einem alkoholischen Getränk für Frauen vorstellen. Die fränkischen Bierfeen brauen jedoch ein echtes Bier nach dem Reinheitsgebot. Das wird auch nicht mit irgendwelchen Limonaden zum stylishen Biermischgetränk gestreckt oder zur Drei-Prozent-Plörre verdünnt, damit die Damen sich auch ein Glas gönnen dürfen und anschließend noch die Herren vom Bockbieranstich nach Hause chauffieren können. Das Feenbier ist vielmehr selbst ein Starkbier, und sechs bis sieben Prozent muss es schon haben. Zweimal pro Jahr gibt es jetzt »Holladiebierfee« – je einen Sommer- und einen Wintersud. Jeder ist jedes Mal aufregend neu. Und weil das Reinheitsgebot genau vier Zutaten zulässt, hat sich jede der Feen auf eine davon spezialisiert. Yvonne Wernlein von der Brauerei Haberstumpf Trebgast sorgt für das Wasser, Isabella Straub vom Brauereigasthof Drei Kronen in Memmelsdorf bei Bamberg kümmert sich ums Malz, Gisela Meinel-Hansen von der Meinel-Bräu in Hof lässt den Hopfen ihre Sache sein, und ihre Schwester Monika Meinel-Hansen gibt die Hefe dazu. Und weil sich mit Spezialmalzen, Aromahopfen und den unterschiedlichsten Hefen ganz erstaunliche Dinge machen lassen – die so manchen Hardcore-Pilsnik erschrecken mögen –, gelingt es den Bierfeen, ihre Fangemeinde immer wieder zu überraschen und zu beglücken. Auch wenn die Begeisterung überschäumen mag, überbordendes Wachstum ist die Sache der Bierfeen nicht. Zwar sind aus 300 Litern inzwischen 2000 geworden. Aber viel mehr sollen es offenbar auch nicht werden. Und das ist gut so.

GRUND 61

Weil Franken wenig abenteuerlustig sind

Die Zahl fränkischer Abenteurer, die in die weite Welt hinauszogen, um dort große Taten zu vollbringen, hält sich in überschaubaren Grenzen. Auf Anhieb mögen einem da Levi Strauss aus Buttenheim, der in San Francisco die Blue Jeans entdeckte, und Johann Georg Lahner aus Gasseldorf, der in Wien die gleichnamigen Würstchen kreierte, einfallen. Ihnen beiden ist deshalb auch ein eigener Frankenliebesgrund gewidmet. Oder vielleicht noch Lothar »Loddar« Matthäus aus Herzogenaurach, der in Mönchengladbach, München, Mailand und New York das Fußballspiel erfand. Auch Loddar würde eine Geschichte für sich hergeben. Aber wir wollen uns ja nicht auf Kosten anderer lustig machen. Also lassen wir es bleiben. Ansonsten sind die Franken doch eher ein bodenständiges Volk, dem es im überschaubaren heimischen Landstrich am besten gefällt. Die Gründe dafür sind zahlreich, 111 davon finden sich in diesem Buch. Und weil sie auch noch gerne essen und Bier trinken, scheinen die Franken irgendwie mit den Hobbits verwandt. Bei aller Lust am Disput sind sie meist friedliebend. Mit den »Franken«, wie im Nahen Osten die Kreuzfahrer des Mittelalters bezeichnet wurden, waren die Franzosen gemeint. Ausnahmen – siehe oben – bestätigen denn auch eher die Regel. Gustav Weißkopf auf Leutershausen wäre da zu nennen, der auf einem abenteuerlichen Umweg über Südamerika in den USA zum mutmaßlich ersten Motorflieger mutierte. Vor allem aber war da der Nürnberger Martin Behaim, geboren 1459 als Spross einer wohlhabenden Patrizierfamilie. Mit 17 wurde er in die Niederlande geschickt, um das Familiengewerbe, den Tuchhandel, zu erlernen. Dort schnupperte er wohl schon Seeluft, doch bevor er sich 1484 auf den Weg nach Portugal machte, schaute er noch mal in Nürnberg vorbei und erntete acht Tage Arrest, weil er als Christ in der Fastenzeit auf einer jüdischen Hochzeit getanzt hatte. Im Gegensatz zu dieser sind viele der Geschichten nicht belegt, wie er schließlich als Kartograf auf die portugiesischen Schiffe gelangte – es könnte Verbindungen zu dem in Nürnberg tätigen Regiomontanus oder dessen Schülern gegeben haben – und auf ihnen entlang der afrikanischen Küste und zu den Azoren segelte. Bereits am 18. Februar 1485 jedenfalls wurde er vom portugiesischen König zum Ritter geschlagen. Fünf Jahre darauf ließ er sich wieder in Nürnberg blicken. Dort war er maßgeblich daran beteiligt, dass Nürnberger Handwerker den ältesten noch erhaltenen Globus schufen. Andererseits war der reiselustige Abenteurer in seiner Familie wohl nicht mehr so hoch angesehen, und es kam zu Erbstreitigkeiten. Drei Jahre später machte sich Behaim wieder auf den Weg nach Portugal, wo er 1507 starb, nachdem er zwischendurch von Piraten nach England verschleppt worden war. Aber vielleicht war der so außergewöhlich abenteuer- und reiselustige Behaim ja gar kein echter Franke. Unbelegten Vermutungen zufolge soll der Familienname nämlich darauf hinweisen, dass die Sippe ursprünglich aus Böhmen stammte. In diesem Sinne: »Ahoi«, wie es dort ebenso wie auf hoher See heißt.

GRUND 62

Weil fast ganz Franken in ein paar Dörfer passt

Puristen mögen Freiland-Museen nicht. Ein befreundeter Kunsthistoriker nannte sie in einer hitzigen Diskussion mit uns »Bauern-Disneyländer«, und im DuMont-Kunstreiseführer Franken von 2010 liest man im Eintrag über das Fränkische Freilandmuseum Bad Windsheim, dass die Häuser dort zwar vorzüglich restauriert seien, es sich aber dennoch um eine fragwürdige Art der Denkmalpflege handele, »weil es sicher besser wäre, die Gebäude an ihren Ursprungsorten zu belassen und dort zu schützen und zu pflegen«. Das stimmt schon. Es wäre ja auch besser, wenn gefährdete Tierarten in freier Wildbahn überleben könnten und nicht nur in zoologischen Gärten. In den 1970er und frühen 1980er Jahren war das gemeine fränkische Bauernhaus (Casa agricolense franconica communis) zwar nicht vom Aussterben, aber von der Abrissbirne bedroht. »Das alte Gelumpp«, wie die Dorfbewohner ihre oft kleinen, feuchten und dunklen Behausungen nannten, musste vielerorts mit Eternitplatten verkleideten Bauwerken weichen, die nicht schön, aber komfortabel waren. Wir können sie verstehen. Wir (und viele Kunsthistoriker) leben ja auch in Häusern mit großen Fenstern, Türstöcken, an denen sich über 1,60 Meter große Menschen nicht den Kopf stoßen, mit funktionierender Heizung und Innentoilette. Wir mögen Freilandmuseen, weil sie die ganze Bandbreite dörflichen Lebens widerspiegeln, vom Bauern- übers Tagelöhner- bis hin zum Backhaus, von der Kirche bis zur Synagoge. Wir mögen Freilandmuseen vor allem, wenn sie, wie die im mittelfränkischen Bad Windsheim oder im unterfränkischen Fladungen (die beide den sich eigentlich ausschließenden Titel »Fränkisches Freilandmuseum« tragen), das dörfliche Leben vergangener Zeiten mit Ausstellungen und Veranstaltungen illustrieren und so zeigen, wie man in den alten Gemäuern gelebt und gearbeitet hat. In Fladungen kann man zum Beispiel im »Hörstall« mit eigenen Ohren erfahren, wie sich das enge Zusammenleben mit Tieren angehört hat, eine Ausstellung mit bunt bemalten Truhen zeigt, dass sich auch die Landleute Farbenpracht ins Haus holten, und 2015, im Jahr des 25-jährigen Bestehens des Museums, kann man an historischem Schulunterricht teilnehmen und ausprobieren, wie es sich anfühlt, wenn man mit dem Griffel auf die Schiefertafel schreibt. In Bad Windsheim erlebt man das 45 Hektar umfassende Ausstellungsgelände mit seinen Wiesen und Feldern, die von Landwirten wie früher mit Pferde- und Ochsengespannen bearbeitet werden, als größtes Ausstellungsobjekt. Dazu haben die Betreiber Gärten angelegt, in denen wie einst Blumen, Salat und Gemüse wachsen. Um die Mittelalter-Baugruppe herum betreibt man sogar noch exemplarisch die alte Dreifelderwirtschaft. In beiden Museen wird in Holzöfen Brot gebacken, es wird Bier gebraut (und ausgeschenkt), es wird Wäsche gewaschen, mit Pflanzen gefärbt und Wolle gesponnen. Zimmerleute, Schreiner, Steinmetzen, Glaser, Büttner oder Schmiede zeigen live, wie in ihrem Handwerk früher gearbeitet wurde. In Fladungen kann man alte Mühlentechnik in einer Mahl- und in einer Ölmühle erleben, daneben stehen ein Bienenhaus und zwei Dörrhäuschen. Das ist fränkische Alltagsgeschichte zum Sehen, Schmecken, Riechen und Durchlaufen.

GRUND 63

Weil hier Urviecher grasen

Der Ort, in dem wir leben, trug einmal den hübschen Namen Nendelin Uraha. Erwähnt wurde er zum ersten Mal im Jahr 973. Der Name besagt, dass hier ein gewisser Nendilo an dem Wasser (Aha) siedelte, an dem der Auerochse (Ur) graste. Und Nendilo war nicht der erste Siedler, denn Uraha war auch schon etwa 160 Jahre zuvor in einer Urkunde erwähnt worden. Später wurde aus dem Flüsschen Uraha die Aurach. Der Ort tauchte 1315 als Kirchenaurach, 1420 als Obernaurach und 1433 als Aurach am Stege wieder auf. Wahrscheinlich graste da bereits keines der Wildrinder mehr im Aurachtal. Denn der letzte Auerochse in Bayern wurde um 1470 im Neuburger Wald bei Passau geschossen. Die Allerletzten ihrer Art erwischte es um 1620 in Polen.

Woher kommt dann aber die Auerochsenherde, die seit März 2006 wieder Teile des Aurachtals beweidet? Sie stammt aus Auerbach im Bayerischen Wald. Aber auch dort hatten keine Ure überlebt. Es handelt sich vielmehr um Heckrinder. Vor rund 100 Jahren versuchten sich die Brüder Heinz und Lutz Heck, beide Zoodirektoren, an einer Rückzüchtung – heute spricht man von einer Abbildzüchtung – der Auerochsen. Aus alten Hausrindrassen, wie Schottisches Hochlandrind, Ungarisches Steppenrind und Korsisches Rind, aber auch Murnau-Werdenfelser Milchrindern, kreuzten sie die Heckrinder, die schließlich viele Merkmale der Auerochsen aufwiesen, zum Beispiel was Robustheit und Aussehen betrifft. Wenig verwunderlich, denn schließlich sind zahlreiche Hausrindrassen in den vergangenen Jahrtausenden aus der Domestizierung der Auerochsen hervorgegangen. Nur bei der Größe hat es nicht so geklappt. Stier Luzifer, der Chef im Aurachtal, ist zwar eine stattliche, Respekt einflößende Erscheinung, aber seine Schulterhöhe misst doch 20 bis 30 Zentimeter weniger als die der echten Auerochsen, die bis 1,80 Meter erreichte. Nichtsdestotrotz lieben Bewohner und Besucher des Aurachtals ihre »Auerochsen«. Weil die aber im Normalfall das hohe, fasrig-holzige Schilfgras verschmähen, hat die tierische Mähmaschinerie inzwischen noch Zuwachs erhalten. In direkter Nachbarschaft grasen nun auch Wasserbüffel und Koniks (robuste polnische Ponys, die häufig zur Erhaltung von Naturschutzgebieten eingesetzt werden). Zugegeben, keine echten Ureinwohner, weswegen sie auch nicht ganz die Populariät der Rindviecher erreichen. Sympathische Mitbewohner sind sie jedoch allemal. Echte Urwildpferde finden sich dagegen im Tennenloher Forst bei Erlangen. Das Areal war bis 1993 von der US-Armee als Truppenübungsplatz genutzt worden. Die Panzer hielten die Sandmagerrasen und Heiden offen. Nach dem Abzug drohten die schützenswerten Biotope nach und nach zu verholzen. 2003 wurden dann etwa 90 Hektar eingezäunt und zur Beweidung Przewalski-Urwildpferde aus den Tiergärten Hellabrunn, Nürnberg und Karlsruhe geholt. Die ernähren sich nun das ganze Jahr über vom kargen Aufwuchs auf den sandigen Flächen. Weder die starke Sonneneinstrahlung im Sommer noch die Kälte im Winter kann diesen robusten Tieren etwas anhaben. Wie die Ochsen im Aurachtal sorgen also auch hier Tiere aus alten Zeiten mit ihrem Appetit dafür, dass so mancher pflanzliche Ureinwohner Frankens überleben kann.

GRUND 64

Weil Kaspar ein Rätsel bleibt

Zu Kaspar Hauser sind wir gekommen wie die Jungfrau zum Findelkind. Eigentlich wollten wir uns einfach mal Ansbach anschauen, vor allem die Synagoge, die als eines der wenigen historischen jüdischen Gebetshäuser in der Reichskristallnacht nicht zerstört wurde. Und wir wollten den Kachelsaal in der markgräflichen Residenz besuchen, der über und über mit Fliesen aus der berühmten Ansbacher Fayencemanufaktur ausgeschmückt ist. Da es Sommer war und das Wetter schön, schlenderten wir danach durch den Hofgarten der Markgrafen, wo die Blumen blühten und die Zitronen- und Pomeranzenbäume in den Kübeln vor der Orangerie dufteten. Wir waren gerade dabei, uns im grüngoldenen Schatten der Lindenallee ein Gedicht auszudenken, in dem sich Pomeranzen auf Hofschranzen und Bettwanzen reimten, als wir an einen steinernen Obelisken kamen. Er wurde an der Stelle errichtet, an der Kaspar Hauser am 14. Dezember 1833 zu Tode kam. Er wurde knapp über 20 Jahre alt. Klar hatten wir vorher schon vom wohl bekanntesten aller Findelkinder gehört. Davon, dass Kaspar im Alter von 16 Jahren wie aus dem Nichts in Nürnberg auftauchte, dass er von einer Kindheit ohne Licht und ohne Liebe erzählte, die er in einem Kerker mit einem kleinen Holzpferdchen als einzigem Gefährten verbracht hatte, dass er dann von verschiedenen Erziehern und Pflegevätern aufgenommen wurde und ihn sogar ein englischer Graf unter seine Fittiche nahm. Über seine Herkunft wurde viel spekuliert, die einen glaubten, er sei der legitime Erbprinz von Baden, und die anderen hielten ihn für einen notorischen Lügner. Aber hier an diesem alten Stein, an diesem sonnigen Tag, war es uns egal, ob er ermordet worden war oder starb, weil sein Versuch, sich mit einer Stichwunde interessant zu machen, tödlich missglückte. Er war auf jeden Fall der arme Kaspar, der ein glückloses, kurzes Leben lebte und zu früh starb. »Hier wurde ein Unbekannter von einem Unbekannten getötet«, steht auf Lateinisch auf dem Denkmal im Hofgarten. Pomeranzen, Schranzen und Wanzen waren vergessen, und wir machten uns auf den Weg zum Ansbacher Stadtfriedhof, wo wir Hausers Grab nicht lange suchen mussten, es ist gut ausgeschildert. Dort lag er, das Rätsel seiner Zeit, wie es – wieder in Latein – auf dem Grabstein steht, und wir dachten uns: Wie schön, dass er auch in unserer Zeit ein Rätsel geblieben ist, obwohl eine vom Nachrichtenmagazin *DER SPIEGEL* angeregte DNA-Analyse in den 1990er Jahren ergab, er sei keinesfalls der Erbprinz gewesen, eine erneute Untersuchung vor einigen Jahren jedoch, dass er durchaus mit dem Fürstenhaus verwandt gewesen sein könne … Er war, ist und bleibt also rätselhaft. Das bedeutet, dass er auch weiterhin die Fantasie von Dichtern, Regisseuren und Ansbach-Touristen zu Geschichten formen kann. Ob man daraus ein romantisches Drama, einen Adelskrimi oder das Psychogramm eines Seelengestörten macht, bleibt jedem selbst überlassen.

GRUND 65

Weil Bayreuth den ganz großen Bahnhof hat

München, Frankfurt und Berlin haben mehr Bahnsteige, aber der Bayreuther Bahnhof ist eleganter – im Sommer jedenfalls. Also, im Juli und August. Dann fixieren Musikfreunde aus aller Welt den sonst eher beschaulichen Sitz der oberfränkischen Regierung in ihren Operngläsern, dann taften, chiffonen und rüschen prominente Frauen über den roten Teppich, und Regierungschefinnen zeigen Dekolleté und manchmal auch Schweißflecken. Dann knallen die Sektkorken und die Türen der Limousinen. Dann heißt es: Es ist wieder Festspielzeit in Bayreuth. Natürlich sind aber längst nicht alle Wagnerianer so privilegiert, dass sie mit eigenem Chauffeur anreisen. Viele strapazieren für die Eintrittskarten in die heiligen Hallen von Siegfried, Parzival und Co. ihren Geldbeutel so sehr, dass ihr Budget nur noch für ein Zugticket reicht. Es soll außerdem Gutbetuchte geben, die ihr Geld lieber für die wichtigen Dinge einer Festspielsaison wie Sekt in der Pause oder eine Festspielbratwurst (hey, wir sind schließlich nicht in Nibelheim, sondern in Franken) ausgeben und dafür kostengünstig mit der Bahn nach Bayreuth fahren. Das ist wesentlich preiswerter als die Fahrt im Bus eines Opern-Reiseveranstalters und wertet nebenbei den Bayreuther Bahnhof ungemein auf. Wenn in der Saison am frühen Nachmittag – die Wagner'schen Werke dauern elend lang und fangen deswegen oft schon um 16 Uhr an – zum Beispiel ein Regionalexpress hält und sich seine Türen öffnen, werden Damenfüßchen in Goldriemchensandalen oder Lackpumps auf die Betonsteine gesetzt, duftig umwallt von roten, saphirblauen oder schwarzen Abendroben. Der dazugehörende männliche Begleiter trägt dunklen Anzug und Hochglanz-polierte Schnürer und, wenn er besonders galant ist, das Abendtäschchen von Gattin oder Freundin. Es ist ein surreales Bild, das der Bayreuther Bahnhof an diesen Tagen bietet: ein Herr im Smoking nebst Dame im schulterfreien Hellblauen, dann eine beturnschuhte Schülergruppe, dann drei reizende Seniorinnen in bodenlangen Goldlamé- und Seidentaft-Gewändern, dann zwei hochelegante Herren in hellen Cutaways, dann eine erhitzt aussehende junge Mutter im Jeansmini, dann eine streng blickende Opernschöne mit hochgestecktem Haar und Spitzenbolero. Das alles entdeckten wir, als wir auf den Zug nach Kulmbach warteten, an einem Nachmittag im August, an dem die *Götterdämmerung* gegeben wurde. »Hotojohoh«, haben wir gemurmelt und »Wagalaweia« und ließen die Blicke über die Gleise Richtung Norden schweifen, wo im Sommersonnenschein das Festspielhaus wie die Gralsburg heruntergrüßte. Als wir Bayreuther Freunden von diesem Erlebnis berichteten, winkten sie nur müde ab. Nix Wagalaweia, der Abendgarderobenaufmarsch vom Bahnhof hin zum Grünen Hügel sei etwas Alltägliches, viele der Bahn-Wagnerianer wollten sich selbst das Taxi sparen. Es sei sogar normal, dass manche Damen sich während des Fußmarsches ihrer Sandalen entledigten, weil sie auf dem unebenen Bayreuther Pflaster um die Gesundheit ihrer Knöchel fürchteten. Seitdem stellen wir uns vor, wie unter den harten Stühlen des Wagner-Tempels ziemlich schmutzige Frauenfüße den Takt zur Musik klopfen. Mein lieber Schwan, das ist ganz großer Opernbahnhof!

GRUND 66

Weil Franken steinreich ist

Steinreich sind sie, die Bauern auf dem Frankenjura. Das sagen sie selbst. Es ist natürlich ironisch gemeint und bezieht sich auf die steinigen und kargen Äcker, auf denen kein Landwirt Reichtümer erwirtschaften kann. Man kann mit fränkischem Gestein aber offenbar doch eine Menge Kies beziehungsweise Schotter machen. Es muss nur das richtige sein. »Franken Schotter« nennt sich eine Firma, die nach eigenen Angaben »Deutschlands führendes Naturstein-Unternehmen« ist. Aus Kalkstein und Dolomit aus den Steinbrüchen im Altmühltal lassen sich etwa Fassaden, Treppen und Bodenbeläge fertigen, die in alle Welt exportiert werden. Und »Franken Schotter« ist nicht das einzige Unternehmen, das dort Steine abbaut. So verwendete Alois Senefelder, der Erfinder der Lithografie, den besonders feinen Solnhofener Plattenkalk für das 1798 von ihm entwickelte neue Druckverfahren. So richtig berühmt wurden die Steine aus Solnhofen aber erst mit den zahlreichen Fossilienfunden, insbesondere dem des »Urvogels« Archaeopteryx. Den Jura-Kalkstein hatten auch schon die Römer für ihre Siedlungen am Limes benutzt, der ganz in der Nähe verläuft. Jura-Marmor – so wird er, beziehungsweise eine bestimmte hellgelbe bis blassgraue Form davon, genannt, die sich vom Solnhofener Plattenkalk unterscheidet und vor allem um Treuchtlingen, Pappenheim und Eichstätt zu finden ist. Allerdings handelt es sich hierbei um keinen echten Marmor. Solchen gibt es in Franken nur im Fichtelgebirge. Bekannt wurde er als Wunsiedler Marmor. Wirtschaftlich abgebaut wird er aber nur noch in einem Steinbruch. Das Hauptgestein, aus dem das Fichtelgebirge besteht, ist Granit. Im Felsenlabyrinth Luisenburg, bekannt für das alljährliche Freilichttheater mit mehr als 100.000 Besuchern, kann man ihn erleben. Die wirtschaftliche Verwertung des Granitgesteins ist jedoch auch im Fichtelgebirge zurückgegangen. Im Frankenwald und im benachbarten Thüringer Wald wird das »Schwarze Gold des Frankenwaldes« ebenfalls kaum noch abgebaut. Schiefer prägt jedoch bis heute die Region durch die zahlreichen damit verkleideten Häuser. Der ehemalige Schiefersteinbruch im thüringischen Lehesten bietet heute noch ein beeindruckendes Bild, das von der wirtschaftlichen Bedeutung dieses Gesteins zeugt. Auf Schiefer aus dem Frankenwald lernte einst die halbe Welt schreiben. Schiefertafeln und -griffel waren ein wichtiges Produkt. Wer sich das nicht mehr vorstellen kann, der stelle sich einen Tablet-PC vor. Das Format ist ungefähr dasselbe. Dazu denke man sich Schulkinder, die nicht mit den Fingern drüberwischen, sondern mit den Griffeln draufrumkratzen. Klassenbilder von damals und heute mögen in dieser Beziehung eine gewisse Ähnlichkeit aufweisen. Auf den Schiefertafeln lernte man allerdings schreiben, was am Tablet nicht so toll zu funktionieren scheint.

GRUND 67

Weil Porzellan auf der Straße liegt

Pellkartoffeln mit Quark aß man in der Dickers-Familie an ganz normalen Tagen von edlen Rosenthal-Tellern. Das war in Kronach durchaus üblich. Aber nicht weil die Cranach-Stadt ein Hort von Tischkultur-Snobs war, sondern weil Rosenthal dort ein Werk nebst Werksverkauf hatte, in dem man die Produkte der Designmarke günstig erwerben konnte. Die Kronacher Fabrik gibt's schon lange nicht mehr. Sie gehört zu den vielen anderen, die in den letzten 30 Jahren in Oberfranken verschwunden sind. Die Porzellanindustrie, die einst Nordostbayern prägte, hat harte Zeiten hinter sich. Viele Firmen und viele Marken haben sich vom Markt verabschiedet, aber – und das schreiben wir jetzt gleich noch mal in Großbuchstaben: ABER Porzellan ist immer noch ein wichtiger Wirtschaftsfaktor in der Region. Der, um im Bild zu bleiben, auch auf der touristischen Tafel im Mittelpunkt steht. In Selb liegt das weiße Gold den Stadtbesuchern sogar zu Füßen: Am Firmensitz von Rosenthal (ja, auch dieses Unternehmen ist lebendig und kreativ wie eh und je) sind einige Straßen zum Teil mit Porzellan gepflastert. Außerdem plätschert Wasser aus zwei Porzellanbrunnen, am Rathaus klingt ein Porzellanglockenspiel, und im Bürgerpark kann man mit einem Schachspiel aus Porzellan Könige, Damen und Springer bewegen.

Mit gleich drei Weißgold-Superlativen kann die Stadt außerdem aufwarten: Die größte Kaffeekanne der Welt aus Porzellan steht hier, und in der Weihnachtszeit strahlt Europas größter mit Porzellan geschmückter Weihnachtsbaum. Der größte Porzellanflohmarkt Europas, bei dem auch Erbstücke geschätzt werden können, findet jedes Jahr im Sommer statt. Er wird im Rahmen der »Wochen des Weißen Goldes« veranstaltet, während derer sich namhafte Porzellanhersteller, das Deutsche Porzellanmuseum, das Europäische Industriemuseum für Porzellan und die Porzellanfachschule im Rosenthal-Theater Selb präsentieren. Das ganze Jahr über können Besucher im Museumskomplex »Porzellanikon« Wissenswertes erfahren. Das Europäische Industriemuseum für Porzellan zeigt den Produktionsprozess vom Rohstoff bis zum fertigen Produkt und erzählt vom Leben der Porzelliner; das Rosenthal Museum präsentiert die Entwicklung des Unternehmens von den Anfängen als Porzellanmalerei im Schloss Erkersreuth bis zum Design-Anbieter; im Europäischen Museum für Technische Keramik sind die vielfältigen Einsatzmöglichkeiten des Werkstoffs jenseits von Teller, Tasse und Schüssel zu sehen, zum Beispiel bei keramischen Mahlwerken, Bremsscheiben, Prothesen, Halbleitern oder Kugel- und Rollenlagern. Sonder- und Themenausstellungen ziehen Interessierte in Scharen an. Rund 90.000 kamen zur Ausstellung »Königstraum und Massenware«, die 2010 im Porzellanikon zum 300. Jubiläum der europäischen Nacherfindung des Porzellans inszeniert wurde. Porzellan liegt in Selb übrigens nicht nur auf der Straße, die Stadt selbst liegt an der »Porzellanstraße«, die sich 550 Kilometer durch Franken und die Oberpfalz führt. Auf ihr lassen sich 300 Jahre Porzellangeschichte nachvollziehen – und in über 40 Werksverkäufen und Ateliers kann man das eine oder andere Tellerchen (zum Beispiel für Kartoffeln mit Quark) oder andere Produkte aus weißem Gold erstehen.

GRUND 68

Weil die Burgen sich nicht zu verstecken brauchen

Auf viele Menschen üben Burgen eine große Faszination aus. Für die einen steht dahinter die Vorstellung vom wohlgeordneten und doch irgendwie wilden Leben der edlen Ritter, Burgfräulein und Minnesänger. Die zahllosen mehr oder weniger historisch authentischen Ritterturniere und Mittelaltermärkte lassen grüßen. Andere verbinden damit mystische Welten oder doch zumindest sagenumwobene Geheimnisse, die sie zumeist in Ruinen zu finden glauben. Und dann gibt es auch noch diejenigen, denen es mehr das Martialische angetan hat, vom Ritter in seiner Panzerrüstung mit Schild, Schwert und Morgenstern über trutzige Mauern bis hin zur wehrhaften, kanonenbestückten Festungsarchitektur.

Die fränkische Burgen-Landschaft hat für jeden Geschmack einiges zu bieten. Regional ist die Verteilung allerdings höchst unterschiedlich. Im Kanton Gebürg der reichsfreien Ritter im Fränkischen Ritterkreis – also vorwiegend in der heutigen Fränkischen Schweiz bis hinauf ins Fichtelgebirge – finden sich an die 200 Burgen, teils vollständig, teils als Ruine, teils als Burgstall, was nichts mit der Unterkunft für die Pferde zu tun hat, sondern mit dem Wort »Stelle«. Letzteres sind ehemalige Burgen, von denen noch weniger geblieben ist als eine Ruine, vielleicht ein in Andeutung erkennbarer Wallgraben und ein paar verwitterte Steine aus den Mauern, die für den ahnungslosen Spaziergänger gar nicht als solche zu erkennen sind. »Abgegangen« heißt der Fachausdruck dafür. Die vielen Burgen und Ruinen in der Fränkischen Schweiz – manchmal zwei in einem Ort – sind eine wahre Fundgrube für Mittelalterfans. Es heißt sogar, wie an anderer Stelle in diesem Buch ausgeführt, hier wäre die deutsche Romantik erfunden worden. Ganz anders stellt sich die Burgenlandschaft dort dar, wo mächtige Fürsten, Bischöfe oder Markgrafen regierten. Die setzten meist auf eines oder einige wenige starke Bollwerke. Burgenkonkurrenz wurde im näheren Umkreis nicht geduldet. So wird das nördliche Oberfranken bis heute von der Rivalität der Städte Coburg, Kronach und Kulmbach geprägt beziehungsweise von der Rivalität, wer denn nun die schönste, größte und mächtigste Burg hat – die Veste Coburg, die Festung Rosenberg in Kronach oder die Plassenburg in Kulmbach. Als Erster wagte sich der Kulmbacher Albrecht Alcibiades aus der Deckung. Doch im zweiten Markgrafenkrieg von 1552 bis 1554 zog er den Kürzeren. Die Plassenburg als Landesfestung und Residenz der fränkischen Hohenzollern wurde zerstört – und wieder aufgebaut. Die Burg auf dem Rosenberg in Kronach hatten die Bamberger Fürstbischöfe schon lange zum nördlichen Bollwerk des Hochstifts ausgebaut. Im Markgrafenkrieg widerstand sie den Kulmbachern erfolgreich. Und knapp 100 Jahre später im Dreißigjährigen Krieg auch den Schweden – und den mit ihnen verbündeten Coburgern. Die Behauptung, dass das Kronacher Kfz-Kennzeichen KC für »kein Coburger« steht, hat also tiefe historische Wurzeln. In der zweiten Hälfte des 17. Jahrhunderts wurde Rosenberg nach den modernsten Erkenntnissen der Festungsbaukunst verstärkt. So konnte sie auch später niemals gewaltsam eingenommen werden und hielt noch 1759 einer Belagerung preußischer Truppen stand. Napoleon ließ man dann allerdings kampflos einziehen. Der Franzosenkaiser erachtete die fränkische Festung sogar für so stark, dass er sie als möglichen Rückzugsort bei seinem Feldzug gegen Preußen herrichten ließ. Ähnlich mächtig ist die Veste Coburg, historisch wohl bedeutsamer, in militärtechnischer Hinsicht jedoch einen Schritt zurückgeblieben. Und über allen fränkischen Burgen thront natürlich die Kaiserburg in Nürnberg.

Wer jedoch in eine fränkische Burgenwelt abseits ausgetretener Pfade eintauchen möchte, dem sei als Geheimtipp der Burgenkundliche Lehrpfad im unterfränkischen Landkreis Haßberge empfohlen. Acht Burgen, Burgruinen und Burgställe, die sich auf einem etwa 40 Kilometer langen Rundweg erwandern oder erradeln lassen.

KAPITEL 6

KÜNSTLER & KÖNNER

GRUND 69

Weil Franken findig sind

Um es gleich klarzustellen: Das hier ist kein Versuch, zu beweisen, dass die Franken noch größere Erfinder und Tüftler sind als etwa die Schwaben. Ein Wettbewerb darum, wer größer, schöner, besser ist, wäre auch ganz und gar unfränkisch. Den sollen doch von uns aus die Bayern mit den Preußen ausfechten. Aber eines ist klar: Es gibt eine ganze Reihe von Erfindungen, die ohne Franken kaum denkbar sind. Wobei mit Franken hier sowohl die Leute als auch das Land gemeint sind. Um mal die Spannbreite anzugeben, so erstreckt sich das fränkische Schaffen von der Taschenuhr zum MP3-Player, vom Röntgenapparat zum Textmarker, vom Tonfilm zum Flugzeug. Darf's noch etwas mehr sein? Gern.

Fangen wir mit einer Erfindung an, die für ein fränkisches Kulturgut von allerhöchster Bedeutung ist – für das Bier. 1842 wurde im Örtchen Berndorf, das heute zur Markgemeinde Thurnau im Landkreis Kulmbach gehört, Carl von Linde geboren. Den Pfarrerssohn verschlug es bald nach Kempten, zum Ingenieurstudium nach Zürich und schließlich nach München. Dort entwickelte er in den 1870er Jahren neue Kältetechnikverfahren. Während der segensreiche Einsatz von Kühlschränken in Privathaushalten noch bis ins 20. Jahrhundert auf sich warten ließ, zeigten die Bierbrauer sofort ein reges Interesse an Lindes Erfindung. Diese revolutionierte das gesamte Brauwesen – und führte dazu, dass die traditionellen Lagerkeller überflüssig wurden. Sie war aber auch die Ursache, dass schon nach wenigen Jahren ein großes Brauereisterben einsetzte – auch in Franken. So blieb etwa in Erlangen von mehr als 20 Brauereien, die mehr als 20 Kilometer an unterirdischen Lagerstollen in den Burgberg gegraben hatten, nur eine dauerhaft bestehen. Im Endeffekt haben die Franken jedoch das Beste aus der Erfindung Lindes gemacht, und die Vielfalt des Brauwesens blieb ebenso erhalten wie die Kellertradition.

Ein Franke von der Wiege bis zur Bahre war dagegen der Nürnberger Peter Henlein. Anfang des 16. Jahrhunderts entwickelte der Schlossermeister in seiner Heimatstadt neben großen auch kleine feinmechanische Uhren. Selbst wenn sich heute keines der erhaltenen Stücke definitiv Henlein zurechnen lässt, so gilt er doch – zeitgenössischen Berichten sei Dank – als Schöpfer der ersten tragbaren Uhren. Bis zur Armbanduhr war es dann noch ein Weilchen hin und von dort bis zur Smartwatch noch ein weiteres. Womit aber der Übergang zu einem modernen fränkischen Erfinder hergestellt wäre, der in der Nachbarstadt geboren wurde und dort auch seine bahnbrechende Neuerung entwickelte. So wenig wie die Schweizer Urheber der ersten Taschenuhr sind, baute Apple mit dem iPod den ersten MP3-Player. Das erste tragbare Gerät wurde in der Oberpfalz zusammengeschraubt – und die Grundlage dafür kam aus Mittelfranken. Der Erlanger Karlheinz Brandenburg studierte Elektrotechnik und Mathematik an der heimischen Friedrich-Alexander-Universität. Am Fraunhofer-Institut für Integrierte Schaltungen im Erlanger Stadtteil Tennenlohe war Brandenburg maßgeblich an der Entwicklung der Audiocodierverfahren MPEG und MP3 beteiligt.

Geboren im Rheinland und – wie Linde – gestorben in München (dazu scheint die Stadt gerade gut genug) ist Conrad Wilhelm Röntgen. Seine durchdringende Entdeckung machte er allerdings im November 1895 im Physikalischen Institut der Universität Würzburg. Die später nach ihm benannten X-Strahlen sollten ihm 1901 den ersten Nobelpreis für Physik einbringen. Obwohl er da schon seit einem Jahr Professor in München war, stiftete er das Preisgeld der Würzburger Uni. Recht so.

Weniger Nobelpreis-würdig, aber dennoch sehr markant ist die Erfindung, die dem im September 2014 verstorbenen Nürnberger Unternehmer Günther Schwanhäußer zugeschrieben wird: der Textmarker. Fluoreszierende Filzstifte gab's zwar schon vorher, aber der »Stabilo Boss« des seit 1976 in Heroldsberg bei Nürnberg ansässigen Schreibgeräteherstellers Schwan-Stabilo war doch ganz eindeutig der erste seiner Art. Schon früher war das Unternehmen augenfällig geworden. Der in den 1920er Jahren entwickelte Markierungsstift für medizinische Operationen wurde bald darauf in den USA als Augenbrauenstift populär.

Ebenfalls zuerst in der neuen Welt setzte sich durch, was Hans Vogt aus Wurlitz bei Rehau erfand. Mit seinem Lichttonverfahren war es erstmals möglich, Bild und Ton auf demselben Träger zu speichern. 1922 führten Vogt und seine Partner in Berlin den ersten Tonfilm vor. Doch Deutschland war noch nicht reif für die neue Technik. Daraufhin verkauften die Erfinder ihre Patente an den amerikanischen Filmproduzenten William Fox. Der legendäre Musicbox-Produzent Wurlitzer stammte dagegen nicht aus Wurlitz, sondern aus Sachsen.

In den USA hob auch der Motorflug erst so richtig ab. Gemeinhin und Jahre lang wurde der erste erfolgreiche Start den Gebrüdern Wright zugeschrieben. Erst in jüngster Zeit verfestigte sich die Erkenntnis, dass Gustav Weißkopf aus dem mittelfränkischen Leutershausen vielleicht doch schon früher dran gewesen sein könnte. Doch dass Weißkopf, der sich irgendwann im Alter zwischen 15 und 23 Jahren nach Amerika abgesetzt hatte, dort tatsächlich um 1900 mit einem motorisierten Fluggerät abhob, lässt sich bis heute nicht lückenlos beweisen. Und so gilt er immer noch vor allem in seiner fränkischen Heimat als großer Erfinder. Allerdings hat er starke Fürsprecher. So gibt es eine »Flughistorische Forschungsgemeinschaft Gustav Weißkopf« (FFGW), die es sich nach eigenen Worten zur Aufgabe gemacht hat, dem »Flugpionier Weißkopf, dem am 14. August 1901 der erste motorisierte Flug gelang, die ihm angemessene Anerkennung zu verschaffen«.

Dafür, dass Franken ein fruchtbarer Boden für findige Menschen ist, spricht übrigens noch ein anderes Indiz. Bereits seit 1948 findet in Nürnberg jährlich die »Internationale Fachmesse für Ideen,

Erfindungen, Neuheiten« (IENA) statt. Regelmäßig wird über die Erfindermesse als das große Treffen der Daniel Düsentriebs in Franken berichtet. Dieser ist übrigens auch eine fränkische Erfindung – zumindest in seiner deutschsprachigen Version. Die legendäre Donald-Duck-Übersetzerin Erika Fuchs, verheiratet mit einem oberfränkischen Fabrikanten und Erfinder, erschuf dort, in Schwarzenbach an der Saale, das Entenhausen, wie wir es kennen.

GRUND 70

Weil man Wissen schafft

»Wissenschaftsstadt« darf sich Fürth seit August 2007 nennen. Drei Städte in Deutschland führen derzeit diesen offiziellen Titel, der von den Länderregierungen vergeben werden kann. Neben Fürth sind es Darmstadt (seit 1997) und in Bayern (ebenfalls seit 2007) Straubing. Andere Städte, die sich so nennen, tun dies meist in Bezug auf den jährlichen Wettbewerb »Stadt der Wissenschaft«. Fürth ist jedoch eine von den dreien, die die Wissenschaftsstadt auch auf dem Ortsschild kundtun dürfen. Man mag sich wundern, dass es in Franken nicht das benachbarte Erlangen – das sich selbst »Medizinstadt« nennt – mit seiner Universität und den noch zahlreicher als in Fürth vorhandenen internationalen Forschungseinrichtungen ist. Doch offizieller Titel hin oder her, Wissenschaft wurde in Franken schon lange vor dem Jahr 2007 großgeschrieben.

Die Liste namhafter Wissenschaftler und Forscher aus und in Franken reicht vom Psychiater Alois Alzheimer, der 1864 im unterfränkischen Marktbreit geboren wurde, bis Johann Kaspar Zeuß aus dem oberfränkischen Vogtendorf bei Kronach, der um 1850 die deutsche Keltenforschung begründete. Die fränkische Wissenschaftsgeschichte beginnt wohl mit Hans Müller, der 1436 in Königsberg am Rande der Haßberge geboren wurde. Er machte sich als Astronom, Mathematiker und Verleger einen Namen, der in der lateinischen Version nach seinem Geburtsort Regiomontanus lautet. Ihm folgten – in einer Liste, die keinen Anspruch auf Vollständigkeit erhebt – der Nürnberger Arzt, Humanist und Historiker Hartmann Schedel mit seiner Weltchronik, der Rechenmeister Adam Ries aus Staffelstein und der Nürnberger Tuchhändler und portugiesische Ritter Martin Behaim, der Pate für den ältesten erhaltenen Globus stand. In die Liste gehören natürlich auch Erfinder wie Peter Henlein, Carl von Linde oder Karheinz Brandenburg, denen jedoch ein eigenes Kapitel gewidmet wurde. Es finden sich weitere Mathematiker wie der Bamberger Christoph Schlüssel (Clavius) und die Erlangerin Emmy Noether, Physiker wie Georg Simon Ohm aus Erlangen oder der Nobelpreisträger Werner Heisenberg aus Würzburg, Chemiker wie Johann Rudolph Glauber, der 1604 in Karlstadt am Main geboren wurde, und Johann Wolfgang Döbereiner aus Hof. Der Naturforscherin Maria Sibylla Merian waren in ihren Nürnberger Jahren (1670 bis 1685) allerdings enge Grenzen gesetzt. So verbot ihr als Frau etwa die Zunftordnung der Stadt, mit Ölfarbe auf Leinwand zu malen. Ihr in jener Zeit erschienenes Werk *Der Raupen wunderbare Verwandlung und sonderbare Blumennahrung* wurde, weil auf Deutsch geschrieben, nicht ernst genommen, das *Neue Blumenbuch* diente als Stickvorlage für Damen.

Einer, dem außerhalb Frankens lange die Anerkennung verwehrt blieb, war der Ansbacher Hofastronom Simon Marius. Dabei entdeckte der als Simon Mayr in Gunzenhausen geborene Wissenschaftler vor 400 Jahren nahezu zeitgleich mit und unabhängig von dem großen Galileo Galilei die vier großen Jupitermonde Io, Europa, Ganymed und Callisto. Doch weil Simon Marius seine Beobachtung erst vier Jahre später zu Papier brachte und veröffentlichte, bezeichnete Galilei ihn als Plagiator. Der Ruf war ruiniert, und da half es dem Franken wenig, dass er mit seinem neuartigen Teleskop als Erster den Andromedanebel beobachtete und auch Pionier in Sachen Sonnenflecken war. Doch erst mit dem 2014 von der Nürnberger Astronomischen Gesellschaft (NAG) ausgerufenen »Simon-Marius-Jubiläum« scheint der fränkische Galilei endgültig rehabilitiert.

GRUND 71

Weil die wahren Promis Bestand haben

Der eine unternahm gerne jahrelange Reisen nach Italien und in die Niederlande, er kehrte jedoch immer wieder nach Nürnberg zurück. Der andere schaffte es nur bis Sachsen, behielt aber seinen fränkischen Heimatort im Namen. Es handelt sich um die beiden weltweit wohl bekanntesten Franken. Und sie gehören sicher zu den bestbezahlten, obwohl sie schon vor 500 Jahren lebten. Franken-Promi Nummer eins ist ganz eindeutig – das bestätigen alle Umfragen nach dem besten, größten oder schönsten Franken – Albrecht Dürer. Nicht weit dahinter folgt sein Zeitgenosse Lucas Cranach. Dass sie noch heute heller strahlen als beispielsweise fränkische Weltstars des 20. Jahrhunderts – wie Elke Sommer, Gunther Sachs oder Lothar Matthäus –, liegt wohl daran, dass sie etwas Bleibendes geschaffen haben, das die Menschen bis heute fasziniert (Wobei zur Ehrenrettung von Elke Sommer gesagt sei, dass ihre Malerei so schlecht auch nicht rezensiert wird). Damit zurück zu den Malern, als die Dürer und Cranach bekannt geworden sind. Sie waren aber nicht nur das, sondern auch geschäftstüchtige Unternehmer, vor allem Cranach, der neben seiner Malerwerkstatt in Wittenberg auch noch eine Apotheke und einen Wein- und Bierhandel betrieb. Dass Dürer dennoch die Nase vorn hat, lässt sich damit begründen, dass er noch mehr dem Typus des Universalgenies entsprach, denn er beherrschte die bildende Kunst auch in der Theorie und war darüber hinaus ein exzellenter Mathematiker. Die für Franken der damaligen Zeit relativ große Reiselust – so machte sich Dürer bereits wenige Monate nach seiner Hochzeit zu seiner ersten Italienreise auf, die acht Monate dauern sollte – mag man vielleicht seinem Migrationshintergrund zuschreiben. Denn Dürers Vater, ebenfalls mit Vornamen Albrecht, stammte aus Ungarn und war 1455 als Goldschmied nach Nürnberg gekommen. Den Familiennamen leitete er von seinem Heimatort ab. Der hieß Ajtós, Ajto ist ungarisch und bedeutet »Tür«, also nannte er sich Türer. Ja jetzt lachen wieder alle Freunde und Schmäher des weichen Franken-Ds auf: In Nürnberg wurde daraus natürlich schnell Dürer. Cranach, der es zugegeben nicht nur nach Sachsen, sondern davor auch schon mal nach Wien geschafft hatte, stammte dagegen aus Kronach. Also aus Crana, der am Krähenwasser Cranaha gelegenen nördlichen Bastion des Hochstifts Bamberg. Bei seiner späteren Nähe zu Luther und zur Reformation war es vielleicht sogar verständlich, dass er sich in seiner Heimat im Machtbereich der Bamberger Fürstbischöfe nicht blicken ließ. Zwar nahm er den Namen Cranach an, doch von seiner Kindheit und Jugend in Franken ist praktisch nichts bekannt. Er muss wohl der Sohn eines Malers namens Hans Maler gewesen sein. Doch nicht einmal sein Geburtsdatum ist eindeutig – 1472, behauptete sein erster Biograf wenige Jahre nach seinem Tod, womit Cranach nur ein Jahr jünger als Dürer gewesen wäre. Doch vor einigen Jahren nahm jemand alte Gerichtsakten aus Kronach in Augenschein, in denen es um einen Streit der Malers mit einer Nachbarin ging. Die Malerkinder – in den Dokumenten heißt es »Lukas und die anderen Kinder« – sollen rechte Rabauken gewesen sein. Eine Beschreibung, die kaum auf einen damaligen Mittzwanziger zutreffen kann. Also wird Cranach auf »ca. 1475« datiert, wahrscheinlich ist aber auch das noch zu früh. Und obwohl die Kronacher nicht wissen, wann, wie und warum der Lukas aus ihrer Stadt verschwand, wird er dort als »größter Sohn« verehrt. Wobei ihnen in der Vergangenheit auch so mancher Fauxpas unterlief. So war lange Zeit mit dem »Haus am scharfen Eck« das falsche Geburtshaus ausgewiesen. Derweil fiel das vermutlich echte

Familienanwesen der Malers in den 1970ern der Spitzhacke zum Opfer, um einem Rathausneubau zu weichen. Doch das ahnte wohl keiner, als just an jener Stelle wenig später eine Lucas-Cranach-Büste aufgestellt wurde.

Cranach und Dürer müssen sich übrigens 1524 in Nürnberg begegnet sein. Ein Cranach-Porträt aus Dürers Hand zeugt davon. Dass Dürer im Franken-Casting der Maler der Vortritt gebührt, das sei hier nicht näher begründet. Oft kopiert, nie erreicht – das mag ausreichen. Tatsächlich gibt es namhafte Nachahmer der beiden Meister, die ihren eigenen Platz in der Kunstgeschichte gefunden haben. Es gibt und gab aber auch weniger talentierte – gesichtet beispielsweise anlässlich der Namensgebung »Albrecht Dürer Airport« für den Nürnberger Flughafen im Spätherbst 2014. Dürers Reiselust mag die Namenspatenschaft ja rechtfertigen. Dass der Airport mit Kopien von dessen Werken ausgestattet wurde, gereicht dem Meister zur Ehre, dass der einweihende Heimat- und Finanzminister Söder aber ausgerechnet ein Selfie vor der anerkannt schlechtesten Kopie von Dürers *Selbstbildnis im Schlafrock* schoss und postete, passt wiederum wunderbar zur fränkischen Beutekunstdebatte, der das nächste Kapitel in diesem Buch gewidmet ist.

GRUND 72

Weil fränkische Kunst auch andere ziert

Franken gegen München. Nein, nicht der Club gegen Bayern. Es gibt ein anderes Thema, mit dem man Franken viel leichter auf die Barrikaden bringen kann. Das Stichwort lautet »Beutekunst«. In der Tat bestreitet keiner, dass sich die bayerischen Herren nach 1803 großzügigst in den Schatzkammern ihrer neuen fränkischen Ländereien bedient haben. Dies geschah vor allem in den vormals selbstständigen Fürstbistümern Würzburg und Bamberg sowie in der freien Reichsstadt Nürnberg. Paradebeispiele sind das Fränkische Herzogsschwert aus Würzburg, der Bamberger Domschatz mit der Heinrichskrone und Albrecht Dürers *Selbstbildnis im Pelzrock* aus Nürnberg. Dass dies zu Recht geschah, gar zum Schutz der wertvollen Kulturgüter, wagte ebenfalls kaum jemand ernsthaft zu behaupten. Die Frage galt schlicht und einfach als unstatthaft. Auch noch, nachdem die Könige und ihre Prinzregenten längst abgedankt hatten. Erst in jüngerer Zeit wurde der Ruf nach Rückgabe lauter und ertönt jetzt häufiger. Und seither ist aus München immer wieder zu hören, die Werke seien rechtmäßig erworben worden beziehungsweise in so fragilem Zustand, dass aus konservatorischer Sicht nicht einmal ein vorübergehender Transfer, etwa zum Zwecke einer Ausstellung, ins Frankenland erlaubt werden könne. Wiederholt wurde und wird in Unterfranken die Rückgabe des Herzogsschwerts gefordert – ohne Aussicht auf Erfolg. Bereits 1998 und 2002 reichte der Fränkische Bund – eine Organisation, die sich auch für ein Bundesland Franken stark macht – Petitionen beim Bayerischen Landtag ein, mit denen er eine Rückgabe sämtlicher Beutekunstwerke forderte. 2009 wiederholte er das und sammelte dazu 12.000 Unterschriften. Und obwohl sich auch fränkische CSU-Politiker gern öffentlichkeitswirksam mit – wenn auch vielleicht vorsichtiger formulierten – Forderungen in diese Richtung schmücken, lehnte der Haushaltsausschuss in München das Ansinnen eindeutig ab. Dabei ging es vor allem um die Krone von Kaiser Heinrich II., die zum Jubiläum der Bistumsgründung durch den mittelalterlichen Herrscher in die oberfränkische Bischofsstadt zurückkehren sollte. Zum 1000-jährigen Jubiläum des Bamberger Doms zwei Jahre später wurde den Bambergern schließlich gestattet, auf eigene Kosten eine Kopie des wertvollen Stücks anfertigen zu lassen. Kostenpunkt: rund 175.000 Euro, für die zum größten Teil die Oberfranken-Stiftung aufkam. Da sagt der Franke »danke!«. Eine Kopie spielt auch bei dem Streit, der 2012 ausbrach, eine Rolle. In Nürnberg fand die größte Dürer-Austellung seit 40 Jahren statt. Natürlich stand auch das *Selbstbildnis im Pelzrock*, das in der Alten Pinakothek in München hängt, auf der Wunschliste. Leihgaben aus aller Welt waren in Nürnberg zu sehen, aber nicht der *Pelzrock* aus München. Dabei war sich diesmal sogar der Landtag einig, dass das Gemälde nach Nürnberg solle. Doch die Pinakothek blieb beim Nein. Sperrliste, Punkt, Schluss. Und die Franken mussten lernen: Das Bild gehört gar nicht dem Freistaat Bayern, sondern der Wittelsbacher Landesstiftung. Die 1918 entmachtete Herrscherfamilie hat also immer noch das letzte Wort. Die Nürnberger bekamen noch ein weiteres Argument um die Ohren gehauen: Die Stadt sei Ende des 18. Jahrhunderts einem Dieb auf den Leim gegangen. Der habe das Gemälde entliehen, um eine Kopie anzufertigen, der Stadt dann die Kopie angedreht und das Original 1805 in München verscherbelt. Es sei also legitim erworben worden. Also, nach unserem laienhaften Rechtsverständnis müsste das doch eigentlich den Tatbestand der Hehlerei erfüllen. Oder? Sei's drum. Die Bayern sitzen auf ihren fränkischen Beutekunstschätzen. Und weil sie die so sehr schätzen, dass sie sie unter keinen Umständen herausrücken, können die Franken immerhin recht stolz auf ihre Kunst sein.

GRUND 73

Weil es mehr feine Pinsel als feine Pinkel gibt

Der echte Hotspot für feine Pinsel liegt in Franken, genauer gesagt in Mittelfranken, noch genauer gesagt in Bechhofen. Der knapp 6000 Einwohner zählende Ort südlich von Ansbach ist eine Hochburg für edles Mal-Werk. Alles begann vor über 200 Jahren, als sich der Handwerker Johann Caspar Bühler in das Kirchenbuch von Königshofen, das heute ein Ortsteil von Bechhofen ist, als »Schreinermeister und Pinselmacher« eintrug. Er war in Frankreich unterwegs gewesen und hatte wohl dort gelernt, wie man aus Tierhaaren oder Pflanzenfasern Arbeitsgeräte zum Beispiel für Maler fertigte.

Bühler gilt als Begründer des Feinhaarpinsel-Handwerks in Deutschland. Auf jeden Fall fand er in Bechhofen bald Nachahmer. Die Gegend war arm, die Böden gaben wenig her, und die Einheimischen nutzten jede Möglichkeit, um etwas dazuzuverdienen. Heute hat sich die Pinselmacherei in der Region fest etabliert. Rund 30 Hersteller haben dort noch immer ihren Sitz, die meisten produzieren in Handarbeit. Dazu kommen Firmen, die sich auf Bürsten spezialisiert haben. Zur Begriffserklärung: Ein Pinsel besteht aus einer einzigen Quaste auf einem Griff, eine Bürste dagegen aus mehreren Bündeln. Rund 2000 Menschen arbeiten in der Region insgesamt in der Branche. Von hier kommen Puder-, Rouge-, Lidschatten-, Mascara- und Rasierpinsel, Pinsel für Aquarell- und Ölmalerei. Heizungs- und Tastaturpinsel, Schuh-, Klo- und Zahnbürsten, Flaschen-, Wurzel- und Spülbürsten stammen aus der Gegend. So ziemlich alles, was Haare oder Borsten hat und sich Pinsel oder Bürste nennt, findet sich im Sortiment der fränkischen Hersteller. Oder im Museum in der Dinkelsbühler Straße des kleinen Ortes. Das Deutsche Pinsel- und Bürstenmuseum wurde 1985 von – wie könnte es auch anders sein – Pinsel- und Bürstenmachern gegründet. Damit wollten sie historische Maschinen und Werkzeuge aus dem Bestand von Betrieben, die geschlossen wurden, für die Nachwelt erhalten. Bald kam ein stattlicher Bestand zusammen. Zuerst in einer ehemaligen Pinselfabrik (wo sonst?) untergebracht, zog das Museum deswegen 1995 in einen ehemaligen Gasthof aus dem 17. Jahrhundert um, weil es da einfach mehr Platz für die Exponate gab. Heute stehen rund 600 Quadratmeter für die über 2500 Stücke umfassende Sammlung zur Verfügung. Zu betrachten sind nicht nur die unterschiedlichsten Pinsel und Bürsten für die verschiedensten Zwecke (darunter Bürsten, die man sich unter die Schuhe schnallt, um damit den Boden zu putzen, so wie es Pippi Langstrumpf tat), sondern es wird auch gezeigt, wie sie hergestellt werden und wurden, aus welchen Materialien und mit welchen Werkzeugen. Und es gibt außerdem Abstecher zu asiatischen Schreibpinseln und zu Harzer Hexenbesen. Die Franken wissen, was sie an Bechhofen haben: Auf der A6 Heilbronn–Nürnberg weisen zwei neue Autobahnschilder auf das Museum hin. Übrigens sorgen die Franken auch selbst für qualifizierten Nachwuchs. Deutschlands einzige Berufsschule, die zum Pinsel- und Bürstenmacher ausbildet, befindet sich in Rothenburg ob der Tauber.

GRUND 74

Weil hier große und kleine Körbe gemacht werden

Der Nabel der Welt liegt bekanntlich in Bamberg. Der Nabel der deutschen Flechtwelt befindet sich nur einige 30 Kilometer weiter nördlich, im Obermaintal und den dortigen Gemeinden Lichtenfels und Michelau. Auf den feuchten Böden der Flussauen dieser Gegend wuchsen seit jeher Weiden – und damit der Rohstoff für Flechtwerk aller Art. »Krätzen« (so nennt man Körbe in Oberfranken) für den Hausgebrauch wurden sicher schon vor 1000 Jahren in der Gegend hergestellt. Belege für Flechter, die mit ihrem Handwerk Geld verdienten, gibt es spatestens seit dem 16. Jahrhundert, zum Beispiel in einer Lichtenfelser Forstrechnung von 1580, die belegt, dass »7 Gulden, 4 Pfung 24 Pfg.« an einen »Endreß Lutzen« und einen »Hannsen Schreiner« für geflochtene Zäune gezahlt wurden. Einem Michelauer ist es zu verdanken – und damit nähern wir uns unserer Überschrift an –, dass immer feinere und kleinere Körbe hergestellt werden konnten. Johann Puppert war sein Name, und er erfand den Weidenhobel. Für dieses Werkzeug, mit dem sich die Ruten spalten ließen, erhielt er 1773 seinen Meisterbrief. So spaltete und flochten Mann und Frau im Maintal munter fort. Das Korbwissen wurde vom Vater an den Sohn, von der Mutter an die Tochter, vom Meister an den Lehrling weitergegeben, »bröcklasweis«, wie es auf gut Fränkisch heißt, also stückchenweise und unmethodisch. Anfang des 20. Jahrhunderts schuf man Abhilfe: 1904 nahm in Lichtenfels die Korbflechterfachschule ihren Lehrbetrieb auf. Sie war die erste in Deutschland und ist bis heute die einzige (mit dem neuen Namen »Berufsfachschule für Flechtwerkgestaltung«). An ihr lernte auch der Schöpfer des – Achtung, jetzt kommt er – kleinsten Korbes der Welt sein Handwerk. Waldemar Backert fertigte 1987 das Minikörbchen, das mit nur acht Millimetern Durchmesser sogar für die Durchschnittspuppenstube zu klein wäre. Ein Wunder an Feinheit, das noch unglaublicher scheint, wenn man die großen Hände Backerts betrachtet. »Klodeckel« seien das, meinte ein ungenannt bleiben wollender Flechtkollege dazu. Backert, der 2011 seinen 80. Geburtstag feierte, verarbeitet mit diesen geschickten Riesenfingern hauchfeine Weidenfäden, für die er seinen Weidenhobel mit zusätzlichen Klingen bestücken musste, zu kleinen Schätzchen. Sie sind bei Sammlern aus ganz Europa begehrt. Über 350 verschiedene Korbmodelle hat er in seinem Repertoire, die meisten Stücke sind im Maßstab 1:12 gehalten, damit sie in jede Puppenstube passen, sie sind also etwas größer als der Weltrekordkorb. Im Deutschen Korbmuseum in Michelau sind Flechtminiaturen Backerts ausgestellt. Man kann sogar eine Flechtaktion buchen, bei der man dem Altmeister beim Fertigen seiner filigranen Miniaturen auf die Finger sehen darf. »Es ist das Edelste, was es gibt an Flechterei«, sagte er in einem Interview der Lokalzeitung zur Feinflechttechnik, »wenn man das kann, kann man auch anderes.« Den größten Präsentkorb der Welt, der mit Blumen bepflanzt vor dem Rathaus der »Deutschen Korbstadt«, wie sich Lichtenfels nennt, steht, hat er allerdings nicht gefertigt. Dafür aber sein Bruder Paul und sein Neffe Gerd – winzig und riesig bleiben also in der Familie. Der drei Meter breite und 2,80 Meter hohe Korb wurde anlässlich des zweiten Korbmarktes im Jahr 1981 übergeben. Dieser findet am Nabel der Flechtwelt jedes Jahr am dritten Septemberwochenende statt, und man kann dort auch mittelgroße Körbe kaufen.

GRUND 75

Weil die Jeans aus Franken kommt

Um es gleich klarzustellen: Weder wurde das legendäre Denim-Beinkleid in Franken erfunden und hergestellt, noch war der Mann aus Franken, den man im Allgemeinen als den Vater der Jeans bezeichnet, ihr Erfinder. Aber ohne den am 26. Februar 1829 in Buttenheim geborenen Löb Strauß wäre die Geschichte der blauen Baumwollhose wohl ganz anders verlaufen.

Eine Zeit lang durfte sich Bad Windsheim, das ja auch in Franken liegt, als die Heimat von Levi Strauss – wie er sich nach seiner Auswanderung in die USA nannte – fühlen. War doch 1978 die Biografie *Die Levi-Strauss-Saga. Die märchenhafte Geschichte des Mannes, der die Jeans erfand* erschienen, in der die mittelfränkische Stadt als Heimat von Levi Strauss bezeichnet wurde. Aber Ende 1983 recherchierte der renommierte Berliner Journalist Joachim Trenkner vor Ort. Heraus kam die TV-Dokumentation *Das blaue Wunder. Die Geschichte der Blue Jeans*, die am Sonntag, dem 22. Januar 1984, um 20.15 Uhr in der ARD (auf dem *Tatort*-Sendeplatz!, der damals aber nur etwa einmal pro Monat lief) ausgestrahlt wurde. Doch da war es eigentlich schon zu spät für die Windsheim-Anhänger. Denn 1983 erreichte ein Brief aus Amerika den Buttenheimer Bürgermeister, in dem eine Frau aus den USA um nähere Informationen über den Geburtsort von Levi Strauss bat. Der Brief löste in Buttenheim erst Erstaunen und dann umfangreiche Recherchen aus. Im Staatsarchiv

Bamberg wurden schließlich der Eintrag im Geburtsmatrikel der jüdischen Gemeinde in Buttenheim und die Urkunde, die seinen Auswanderungsantrag belegt, gefunden.

Es sind die beiden einzigen Dokumente über die Jugend von Levi Strauss in Franken. Aber sie belegen, dass es ganz anders war als in der 1978 erschienenen Biografie. Deren Autorinnen Ursula von Wiese und Irmalotte Masson hatten dem Windsheimer Strauss sogar eine Liebschaft mit der Tochter des katholischen Bürgermeisters angedichtet, wegen der der junge Levi von seiner Familie zur Auswanderung gedrängt worden sein soll. In Wirklichkeit verhielt es sich so, dass 1846 Levis Vater Hirsch Strauß, der seinen und seiner Familie Lebensunterhalt als Hausierer bestritten hatte, gestorben war. In der Not entschloss sich Levis Mutter Rebecca, mit den drei jüngsten Kindern in die USA auszuwandern, wo schon zwei ältere Brüder lebten und einen Textilgroßhandel betrieben. 1848 war es so weit.

Die Familie lebte zunächst in New York, doch während des Goldrausches in Kalifornien zog es 1853 auch Levi Strauss nach Westen. Er machte sein Glück allerdings nicht als Goldschürfer. Stattdessen versorgte er von San Francisco aus die Goldgräber mit allem Notwendigen, von der Arbeitskleidung bis hin zu Zahnbürsten. Schließlich stellte der Schneider Jacob Davis Strauss eine Methode vor, besonders strapazierte Stoffstellen von Arbeitshosen mit Nieten zu verstärken. Gemeinsam meldeten sie das Verfahren zum Patent an. Das Patent mit der Nummer des U.S. Patent and Trademark Office vom 20. Mai 1873 ist die Geburtsurkunde der Jeans.

Außer den beiden erwähnten Urkunden sind kaum persönliche Dokumente von Levi Strauss erhalten, die mehr Aufschluss über sein Leben geben könnten. Der kinderlose Jeansvater starb als wohlhabender Mann am 26. September 1902 in San Francisco. Die Feuersbrunst nach dem großen Erdbeben von 1906 zerstörte auch die Firmenzentrale von Levi Strauss & Co. und mit ihr einen großen Teil seines persönlichen Nachlasses.

Als die Buttenheimer herausfanden, wo Levi Strauss geboren wurde, stellten sie erfreut fest, dass sogar sein Geburtshaus noch stand. Schnell reifte der Plan für ein Museum. Die Kunde machte nicht nur in Franken schnell die Runde. Der damalige Bürgermeister Johann Kalb erzählt gern die Anekdote, dass eines Tages eine Gruppe von Japanern vorstellig wurde. Sie wollten das Haus kaufen, abbauen und in Japan wieder neu errichten. Daraus wurde nichts. Seit September 2000 hat die kleine Marktgemeinde im Regnitztal nun ein sehenswertes, weltweit anerkanntes und mehrfach ausgezeichnetes Museum, dessen Bedeutung inzwischen auch in der Zentrale des Jeans-Konzerns in San Francisco Anerkennung findet. Der jeansblaue Anstrich des Fachwerks, so wird beteuert, sei jedoch nicht der wohl berühmtesten Hosenmarke der Welt geschuldet, sondern entspreche historischen Vorlagen.

GRUND 76

Weil die Wiener Frankfurter fränkisch sind

Franken is(s)t Bratwurst. Bekannt ist aber auch, dass sich hier zahlreiche weitere Fleisch- und Wurstwaren eines hohen Ansehens erfreuen. Keine Speisekarte ohne Schäufela (auch Schäufala, Schäufele oder Schäuferla), keine Kellerplatte ohne Presssack, Leberwurst und Dosenfleisch. Wiener Würstchen spielen höchstens die dritte oder vierte Geige. Dabei wurden sie doch vor über 200 Jahren von einem Franken erfunden, dem am 13. August 1772 in Gasseldorf im Wiesenttal geborenen Johann Georg Lahner. Nun könnte man eine Geschichte vom Propheten, der im eigenen Land nichts zählt, vermuten. Doch die Sache mit den Wienern kam erst später und woanders dazu.

Um 1795 machte sich der aus kleinbäuerlichen Verhältnissen stammende Lahner auf den Weg nach Frankfurt. In manchen

Quellen heißt es, die Eltern hätten ihn weggeschickt, weil sie den hungrigen jungen Mann nicht mehr ernähren konnten. In Frankfurt, wo die gleichnamigen Würste eine lange Tradition haben, erlernte er das Fleischerhandwerk. Dann machte er sich als Geselle auf die Wanderschaft, die ihn schließlich nach Wien führte. Er arbeitete wohl als Aufhackgehilfe bei einem Fleischhauer, wie dort die Metzger genannt werden. Es heißt, eine Baronin habe sich in den kräftigen jungen Mann verliebt und ihm, um ihn in Wien zu halten, 300 Gulden geliehen, damit er sein eigenes Geschäft eröffnen könne. Belegt ist das nicht. Bekannt ist nur, dass er sich im Jahr 1804 mithilfe eines Kredits als Meister mit einer eigenen Selcherei (Fleisch- und Wursträucherei) in der aufstrebenden Wiener Vorstadt Altlerchenfeld selbstständig machte. Schon im Jahr darauf ließ er die Sensation verkünden, besser gesagt, die Wurstrevolution ausrufen. Am 15. Mai 1805 meldete eine Zeitung, dass sich beim Lahner Am Schottenfeld Nr. 274 merkwürdige Dinge in der Auslage fänden.

Es waren paarweise abgedrehte Würstchen, die Lahner als Frankfurter verkaufte. Dass zur gleichen Zeit Napoleon und seine Truppen vor Wien standen – und es nach der Schlacht im mährischen Austerlitz im Dezember des Jahres auch besetzten – schien den Wienern relativ wurscht zu sein. Tagesgespräch seien vielmehr Lahners Wiener Frankfurter gewesen, heißt es mancherorts. Die machten bald so richtig Karriere. Kaiser und Komponisten, Schriftsteller und Sänger, alles, was in Wien und drum herum Rang und Namen hatte, outete sich als Würstel-Fan. Lahners Selcherei wuchs und florierte. Vier ebenfalls Fleischhauer gewordene Söhne des Johann Georg setzten das Werk fort, das erst 1967 mit dem Tod des letzten direkten Nachfahren erlosch.

»Was der Lanner fürs Gemüt (Herz), ist der Lahner fürs Geblüt (Magen)«, lautete ein geflügeltes Wort, das den Wurstkünstler mit dem Violinvirtuosen, Komponisten und Wiener-Walzer-Mitbegründer Josef Lanner verglich. Dieses Bonmot kann sich allerdings erst nach Napoleon und dem Wiener Kongress von 1815 durchgesetzt haben, da Lanner erst 1801 geboren wurde. Ob Lanner und Lahner sich kannten, oder ob Lanner Lahners Würste ebenso schätzte wie etwa Johann Strauß, ist nicht überliefert. Pikanterweise lebte Josef Lanner, dessen Ehe 1842 – acht Monate vor seinem Tod – gerichtlich geschieden wurde, schon seit Jahren mit einer Fleischhauerstochter zusammen.

Nicht nur in Wien, sondern weltweit wurden die Würstchen des fränkischen Bauernsohns ein Erfolg. Außerhalb von Wien – wo sie noch heute Frankfurter heißen – fast überall als Wiener. So kamen sie in Amerika als Hot dog ganz groß raus. Ein Verwandter der Lahners habe bei der Weltausstellung 1893 in Chicago erstmals die Haut entfernt, die Wurst in eine Semmel gewickelt und diese als Hot dog bezeichnet, heißt es etwa in der Lahner-Biografie auf der Website der Dorfgemeinschaft Gasseldorf. Doch in den USA wird Ähnliches bereits den deutschen Immigranten Charles Feltman oder Anton Feuchtwanger für die 1870er beziehungsweise 1880er Jahre nachgesagt. Feuchtwanger, von dem nur bekannt ist, dass er aus Bayern, gut möglich also aus Franken, stammte, soll das Brötchen eingeführt haben, weil die Handschuhe, die er seinen Kunden in St. Louis zum Verzehr der heißen Würstchen reichte, oft nicht zurückgegeben wurden. Das erinnert wiederum an Fürstin Pauline von Metternich, die den Wienern einst den korrekten Verzehr vorgemacht haben soll, indem sie Lahners Würstchen mit den Fingern packte und herzhaft hineinbiss.

Wie dem auch sei, Lahners Würste fanden schließlich ihren Weg zurück nach Franken – auch wenn sie mit der Bratwurst nicht mithalten können. Und rechtzeitig vor dem 200. Wiener-Jubiläum ließ sich Simon Weidinger, ehemaliger Bürgermeister des 1971 nach Ebermannstadt eingemeindeten Gasseldorf, im Namen der Dorfgemeinschaft das mutmaßliche Originalrezept Lahners urheberrechtlich schützen. Unter der Nummer 304291277 sind die Original Gasseldorfer-Lahner-Würstel beim Patentamt eingetragen.

GRUND 77

Weil der Steigerwald eine Kunstgalerie ist

Und zwar in seinem nördlichen Teil, in der Nähe von Eschenau, Fabrikschleichach, Fatschenbrunn und Obersteinbach. Im Wald zwischen diesen Orten hat der niederländische Künstler herman de vries an verborgenen stellen »spuren« hinterlassen. das ist der titel, den der über achtzigjährige dem projekt gegeben hat, bei dem er steine oder felswände, auf die er im wald traf, mit kurzen texten, symbolen oder goldenen punkten versah. Und bevor Sie jetzt auf schlampige Lektoren und blinde Korrektoren schimpfen: de vries selbst verzichtet auf Großbuchstaben, weil er findet, dass sie Hierarchien zementieren, und er mag keine Hierarchien. Da er aber in der Kunsthierarchie ziemlich weit oben steht – Werke von ihm werden international für gutes Geld gehandelt, er wurde für den niederländischen Pavillon auf der Biennale in Venedig 2015 ausgewählt und er nahm an der großen »Zero«-Ausstellung im Guggenheim Museum in New York teil – und man ja nicht alles nachmachen muss, was Künstler vormachen, sind wir zur konventionellen Rechtschreibung zurückgekehrt. Und in den Steigerwald. Der Niederländer, der seit mehr als 40 Jahren im beschaulichen Eschenau lebt, hat abseits gängiger Wege in aufgelassenen Steinbrüchen, an Quellen, Bachtunneln und auf Findlingen kurze Texte in Steine meißeln und vergolden lassen. »Kein Anfang, kein Ende« steht da, aber auch Philosophisches in Englisch, Griechisch, Latein oder Sanskrit. Auch den Ouroboros gibt es, die Schlange, die sich in den Schwanz beißt, das Symbol der Unendlichkeit. Da die Kunstwerke frei zugänglich, unbewacht und unbeschützt sind, wurden einige von ihnen in den letzten Jahren Opfer von Vandalismus. Das Wortpaar »chance & change« etwa, das in goldenen Lettern auf einer Sandsteinwand in einem Steinbruch stand, wurde herausgekratzt. Derzeit überlegt de vries, über den zerstörten Text die beiden Worte in umgekehrter Reihenfolge neu setzen zu lassen – aus Veränderung soll eine neue Chance wachsen. Die Wald-Galerie bleibt in Bewegung. Wer die sprechenden Steine finden will, sollte gutes Schuhwerk und robuste Kleidung anziehen. Ortskundige in Eschenau oder im zuständigen Haßfurther Landratsamt zu fragen kann bei der Kunstwerksuche helfen, nimmt aber auch viel Entdeckerfreude. Denn beim Wandeln auf den »spuren« von de vries ist der Weg das Ziel, das Verschwinden in der Stille des Waldes, das Laufen auf weichem Moos unterm Blätterdach der alten Buchen. Dann werden groß und klein ganz unwesentlich, und das blinken goldener buchstaben auf grauem stein zwischen all dem grün wird in dieser großen kunstgalerie selbstverständlich.

GRUND 78

Weil ein Mönch fröhlich tönte

Es gibt für uns keinen Komponisten, der die fränkische Widersprüchlichkeit so in sich vereint hat wie Valentin Rathgeber. Er war gläubig und den weltlichen Dingen zugetan. Als Mönch auf Kloster Banz ordnete er sich den benediktinischen Ordensregeln unter, verließ das Kloster 1729 ohne den Segen des Abtes, um fast zehn Jahre lang durch deutsche, österreichische und Schweizer Lande zu reisen. Er komponierte anspruchsvolle geistliche Musik und vertonte blitzfreche Lieder, die bei den einfachen Leuten sehr erfolgreich waren. Er war Katholik, ließ seine Werke von einem evangelischen Verleger, dem Augsburger Johann Jakob Lotter, herausbringen. Dieser Rathgeber war im wahrsten Sinne des Wortes ein Gewürfelter, der Franken vom Anfang seines Lebens 1682 im Rhönort Oberelsbach bis zu seinem Tod 1750 in Banz – von der zehnjährigen Klosterflucht mal abgesehen – treu blieb. Dass in seinem Geburtshaus, dem ehemaligen Schulhaus von Oberelsfeld, nicht nur ein Rathgeber-Zimmer, sondern seit 1996 das erste Deutsche Tabakpfeifenmuseum untergebracht ist, hätte den fröhlichen Benediktiner sicher gefreut. Schließlich zeigte er sich bei seinen weltlichen Liedern den im Abend- und im Frankenland akzeptierten süchtig machenden Drogen gegenüber sehr aufgeschlossen. Sie beginnen mit Texten wie »Alleweil ein wenig lustig, alleweil ein wenig durstig, alleweil ein wenig Geld im Sack, alleweil ein wenig Schnupftabak«, um sich zu steigern mit »Alleweil ein wenig trinken, alleweil ein wenig hinken, alleweil ein wenig brüderlich, alleweil ein wenig liederlich«. Die Strophe endet in der zeitlos gültigen Erkenntnis: »Was hilft Sorg und Müh, die man hat spät und früh, trägst nicht die geringste Gab mit dir ins Grab, alles versoffen vor dem End, macht ein richtiges Testament.« Da kann man dem Bruder Valentin über die Jahrhunderte hinweg doch nur zuprosten. Außer Bier und Wein lobte er auch Bratwürste, Senft (natürlich mit fränkischem T), schöne Frauen und natürlich die Musik. So naiv lebenslustig das klingt, scheute er in seinen Stücken, vor allem in dem »Ohren-vergnügenden und Gemüth-ergötzenden Tafel-Confect«, vor Satire und Gesellschaftskritik nicht zurück. Das Lied *Von einem Politico* z.B. beginnt mit »Ja, ja, ja, ja, ich sage wahr«, und in dem Stück *Reim dich oder ich friß dich* fragt er: »Mantel, Mess und Knödel, wie reimt sich das zusamm?« Auch wenn der tönende Mönch heute nur als Kleinmeister des Barock bezeichnet wird, kann man ihm musikalische Versiertheit und Genialität nicht absprechen. Sogar seine volkstümlichen Kompositionen sind durchgestaltet und anspruchsvoll. Ungeheuer fleißig war er zudem. Was überliefert ist, ist schon sehr umfangreich – dabei ist nur ein Bruchteil seiner Stücke erhalten geblieben. Allein 42 Messen sind darunter, elf Requien und dazu noch viele, viele geistliche und weltliche Werke. Insgesamt 575 sind aus seiner Feder bekannt. Sie alle können im Tabakpfeifenmuseum auf CD-ROM begutachtet werden. Seine Kompositionen, schrieb ein Mit-Benediktiner über ihn, bezeugten eine solche Fruchtbarkeit des Geistes, dass kaum jemand glauben mochte, dass ein einziger Mann eine so vielseitige Tätigkeit entfalten konnte, wenn man es nicht gesehen hätte und vor Staunen starr geworden wäre.

KAPITEL 7

SPRACHE & DICHTUNG

GRUND 79

Weil nirgendwo besser fränkisch gesprochen wird

Es gibt Touristen, die in München bairisch, in Wien wienerisch und in Dresden sächsisch reden. Es soll sogar Reisende geben, die den Dialekt beherrschen, den man in Hannover spricht. Das wirkt leutselig und öffnet die Herzen der jeweiligen Ureinwohner. Da Oberbairisch, Sächsisch, Wienerisch und auch das hannoveranische Hochdeutsch durch häufiges Auftauchen in Fernsehsendungen aller Art etabliert sind, ist es für Menschen mit gutem Ohr und flexibler Zunge relativ einfach, einen einigermaßen unverfälschten Klang hinzubekommen. Beim Fränkischen haut das nur in den seltensten Fällen hin. Uns ist in all den Jahren jedenfalls noch nie ein Auswärtiger untergekommen, der nicht daran gescheitert wäre. Nicht mal ausgebildete Schauspieler haben das geschafft. Barbara erinnert sich an einen Abend im Schauspielhaus in Frankfurt am Main, irgendwann Anfang der 90er. Gespielt wurde *Das glühend Männla*, ein Stück der 1956 in Kronach geborenen Kerstin Specht, das im tiefsten Frankenwald spielt »Ich war mit Freunden aus der ehemaligen Schultheatergruppe in die Main-Metropole gepilgert, um zu sehen, wie echte Profis so ein Drama angehen«, begründet sie den Ausflug. Für uns wurde es dann eher eine Komödie. Auf der Bühne wurde bairisch, österreichisch und sogar sächsisch geredet, nur nicht das Kunst-Fränkisch, das die Autorin ihren Figuren in den Mund gelegt hatte. Wir saßen zum Glück in der letzten Reihe eines Ranges, das heißt, wir saßen nur in den ersten Minuten. Nach den ersten Sätzen schon lagen wir alle sechs, Männlein und Weiblein, quer über den Sitzen im verzweifelten Bemühen, die Akteure der traurigen Geschichte nicht durch Lachsalven aus dem Konzept zu bringen. Der Sprachtrainer des Frankfurter Ensembles hatte auf ganzer Linie versagt. Daraus kann man ihm aber keinen Vorwurf machen. Fränkisch war und ist einer der unbekanntesten Dialekte. Er ist nicht cool wie Berlinerisch, nicht morbide-elegant wie Wienerisch, nicht Heimatfilm-herzerwärmend wie Oberbairisch, er ist nicht putzig wie das Sächsische. Den fränkischen Dialekt an sich gibt es zudem gar nicht. Ein Nürnberger spricht ganz anders als ein Würzburger, ein Bamberger anders als ein Bayreuther. Nur das Weiche, Sanfte und die starke R-Betonung sind allen gemein. Und die Außenwirkung: Egal ob Ober-, Unter- oder Mittelfränkisch, der Dialekt wirkt auf Auswärtige bestenfalls provinziell und schlimmstenfalls leicht minderbemittelt. Die Franken haben aber nichts dagegen. Strategisch gesehen ist es klüger, unter- als überschätzt zu werden. Wer nicht ernst genommen wird, ist immer für eine Überraschung gut. Eine, wenn man nicht gerade Lothar Matthäus heißt, positive wohlgemerkt. Im Geschäftsleben soll es sogar schon vorgekommen sein, dass Franken sich untereinander in derbstem Zungenschlag ausgetauscht haben, ohne dass ihre hochdeutsch sprechenden Verhandlungspartner auch nur ein Wort verstanden. Das kennt man sonst ja nur von Finnen und Chinesen. Auch wenn dies nur »a Gschichtla« ist, wie die Franken sagen, ist es für Unternehmenschefs von Vorteil, die Sprache der Region zumindest ansatzweise zu verstehen und vielleicht sogar zu beherrschen. Ein Hamburger, den es nach Franken verschlagen hatte, um ein marodes Unternehmen zu retten, ging mit gutem Beispiel voran. Auf die Frage, ob er sich denn schon am ziemlich abgelegenen Firmenstandort eingelebt habe, antwortete er: »Ein bissla.« Als wir lobend feststellten, dass er ja schon fränkisch spreche, sagte er in weiser Selbsterkenntnis: »A weng«, also »ein wenig«. Mehr geht für einen Nicht-Franken kaum.

GRUND 80

Weil hier Schimpfwörter so nett klingen

Arschlöcher gibt's in Franken auch, klar. Aber da die Franken erfinderisch sind, steigern sie das Schimpfwort mit dem Eigenschaftswort »krummgebohrt«. Du »grummbuads Oschluuch« ist die ultimative Beleidigung, die man an missliebige Mitmenschen richten kann. Auch ein Depp kommt an Regnitz und Main selten allein: Wer noch dämlicher ist als die Einzahlform, wird gern als ganzer »Debbnhaafm«, also als Haufen Deppen, bezeichnet. Bei aller Derbheit schaffen es die Dialekt-Beschimpfer aber, dass die beleidigenden Äußerungen fast nett wirken. Das liegt daran, dass man auf harte Konsonanten weitgehend verzichtet und Vokale sanft eingedunkelt werden. Fränkisch schimpfen ist ein wahres Gedicht:

> Du Bissgurn, du brunzdummer Besn, du,
> Du Haumdaucher, Hömmerleuder, Hirnheiner!
> Du Daabschwädzer, Debbnhaafm, lass mich in Ruh,
> A spinnada Schdingschdiefl bist wie sonst keiner –
> Hollamöffl, Heiderschbaggn, Hirsch –
> blöda Sulln, Doldi, Hund nissicher!
> Grummbuads Oschluuch, aufgschellda Mäusdregg,
> bsuffenes Woognscheidla, Brunz verreck!

Wir haben uns hier quer durch Franken geschimpft. Panfränkisch sind: »Bissgurn« (Bissgurke) für einen zänkischen Menschen meist weiblichen Geschlechts, »brunzdummer Besn« (extrem unintelligenter Besen), »Haumdaucher« (Haubentaucher), »Hirnheiner« und »Doldi« für eine Person, deren Gehirn sich auf Tauchstation befindet, »Daabschwädzer« (Dummschwätzer), »spinnada Schdingschdiefl« (spinnender Stinkstiefel), »Hirsch« für einen sturen Menschen, »blöda Sulln« (blöde Sau), »nissicher Hund« (bissiger Hund), »grummbuads Oschluuch« und »Debbnhaafm« (Erklärung siehe oben) sowie »aufgschellda Mäusdregg« (aufgestelltes Exkrement einer Maus) für einen Wichtigtuer. »Hömmerleuder« (Hemd-Heraushänger) wird in Unterfranken für einen unordentlich gekleideten Menschen verwendet, »Hollämöffl« ist ein Bamberger Schimpfwort mit unklarer Etymologie für einen ungehobelten Menschen, »Heiderschbaggn« (Heute erst gebacken) in Nürnberg als Synonym für Dummkopf oder Lümmel, »bsuffenes Woogngscheidla« (Besoffene Wagen-Deichsel) in Oberfranken für einen Menschen, der, meist gewohnheitsmäßig, zu tief ins Glas schaut. »Brunz verreck« schließlich ist kein Schimpfwort, sondern ein Ausruf, der Missbilligung und negative Überraschung ausdrückt. Ein Rat zum Schluss: Für Nicht-Franken empfiehlt es sich unbedingt, diese Wörter nicht aktiv und schon gar nicht gegenüber Franken anzuwenden.

GRUND 81

Weil Fränkisch so lieb kost

Der Franke, das stellen wir in aller Deutlichkeit fest, ist das Gegenteil eines Amerikaners. Zumindest, was die Bereitschaft angeht, verbal Zuneigung auszudrücken. Während unsere Freunde jenseits des großen Teichs alles lieben, sogar McDonald's, und jeder ein Sweetie und ein Darling ist, sind die Pegnitz-, Regnitz- und Mainanrainer wesentlich zurückhaltender. Auch wenn der Burgerbrater zigfach seine Werbebotschafter »Ich liebe es« sagen lässt, regt das in der schönsten Region Deutschlands niemanden zum Nachahmen an. Bestenfalls kauft er sich den Hackfleisch-Klops im Pappbrötchen und verspeist ihn schweigend, schlimmstenfalls lässt er die Liebeseinladung links liegen und steuert die nächste Bratwurstbude an. Die in den USA so inflationär gebrauchten Worte kommen echten Franken nur zu sehr besonderen Anlässen über die Lippen – und das gilt für Frauen und

Männer. Man liebt seinen Partner, seine Partnerin, die Kinder, die Eltern, den Hund, allenfalls vielleicht noch bestimmte Fußballvereine (nein, die müssen nicht unbedingt in Nürnberg heimisch sein) oder Biersorten (wir sagen nur: Weiherer). Das tut man, aber man sagt es nur in absoluten Ausnahmefällen. Oder lieber gar nicht. Stattdessen hat man für geliebte Lebewesen ein ganzes Bouquet an Kosenamen parat, die ausdrücken, dass man die Adressaten ganz tief ins Herz geschlossen hat. Sie enden bevorzugt auf -la, -le oder auf -li und klingen so weich wie ein Streicheln: Schnuggerla, Schneggla, Moggerla, Waggerla, Schnurrela, Scheißerla, Bobberle, Wuzzerle … Sie müssen sie laut lesen, um die ganze Süße dieser Worte ermessen zu können. Die fränkischen Verkleinerungssilben schaffen es sogar, aus einem »Scheißer« eine schmiegsame verbale Liebkosung zu machen. Gerne werden sie auch an Eigennamen gehängt: Der Georg wird zum Görchla, der Josef zum Sepperla, der Hans zum Hannla, die Elisabeth zum Lisla, die Margarete zum Maicherla, die Barbara wird zum Bärbela – und die wird sogar im oberfränkischen Lied *Wart' ner Bärbela, bis die Küpser Kerwa kümmt* besungen. Dem Bärbela im Lied werden von ihrem Liebhaber ein seidenes Tuch und ein goldener Fingerring auf der Kirchweih in Küps versprochen. Selbst neuere deutsche Namen wie Kevin, Chantal oder Nadine haben es nicht geschafft, sich der fränkischen Verniedlichung zu entziehen, und gewinnen als Kevinla, Chantala und Nadinela fast exotischen Reiz.

Das End-La nimmt sogar elterlichen Ermahnungen die Schärfe. Die Herzogenauracher Tante einer Freundin wies ihre Tochter immer mit »Carmenla, Carmenla« zurecht. Manchmal leistete die kleine Carmen den mütterlichen Mahnrufen sogar Folge. Dann gab ihr die Mama ein »Eiala« und »derwuzzelte« sie, das heißt, sie knutschte und knuddelte ihr kleines Moggerla. Dieses Wort bezeichnet eigentlich ein Kälbchen, dessen große Augen und runde Stirn in jedem Menschen den Knuddelinstinkt auslösen dürften. So verbreitet ist Moggerla, -le oder -li in Franken, dass man es mancherorts gar nicht mehr erklären kann. In der Broschüre zur

Rodachtalbahn, die auf der malerischen Museumsstrecke zwischen Steinwiesen und Nordhalben verkehrt, wird erzählt, dass das Bähnchen bei den Einheimischen liebevoll Moggerla genannt wird, weil es »aussieht wie ein Moggel«. Alles klar? Dass man oder frau all die Moggerla, Schnuggerla, Schneggla und Scheißerla heiß und innig liebt, wird allein durch den Gebrauch dieser Koseworte deutlich. Mehr muss man nicht sagen.

GRUND 82

Weil Berta härter ist als Paula

Wenn in Erlangen von leidenden Siemens-Angestellten die Rede ist, dann braucht man sich in der Regel keine Sorgen über ausgebeutete Arbeitnehmer zu machen. Und wenn ein Franke erzählt, sein Sohn sei »a Banker«, ist nicht ganz klar, ob er nun in Anzug und Schlips bei der Sparkasse Geld zählt oder mit bunten Haaren und Piercings auf dem Bahnhofsvorplatz sitzt und Bier trinkt. Die scheinbare Unfähigkeit, D und T, B und P nicht differenzieren zu können, dient oft dazu, sich über Franken und ihre Sprache beziehungsweise ihren Dialekt lustig zu machen. Dabei können die meisten das im gesprochenen Wort sehr wohl unterscheiden. Da gibt es halt das harte und das weiche D, das harte und das weiche B. Nur manchmal resultieren daraus Probleme von geradezu philosophischer Dimension. So meldete sich einer unserer Verwandten – nennen wir ihn Bommer –, als er nach Franken umgezogen war, bei einer Behörde. Als er seinen Namen nannte, fragte ihn der Beamte: »Bommer mit hartem oder weichem B?« Worauf der gute Mann antwortete: »Mit B wie Berta.« Daraufhin überlegte der Beamte kurz und entgegnete: »Also für mich klingd Berdda härdder als Baula.«

Ob hart oder weich, die Anlaute machen das Fränkische so sanft wie die Landschaft. Und sie einen die fränkischen Stämme zumindest sprachlich. Die Differenzen im Wesen und in den verschiedenen Dialekten werden zumeist in den Auslaut verschoben. An ihrem -la, -li oder -le – Letzteres im Unterschied zum Schwäbischen mit einem stimmlosen e – sollt ihr sie und ihre Herkunft erkennen. Auch in der Wortmitte und bei den Vokalen zeigt sich einiges Merkwürdige. Und immer schön abgewandt von der Hoch- und Schriftsprache: »*Wou die Hasen Hoosn und die Hosen Huusn haaßn* ist der Titel eines Nürnberger Mundart-Wörterbuchs von Herbert Maas, das 1962 erschien. Auch hier entpuppt sich das Fränkische als ohrenschmeichelnd. Das sanfte ou in »wou« klingt milder als das herbe ou im »hou« der Oberpfalz, das viele als bellend empfinden. (Nix für ungut. Die meisten Franken würden die Oberpfälzer schon bei sich aufnehmen – allein, um es den Altbayern zu zeigen, denen diese zugeschlagen werden.) Oder nehmen wir den Vater Rhein der Franken, den Main – sowohl von Bayern als auch von Preußen wird er gerne als Weißwurstäquator bezeichnet, um die territorialen Ansprüche zu manifestieren. Dabei ist das doch die Donau, denn Franken sind nun mal keine Bayern, und die Wurst ist nicht Weiß-, sondern Bratwurst. Aber das ist ein anderes Kapitel. Zurück zum Main. Am Oberlauf in Oberfranken heißt er Maa, und was drin schwimmt, sind die Maafischla. Irgendwo auf dem Weg nach und durch Unterfranken schwimmen dann die Fischli erst im Mee und schließlich im Mää. Franken, oft als Flickenteppich bezeichnet, ist das auch in sprachlicher Hinsicht – bis eben auf die harten und weichen Ds und Bs. Wobei wir wieder beim Siemens in Erlangen wären. Eine Studentin, die dort jobbte, sollte gemeinsam mit einem Ingenieur das Stromnetz der Stadt Schwabach überprüfen. Er gab die Knotenpunkte an: »B7, D12« etc. Sie sollte sie in eine Karte übertragen. Als zum Schluss das Programm doppelte B- und D-Knotenpunkte en masse meldete, war schnell klar, dass die Ursache in der weichen Schwabacher Aussprache lag. Die Fehler wurden behoben – und alles hat dann »gebassd«.

Weil es reimt

Es heißt, der altbekannte Vers:

Man muss Gott für alles danken,
auch für Mittel-, Ober-, Unterfranken

sei dem Hirn eines Bayern, vielleicht sogar eines Mitglieds der bayerischen Regierung entsprungen. Die Franken hatten selbstverständlich schnell eine Antwort parat, noch dazu eine, die international verstanden wird:

It's nice to be a Preiss,
but it's higher to be a Bayer.
but if you reach the highest rank,
you have to be a Oberfrank.

(Das letzte Wort kann je nach Herkunft durch »Mittelfrank« oder »Unterfrank« ersetzt werden. Anm. d. Autoren)

Da wir uns nicht bösen Revanchismus vorwerfen lassen wollen, haben wir eines schönen Abends auf einem Bierkeller mit Blick auf den Bamberger Dom weitergedichtet. Eines wurde dabei schnell deutlich: Auf Bayern reimt sich nicht allzu viel. Leiern, Weihern, reihern fiel uns ein, woraus folgende, nicht sonderlich schmeichelhaften Verse entstanden:

Die Regierung hier in Bayern
tut meist Altbekanntes leiern,
fischt recht oft in trüben Weihern –
das lässt dann die Franken reihern.

Nicht sehr nett, aber wir hatten schon ein, zwei Glas süffiges Kellerbier intus, das senkt bekanntlich die Hemmschwelle. Zu Franken fielen uns auf Anhieb viel mehr Reimworte ein – auch nicht immer freundliche, aber wir haben ja bei allem Lokalpatriotismus Sinn für Ausgewogenheit. Es geht gleich mit einem Vers los, der das Frankenherz tief verwunden kann:

Der Club, das sind die Franken,
tut meist vergeblich flanken.
Es wird besser:
Die Mädchen, die dicken, die schlanken,
sind am schönsten hier in Franken.
Ob Lisas, Tinas oder Anken,
Sie sind am schönsten hier in Franken.
Und wenn sie auch mal zanken:
Macht nichts, sie sind aus Franken!

Zwei Gläser später, die Sonne sendete ihre letzten Strahlen über die Sillhouette der Altstadt, merkten wir, dass die historische Komponente bei unseren Reimereien zu kurz gekommen war. Das änderten wir umgehend:

Einst waren frei die Franken,
dann setzte Bayern Schranken,
daran tun heut noch kranken
die frank und freien Franken.

Die Zeit, da der Bierkeller schließen wollte, rückte näher, unsere Stimmung wurde ernster. Eigentlich gehörten wir doch nicht zu den hartleibigen Separatisten, den Frankenfähnchen-Schwenkern. Wir waren tolerant – einige unser besten Freunde sind Münchner! Na ja, oder sie sind Franken, die in der Landeshauptstadt wohnen. Mit vor Rührung (oder war's das Bier?) glänzenden Augen beschlossen wir den Abend mit einer versöhnlichen Note:

Gäbe es dich nicht, oh Bayern,
täte uns ein Gegner kranken,
müssten wir uns selbst begeiern,
würden wild zerstritten wanken.
Darum wollen wir dich feiern,
wollen uns bei dir bedanken:
Geeint mit dir als Feind, oh Bayern,
sind und bleiben wir die FRANKEN.

GRUND 84

Weil's fei gar so schön klingt

Es gibt ein Wort, auf das die Franken mächtig stolz sind. Man könnte sogar sagen, fei gescheit stolz sind. Genau: fei. Viele sind sich sogar sicher, dass dieses »Flick-, Füll oder Würzwort«, wie es im Franken-Wiki beschrieben wird, exklusiv der fränkischen Zunge vorbehalten ist. Ein bisschen enttäuscht sind sie dann fei scho, wenn sie erfahren müssen, dass das fei auch Schwaben und sogar Bayern kennen und gerne nutzen. Selbst im sächsischen Erzgebirge erschallt es bisweilen. Zur Ehrenrettung des fränkischen Fei sei aber, besser sei fei gesagt, dass es nirgendwo so hochgehalten und gepflegt wird wie hier. Vor allem im Nürnberger Raum. Um dieses Fei kommt der Nürnberger fei net herum. Wenn er aber nach einer Übersetzung ins Hochdeutsche gefragt wird, dann herrscht meist Schweigen, gefolgt von einem Schulterzucken. Da fällt ihm erst mal fei nichts dazu ein. Fei ist halt fei. Es komme von »fein«, lautet dann eine gängige Antwort, die dem Nicht-fei-Sprecher auch nicht weiterhilft. An die Ableitung von »fein« glaubt zum Beispiel auch der Nürnberger Mundartforscher Herbert Maas. Der bietet aber auch eine Übersetzung, genauer gesagt, sinngemäße Übertragung ins Hochdeutsche, an: bestimmt, gewiss, wirklich, aber. Man sieht beziehungsweise hört, dass »fei« in der Regel dazu verwendet wird, eine Aussage oder einen Sachverhalt zu verstärken. »Des Schäufela schmeckt fei gescheit gut.« So wird etwa die fränkische Spezialität, eine geschmorte Schweineschulter, sogar mit einem doppelten Superlativ gelobt. Fei und gscheit. »Wirklich großartig«, könnte man es übersetzen. Mindestens vier Sterne also. Noch euphorischer wäre nur noch die fränkische Fünf-Sterne-Bewertung »bassd scho« (passt schon). Doch zurück zum Fei. Grammatikalisch ist es wohl (oder fei) den Modalpartikeln zuzuordnen, also Wörtern, die vor allem in der gesprochenen Sprache die Einstellung des Sprechenden zu seiner Aussage verdeutlichen. Aber lassen wir die Franken reden (und versuchen wir zu übersetzen, was sie wohl damit meinen). »Des geht fei net« (Das geht gar nicht). »Hau fei ab!« (Verschwinde bloß!). Es kann also dazu gebraucht werden, den Angesprochenen auf etwas hinzuweisen, was er noch nicht weiß. Es kann aber auch einer Aufforderung Nachdruck verleihen. Manchmal ist es aber fei bloß ein Füllwort. Doch sei es, wie es sei. Uns gefällt am besten das Würzwort. Denn was wäre das Fränkische ohne fei. Des fei ist fei des Salz in der fränggischen Sprachsuppn! Des bassd fei scho.

GRUND 85

Weil das R so schön rollt

Wie ein Franke zu sprechen ist ganz einfach. Das denken sich Zugereiste, die sich einfügen wollen, Besucher, die ihren Touristenstatus verbergen wollen, und Leute, die den fränkischen Zungenschlag immer für einen Lacher gut finden. Also werden Ps zu Bs und Ts zu Ds, hier und da wird ein »Ach Gottela« oder ein »Allmächd« eingestreut, und fertig ist der phonetische Franke. Denken sie. Denn eine zungenverknotende Hürde gibt es, die nur die sprachfertigsten Nachahmer mit Bravour meistern: das R. Das RRR. Das RRRRRRRRR. Ob Mittel-, Unter- oder Oberfranken, in Abwandlungen rollen sie es alle mit der Zunge. In Nürnberg entsteht es etwas behäbiger auf der Mitte der Zunge, im Frankenwald tanzt es derb auf der Zungenspitze. Aber ohne Zunge geht nichts beim echt fränkischen R. Daran scheitern viele, die in Gegenden zu Hause sind, wo das R hinten im Rachen gebildet wird – und deswegen bleiben ihre Nachahmversuche genau das: Versuche eben. Umgekehrt wird aber auch ein Schuh draus. Franken, die ihre vielfach belächelte Sprachfärbung loswerden wollen, tun sich beim R schwer. Statt sich Nachrichtensprecher-neutral oder großstädtisch-schick am Zäpfchen zu formen, drrrängt es mit Macht an die Zungenspitze. Der urfränkische Teil des Verfasserduos – die Rede ist natürlich von Barrrbarrra – hat in jungen Jahren versucht, sich ein gepflegtes Hochdeutsch anzueignen, damit sie nicht sofort als aus der oberfränkischen Provinz stammend entlarvt würde, sobald sie den Mund aufmachte. Die Ps und die Ts waren kein Bro-, äh, Problem, da musste sie nur ein bisschen aufpassen. Den Ausruf »Ach Gottela« strich sie ersatzlos, und der Ausdruck »Allmächd« war in ihrer Geburtsstadt Kronach sowieso nicht verbreitet. Aber das R klebte an ihrer Zungenspitze wie ein laut gewordenes Etikett mit der Aufschrift »Provinz! Landei! Uncool!«. Sie (es ist einfacher, über solche traumatischen Erlebnisse in der dritten Person zu schreiben) versuchte es tapfer weiter. Ihr Name bot sich für solche R-fahrungen ja an. Wenn sie sich vorstellte, sagte sie entweder: »Ich heiße Bachbacha Dickech« oder sie ließ den penetranten Buchstaben gleich ganz weg: »Ich bin Baabaa Dicke.« Es war eine schwere Zeit. Die Freunde in Kronach fragten, ob sie eine Halsentzündung habe, und die neuen coolen Studienbekanntschaften aus Hannover oder Berlin ließen sich den Namen buchstabieren. Dann kam Señor Pérez, und alles änderte sich. Seine Spanisch-Studenten mussten für die Phonetik-Prüfung im ersten Semester Sätze auf Band sprechen, in denen mehr rollende Rs vorkamen, als Fichten im Frankenwald wachsen: »Erre con erre cigarro, erre con erre carril.« Die coolen Hannoveraner oder Berliner im Kurs scheiterten kläglich, Barbara bekam eine Eins. Es dauerte zwar noch eine Weile und einige Reisen in Hochburgen des rollenden Rs wie Spanien (hier ist das Doppel-R sogar ein eigener Buchstabe im Alphabet) oder Schottland, bis sie voll und ganz zum fränkischen R stand, aber heute ist sie mit Überzeugung Barrrbarrra, die Brrratwoscht isst und Frrränkin ist. So einfach ist das.

GRUND 86

Weil Jean Paul so gern abschweift

Als überzeugter Geburts-, Wahl- oder Besuchsfranke muss man Jean Paul schon aus patriotischen Gründen lieben. Der Schriftsteller wurde 1763 in Wunsiedel geboren, starb 1825 in Bayreuth und hat, von ein paar Abstechern nach Leipzig, Berlin, Meiningen und Weimar abgesehen, seine fränkische Heimat kaum verlassen. Apropos Weimar: Das Verhältnis zum Titanen Goethe war eher keines – der geheime Rat verhielt sich dem 14 Jahre Jüngeren gegenüber gleichgültig bis ablehnend, Briefe von Jean Paul beantwortete er nicht, Bücher, die er ihm schickte, gab er an andere weiter. Ob Goethe nicht damit zurechtkam, dass der aus ärmlichen Verhältnissen stammende Franke beim Lesepublikum (und bei den Damen) sehr gut ankam? Dass sogar einer seiner engsten Freunde, Karl Philipp Moritz, 1792 nach der Lektüre von Jean Pauls Roman *Die unsichtbare Loge* schrieb: »Das begreif ich nicht! Der ist ja noch über Goethe, das ist was ganz Neues«? Dass … aber wir schweifen ab. Eigentlich ging es ja darum, weshalb man Johann Paul Friedrich Richter, wie der Dichter eigentlich hieß, lieben muss. Obwohl,

Goethe. Im Gasthaus »Goldener Stern« in Muggendorf in der fränkischen Schweiz wird ein Gästebuch verwahrt, in dem sich direkt über dem Namen des reisenden Jean Paul der »Geheime Rath von Goethe aus Weimar« eingetragen hat. Goethe-Kenner haben die Unterschrift als Fälschung enttarnt und vermutet, dass sich Jean Paul hier einen Spaß erlaubt hat. Wäre ihm zuzutrauen gewesen, denn sein Humor ist einer der Gründe, ihn zu lieben und seine Bücher heute noch zu lesen. Sperrig sind sie ja – nicht nur, was die Seitenzahl angeht. Eine Studienfreundin hat seinen Roman *Siebenkäs* als Briefbeschwerer benutzt (als wir studierten, schrieb man noch Briefe). Der Landgasthof Siebenkäs im mittelfränkischen Pleinfeld hat mit dem Titelhelden nichts zu tun, die Küche ist aber sehr empfehlenswert, vor allem die … ach herrje, zurück zu Jean Paul. Seine Bücher wie *Hesperus oder 45 Hundposttage*, *Titan* oder eben *Siebenkäs* erzählen Geschichten innerhalb der Hauptgeschichte, springen von einem zum anderen, wirken manchmal, als ob er Notizen und Skizzen vereint hätte. Wie das Leben selbst sind seine Werke offen, zufällig, zerfließend – ein sehr modern anmutendes Konzept. Der Dichter war sich sehr bewusst, dass seine Fabulierlust nicht bei allen auf Gegenliebe traf. Es war ihm egal, als sperriger Oberfranke blieb er seinem Stil treu und machte sich augenzwinkernd sogar darüber lustig. Das neunte Kapitel des *Siebenkäs* beginnt er mit dem Satz: »Ich wünschte, ich schweifte gelegentlich ein wenig aus; aber es fehlt mir an Mut.« Aber ja, Jean, uns auch. Ohne Aus- und Abschweifungen wäre das Jean Paul'sche Werk, wäre das Leben überhaupt ja viel weniger lesens- und lebenswert. Und der Verfasser des *Siebenkäs* weniger liebenswert. Er aß gerne – vielleicht um die Erinnerung an seine dürftigen Jugendjahre unter einer behaglichen Speckschicht zu verbergen. Er trank gern fränkisches Bier – in Bayreuth zum Beispiel im Gasthaus »Rollwenzelei«, wo ihm die Wirtin Anna Dorothea Rollwenzel eine Dichterstube einrichtete. Immer stand dort ein Topf mit gekochten Kartoffeln und das von ihm so hoch geschätzte Bier bereit. Und immer stand ein

Blumenstrauß auf dem Tisch. Die »Jean Paul Stube« kann heute als wohl kleinstes Museum Deutschlands besichtigt werden. Über eine schmale Treppe steigt man hinauf, staunt, in welch karger Umgebung die Hauptwerke des Dichters entstanden sind, und lässt dann den Blick aus dem Fenster Richtung Fichtelgebirge, Richtung Wunsiedel schweifen. Dort wird übrigens das »Jean-Paul«-Bier gebraut, ein »bernsteinfarbenes Märzenbier für Dichter und Denker und solche, die es werden wollen«, wie die Brauerei es bewirbt. Der berühmteste Sohn Wunsiedels schweifte nicht nur auf dem Papier, sondern auch draußen gerne umher. Von Kindheit an war er viel in der Natur unterwegs. In seiner *Selberlebensbeschreibung* erinnert er sich an einen Sommertag in seiner Kindheit, als ihn beim Blick auf die wogenden Felder und die Schatten der ziehenden Wolken »ein noch unerlebtes gegenstandloses Sehnen überfiel, das fast aus lauter Pein und wenig Lust gemischt und ein Wünschen ohne Erinnern war«. Man muss ihn lieben, den schreibenden Biertrinker und trinkenden Wanderer. Die fränkischen Stationen seines Lebensweges lassen sich übrigens auf dem über 200 Kilometer langen Jean-Paul-Wanderweg erschweifen.

GRUND 87

Weil im Muggendorfer Gebürg die Romantik erfunden wurde

Wenn man im Internet nach Franken und Romantik sucht, landet man ziemlich schnell auf der Romantischen Straße, Deutschlands ältester und wohl bekanntester Touristenroute, die von Würzburg ins bayerisch-schwäbische Füssen führt. Auf ihr gelangt man auch ins weltbekannte romantische Rothenburg. Ein Kapitel für sich. Aber was heißt schon »romantisch«? Ohne die Literatur der Romantik, die um das Jahr 1800 erblühte, wäre vieles kaum denkbar.

Und manche sind der Meinung, dass die Kulturepoche der Romantik ganz woanders in Franken begann, nämlich in der Fränkischen Schweiz – als diese noch gar nicht so hieß, sondern Muggendorfer Gebürg genannt wurde.

»Die Universität Erlangen lehrt, dass die Fränkische Schweiz nicht nur die romantische Landschaft an sich ist, sondern dass die Romantik als Kunstform auf dem Weg von Pottenstein nach Gößweinstein geboren wurde.« So steht's in unserer Ausgabe des wohl besten Reiseführers über die Region, der 1982 zum ersten Mal erschien und mittlerweile die zehnte Auflage erreicht hat. Und unsere Freundin Gudrun Schury bestätigt, dass man an der Uni Bamberg dieselbe Meinung zur Geburt der Romantik vertritt. Ein Beleg für die These ließ sich nicht finden, aber es deutet viel darauf hin, dass da was dran ist. Es gibt jedoch auch manche Ungereimtheiten. Im Sommersemester des Jahres 1793 gastierten zwei Berliner Studenten an der Universität Erlangen. Am Freitag vor Pfingsten jenes Jahres brachen Wilhelm Wackenroder (1773–1798) und Ludwig Tieck (1773–1853) morgens um fünf per Pferd zu einer Tour über Bayreuth ins Fichtelgebirge und zurück auf. In Briefen an die Eltern (Wackenroder) und den Schwager (Tieck) berichteten sie begeistert davon.

Nun gelten beide mit ihrem 1797 erschienenen Werk *Herzensergießungen eines kunstliebenden Klosterbruders* als literarische Wegbereiter der Frühromantik, die gemeinhin auf den Zeitraum von 1795 oder 1798 bis 1804 datiert wird. Später wurde es gar als »Manifest der deutschen Frühromantik« bezeichnet. Doch das Muggendorfer Gebürg spielt darin keine Rolle. Sie haben es wohl eher im gestreckten Galopp durchquert, denn von Erlangen aus erreichten sie über Baiersdorf und Streitberg schon am ersten Abend Sanspareil, die Parkanlage der Markgräfin Wilhelmine von Bayreuth. Zeit nahmen sie sich jedoch offenbar für den Aufstieg zur Burgruine Neideck über Streitberg im Wiesenttal. »Um Streitberg ist eine der schönsten Gegenden … Ich habe nicht größere und schönere Ruinen gesehen«, schrieb Wackenroder. »Sie ist so groß, wie ich noch bis jetzt keine einzige solche Veste gesehen habe ... Man hatte von oben eine köstliche Aussicht über die ganze Gegend hin, besonders nach Muggendorf zu, wo die bekannten Höhlen sind«, notierte Tieck. Verfallene Burgen, Mystik, Mittelalter – das sind wesentliche Elemente der Romantik, die sich weg von der klassischen Antike, hin zur eigenen Kultur wandte.

Erst am letzten Tag ihrer zwölftägigen Reise kehrten die beiden auf einen Abstecher zu den Muggendorfer Höhlen zurück in die Fränkische Schweiz. Für diese hatten – wie es Tieck erwähnte – zuvor schon Höhlenforscher wie Johann Friedrich Esper das Interesse der Generation geweckt, die zwischen der Französischen Revolution und den Napoleonischen Kriegen nach neuen Wegen suchte. Seine Berichte zogen auch Gelehrte und Literaten wie etwa Jean Paul in ihren Bann. Der Begriff Fränkische Schweiz selbst tauchte erstmals 1807 auf – in dem Reisebericht *Meine neueste Reise zu Wasser und Land oder ein Bruchstück aus der Geschichte meines Lebens* des aus dem Frankenwald stammenden, in Erlangen als Historiker, Geograph und Anglist lehrenden Johann Christian Fick, 1822 dann erneut in dessen Universitätshandbuch *Historisch-topographisch-statistische Beschreibung von Erlangen und dessen Gegend mit Anweisungen und Regeln für Studirende.* Mit Joseph Hellers Reiseführer *Muggendorf und seine Umgebung* oder die *Fränkische Schweiz* aus dem Jahr 1829 gewann die Bezeichnung an Gestalt. Spätestens mit dem 1850 erschienenen Handbuch *Die berühmtesten Muggendorfer Höhlen in der Fränkischen Schweiz* von Edwin Müller setzte sie sich durch. Das war aber lange, nachdem sich schon die Sächsische Schweiz etabliert hatte. Und heute gibt es weltweit rund 200 Schweizen, davon gut fünf Dutzend in Deutschland.

Ob aber nun Wilhelm Wackenroder und Ludwig Tieck in diesem fränkischen Landstrich tatsächlich die deutsche Romantik erfunden haben, sei dahingestellt. Ihr gestreckter Galopp durchs Muggendorfer Gebürg ist allemal ein wesentlicher Baustein, wenn nicht gar Grundstein für jeden romantischen Ruinenbaumeister. Offen bleibt nur die Frage, warum sich die beiden jungen Berliner ausgerechnet an Pfingsten aus Erlangen abseilten. Denn seit 1755 gibt es dort die Bergkirchweih – auch wenn sie diesen Namen erst Jahre später (1814) bekam. Ein Muss für alle Erlanger Studenten, für die es anlässlich des allgemeinen Besäufnisses viele Jahre lang sogar eine Woche Bergferien gab. Aber auch das ist ein anderes Kapitel.

GRUND 88

Weil hier ver-rückert gewandert wird

Friedrich Rückert war uns schon untergekommen, bevor wir uns eines bilderbuchschönen Maimorgens vor einigen Jahren mit guten Freunden aufmachten, frisch, fröhlich und frei durch die unterfränkischen Wälder zu streifen. Hatten wir uns doch im Lesebuch an seinem *Es ging ein Mann im Syrerland* erfreuen und auch sonst während unserer viele Jahre währenden Schullaufbahn so manches seiner Gedichte kennenlernen dürfen. Fürwahr, in der Tat und ei, der Daus … genug gerückert: Der gute Friedrich hat in seinem 68-jährigen Leben viel gelernt (er soll 44 Sprachen beherrscht haben), viel gelehrt (er war Professor für Orientalistik in Erlangen und Berlin) und viel übersetzt (unter anderem den Koran), er hat vor allem viel, sehr viel, fast zu viel gedichtet. Das beeindruckte seine Zeitgenossen. In der ersten Hälfte des 19. Jahrhunderts galt er als einer der bedeutendsten Lyriker deutscher Sprache. Da aber später nicht alles, was aus seiner fleißigen Feder floss, auf bedingungslose Leserliebe stieß, beklagte er sich schon 1839, »daß von allen Seiten die kritischen Hunde« über ihn herfielen. Nach seinem Tod 1866 wurden seine Erzeugnisse schon mal als mittelmäßige Kalenderverse, leere Liebeslieder oder endlose Reimereien über alles und nichts bezeichnet. Das finden wir ein bisschen ungerecht.

Erstens, weil der Poet Franke von der Wiege in Schweinfurt bis zur Bahre in Neuses bei Coburg war und wir auf unsere Landsleute nichts kommen lassen wollen. Zweitens, weil er auch dauerhaft Bewegendes wie die später von Gustav Mahler vertonten *Kindertodtenlieder* dichtete, mit denen er verarbeitete, dass zwei seiner Kinder im Alter von nur drei und fünf Jahren an Scharlach starben. Und drittens natürlich, weil ihm zu Ehren ein richtig schöner, richtig langer Wanderweg eingerichtet wurde. Womit wir wieder beim eingangs erwähnten bilderbuchschönen Maimorgen wären. Ohne es geplant zu haben (wir waren jung und spontan), landeten wir bald nach unserem Aufbruch in Rentweinsdorf auf dem Friedrich-Rückert-Wanderweg. Er beginnt in der Geburtsstadt des Dichters, in Schweinfurt, und führt über fast 145 Kilometer durch die Haßberge bis nach Coburg, vorbei an Burgen, an Burgruinen, zu Badeseen und Aussichtspunkten. Schon nach knapp fünf Kilometern kommen die Rückert-Läufer am romantisch aussehenden, bereits im Mittelalter erbauten und im 19. Jahrhundert im historisierenden Stil umgestalteten Schloss Mainberg vorbei, wo unter anderen der Dichter des *Frankenliedes*, Viktor von Scheffel, König Ludwig I. und natürlich Friedrich Rückert zu Gast waren. Nach rund 40 Kilometern durchwandert man einen Obsthain, in dem sogar am Tag die Nachtigall singen soll – wer sie nicht hört, kann das Rückert-Gedicht *Du bist die Ruh* zitieren. Nach 73 Kilometern sollten sich die Rückertianer das Wasserschloss in Burgpreppach nicht entgehen lassen, nochmals 20 Kilometer weiter beeindruckt dann das dreiflügelige Renaissanceschloss in Rentweinsdorf. Dort (im Dorf, nicht im Schloss) verliebte sich Rückert 1812 in die junge Agnes Müller. Nachdem sie im selben Jahr durch eine schwere Krankheit aus dem Leben gerissen wurde, widmete er ihr 41 Gesänge, die unter dem Titel *Agnes' Totenfeier* bekannt wurden. Die besungene früh Verstorbene ist auf dem Rentweinsdorfer Friedhof begraben. Wir folgten dem Wanderweg an diesem – Sie erinnern sich – bilderbuchschönen Maimorgen nur einige wenige Kilometer, durch lichtgrüne Laubwälder, an singenden kleinen Bächen entlang, über weiche Moospolster. Als wir das erste Hinweisschild lasen, das uns sagte, dass wir auf Dichterspuren wanderten, erwachte unser poetischer Spürsinn. Überall sahen wir Rückert'sche Werke, und das nicht nur in den Zitaten auf den Wegweisern: »Hunde sind an der Leine zu führen«, »Rundwanderweg Ebern – Rentweinsdorf« – das waren für uns Beispiele aus der Sturm- und Drangphase des Dichters, wohingegen »Verstreue nicht Papier und auch nicht Speisereste, denn die Natur liebt nie und nirgends solche Gäste« für uns schon den eleganten Stil des reifen Poeten widerspiegelten. Wir hatten viel Spaß auf diesem Wanderweg, Rückert sei Dank.

GRUND 89

Weil hier ein Brunnen zum Roman wurde

Pankraz Labenwolf war nicht besonders fantasievoll. Zumindest nicht immer. Als der Erzgießer für den Gänsemarkt der freien Reichsstadt Nürnberg eine Brunnenfigur anfertigen sollte, verwendete er einfach das Holzmodell eines Bildschnitzers, das einen Bauern mit zwei Gänsen unterm Arm zeigt. Dass die Fremdidee nicht besonders einfallsreich war – Gänse für den Gänsemarkt, da wäre ja wirklich kaum einer draufgekommen –, tat der Beliebtheit des Bronze-Brunnens auch Jahrhunderte nach seiner Errichtung um 1550 herum keinen Abbruch. Von ihm wurden etliche Kopien angefertigt. Eine steht in Nürnberg selbst, eine in Weimar, eine in Meiningen, eine in Bad Boll. Der bayerische Märchenkönig Ludwig II. mochte ihn sehr (ein Abguss steht auch auf Schloss Hohenschwangau), und Geheimrat Goethe gab eine Kopie aus Ton in Auftrag. Der Brunnen regte, lange nachdem Johann Wolfgang Gänsekeulen und -kiele für immer aus der Hand gelegt hatte, die Fantasie eines anderen Schriftstellers an. Der in Fürth geborene

Jakob Wassermann veröffentlichte 1915 einen Roman mit dem Titel *Das Gänsemännchen*, in dem der Brunnen eine wichtige Rolle spielt. Der wenig gesellschaftskonforme Held des Buches ist ein verkrachter Komponist, der Gertrud, eine von zwei Schwestern, heiratet und erst nach der Hochzeit merkt, dass die andere, Lenore, die Richtige für ihn gewesen wäre. Es folgen Irrungen, Wirrungen und Anfeindungen. Die biederen Bürger Nürnbergs vermuten eine Dreiecksbeziehung. Der Komponist Daniel, giften sie, sei wie der Bauer vom Brunnen, der die zwei Gänse Gertrud und Lenore zu Markte trägt. Wie sich das Ganze löst und was aus dem Wirrwarr wird, soll hier nicht verraten werden. Lesen Sie das Buch! LESEN Sie es! LESEN Sie überhaupt alles von Wassermann! Nicht nur, weil Sie damit einen wichtigen fränkischen Autor kennenlernen, sondern auch einen, der zu seinen Hochzeiten im In- und Ausland Erfolge feierte. Er war ein Bestsellerautor, der vor allem mit seinem 1928 erschienenen Roman *Der Fall Maurizius* Geld und Auflagen scheffelte. Neben Hesse und Thomas Mann war Wassermann der dritte große Geldverdiener. Seine Lesungen, die er in Deutschland und Österreich hielt, die ihn aber auch nach Belgien, Schweden, Dänemark, Lettland und sogar in die USA führten, zogen die Zuhörer in Scharen an. Er erreichte aber nicht nur die Massen, sondern wurde auch von anspruchsvollen Literaturkritikern gelobt. Thomas Mann bezeichnete den *Fall Maurizius* sogar als einen seiner Lieblingsromane. Dann kamen die Nazis und mit ihnen schwere Zeiten für den Juden Wassermann. Er lebte schon lange in Österreich, wo er mit seinem unverdrossen beibehaltenen fränkischen Akzent zwar manchmal belächelt, aber dennoch akzeptiert wurde. Doch die Honorare aus Deutschland blieben aus. Als er 1934 starb, hatte er fast keine Mittel mehr. Nach dem Zweiten Weltkrieg waren seine Werke fast vergessen. Zu Unrecht, finden wir. Wassermann war ein großer Erzähler, einer mit Tiefgang und Humor. Ein Franke eben. Ach, bevor wir's vergessen: Der berühmte Brunnen steht heute im Hof des neuen Rathauses.

GRUND 90

Weil der Bub nicht nur auf Fränkisch schweigt

Als der Lektor vom Verlag der Autoren Fitzgerald Kusz' Stück *Schweig, Bub!* das erste Mal las, hatte er das Gefühl, einen indonesischen Dialekt vor sich zu haben. Der erste Satz des Volksstückes um eine Konfirmationsfeier geht so: »Du, wou hammer letzthin a suer Leberknidlersuppm gessn?« Und so geht es in breitestem Nürnbergerisch weiter. Nach der Uraufführung am Nürnberger Theater 1976 wurde 20 Minuten lang applaudiert und Bravo gerufen. Klar, denkt sich jetzt der missgünstige Nicht-Franke, die haben sich halt selbst beklatscht, der Autor hat vom Lokalbonus profitiert. Das würde vielleicht erklären, warum das Stück bald von der kleinen Kammerspielbühne auf die des großen Hauses umziehen musste, weil die Nachfrage nach Karten sonst nicht hätte gestillt werden können. Vielleicht war die Selbstverliebtheit der Mittelfranken ja auch der Grund dafür, dass »Schweig, Bub!« 33 Jahre lang am Nürnberger Schauspielhaus gespielt wurde, 700 Vorstellungen insgesamt. Sie erklärt aber nicht den durchschlagenden und anhaltenden Erfolg, den das Kusz'sche Werk außerhalb Frankens hatte. Das Nachrichtenmagazin *DER SPIEGEL* erklärte es zum Paradestück der neuen Volkstheaterbewegung, der Theaterkritiker Friedrich Luft nannte es in der *Berliner Morgenpost* »erste Klasse«, die *Süddeutsche Zeitung* sagte, dass gelassener und gerissener als Kusz kaum ein Autor in letzter Zeit dem Publikum den Spiegel vor die Nase gehalten habe. Es sind aber nicht die Herren und Damen Rezensenten, die darüber entscheiden, ob ein Stück sich dauerhaft hält, sondern es ist das Publikum. Und das hat in ganz Deutschland, in Österreich, der Schweiz und in anderen Ländern entschieden. *Schweig, Bub!* wurde in 13 deutsche Dialekte und sogar ins Flämische übersetzt. Auf Bairisch liest sich der erste Satz so: »Du, wo hamma iatz mia kiazzle soa Lewagneelsubbm gessn?; auf Berlinerisch: »Sag mal,

Willi, wo war'n das, wo wir letztens soone Bulljong gegessen haben?«; auf Schwäbisch: »Horch amol, wo hent jetzt mir neilich su ä Flädlesupp gesse?« Das Stück ist von Fernseh- und Radiosendern landauf, landab ausgestrahlt worden. Weil es so gut beobachtet ist – Kusz hat später einen Prolog dazu geschrieben, in dem ihn ein Zuschauer verdächtigt, er habe bei seinen Verwandten eine Wanze versteckt –, so lustig, so menschlich und so böse, bewegte und bewegt es Publikum wie Kritiker. Der Kusz-Mund ist nicht artig, seine Volksstücke sind nicht volksdümmlich. Deswegen lieben wir den kleinen, lockenköpfigen Nürnberger. Deswegen und weil sein Erfolg es anderen fränkischen Autoren erleichtert hat, als Dialektdichter und ernst zu nehmende Literaten gesehen zu werden. Unser Tipp zum Schluss: Helmut Haberkamm. Googeln und lesen!

GRUND 91

Weil in Franken mords was los ist

Es gibt kaum eine Region in Deutschland, die kriminell so gut aufgestellt ist wie Franken. Im Allgäu und in den Alpen mögen sowohl die Berge als auch die Auflagen höher sein. Doch die Vielfalt im Kleinen ist – wie bei so vielem in Franken – einfach größer. Da kann allenfalls die Eifel, die Urheimat aller deutschen Regionalkrimis, konkurrieren. Wer bei den Online-Buchhändlern – da gibt es nicht nur Amazon, sondern zum Beispiel auch einen mit Sitz in Nürnberg – nach Krimis und Thrillern sucht, der kriegt aktuell so etwa 120 Bücher und rund 40 Autoren präsentiert. (Die kriegt dann übrigens jeder Buchhändler vor Ort in der Regel genauso schnell her, wie das Internet – nur so als kleiner Tipp!)

Ob Nürnberg, Würzburg oder Bamberg: Gemordet wird in Franken, dass es eine wahre Freude ist. Vielleicht, weil man selbst in einem doch weitgehend friedlichen Landstrich lebt, sich also bei der Spannungslektüre entspannt zurücklehnen kann. Ein wunderbarer Widerspruch.

Der wurde auch auf der Criminale thematisiert. Das große Jahrestreffen des Syndikats – der Vereinigung von mehr als 800 deutschsprachigen Krimischriftstellern – fand unter reger Beteiligung fränkischer Autoren im Frühjahr 2014 in Nürnberg und Fürth statt. Bei der Eröffnungsgala im Fürther Stadttheater, bei der auch der Fränkische Krimipreis verliehen wurde, betonten die Veranstalter, dass Fürth laut Kriminalstatistik die sicherste Großstadt Bayerns sei. Und tatsächlich: Fragt und forscht man in den Städten und an den Schauplätzen fränkischer Kriminalgeschichten nach, tun sich Polizei oder Justiz oft schwer, vergleichbare Kapitalverbrechen in der jüngsten Vergangenheit zu nennen. Trotzdem – oder gerade deswegen – goutieren die Leser alles, was ihnen die rege fränkische Krimiszene auftischt. Kein Wunder, wird es doch erst so richtig gänsehautmäßig, wenn man den dritten Baum von links im Erlanger Schlossgarten oder die Brücke über die Pegnitz, unter denen die Leichen liegen, persönlich kennt. Da interessiert die Qualität des Geschriebenen manchmal sogar weniger als der Wiedererkennungseffekt. Wobei sich da die Franken allerdings ausnahmsweise nicht vom Rest Bayerns oder der Bundesrepublik unterscheiden. Hauptsache Heimat.

Sie haben es sogar geschafft, dass sie jetzt endlich ihren eigenen ARD-*Tatort* bekommen haben, denn vom Bayerischen Rundfunk gab es bis 2014 nur die Ermittler aus München. Zum Vergleich: Nordrhein-Westfalen hat drei, Baden-Württemberg, Hessen und sogar das kleine Thüringen haben immerhin zwei Schauplätze, an denen die *Tatort*-Kommissare zur Aktion schreiten. Seit dem ersten Gustl-Bayrhammer-Veigl-*Tatort* 1972 gab's vom BR ausschließlich Münchner Krimikost. Und 2003 dann die große Frankenschande – schlimmer, als wenn der Club gegen die Bayern verliert: Ein Kommissar aus Nürnberg meldet sich in München als Urlaubsstellvertreter, darf aber in der *Tatort*-Folge 530 *Der Prügelknabe* nur als kleingeistige Nervensäge agieren. Der Aufschrei der Empörung in Franken war groß. Wieder mal wurden die Beutebayern im Norden des Freistaats nur als klischeehafte Abziehbilder dargestellt und dem allgemeinen Gespött preisgegeben. »Kommissar Hackl ist vom Bayerischen Rundfunk zu einer Aufbereitung bekannter Vorurteile der Altbayern gegenüber den Franken missbraucht worden«, meldete sich etwa ein gewisser Markus Söder, damals noch nicht Finanzminister von Bayern, sondern Leiter der Medienabteilung der CSU, zu Wort. Rund zehn Jahre dauerte es, bis der Bayerische Rundfunk ankündigte, dass es tatsächlich einen *Tatort Franken* geben soll. Der Jubel war groß in Ober-, Mittel- und Unterfranken. Und sofort standen alle auf der Matte. Die Würzburger wollten ihn haben, die Bamberger sowieso und andere auch. Da könnte sich ja ein neuer Nürnberg-Zentralismus auftun. Der BR entschied sich geradezu salomonisch für eine Mordkommission Franken, die sich so gut wie überall mal blicken lassen soll. Die fränkischen Krimifans werden das mit sehr wachsamen Augen verfolgen. Die fränkischen Krimiautoren werden derweil fleißig weiter für jeden Geschmack und für jeden Lokalpatrioten am passenden Ort morden.

KAPITEL 8

FESTE & FEIERN

GRUND 92

Weil Kerwa nicht gleich Kerwa ist

Kirchweih in Franken, die heißt hier zumeist Kerwa, mancherorts auch Kärwa gesprochen, in Randgebieten auch Kerba oder Kirwa. Vor dem religiösen Ursprung und Hintergrund stehen heutzutage meist Essen, Trinken und Feiern im Vordergrund. Und weil es in Franken sehr viele Kirchen gibt, katholische wie evangelische, wird traditionell auch sehr viel gefeiert. So viel, dass es der bayerischen Obrigkeit Mitte des 19. Jahrhunderts zu bunt wurde und sie 1866 – für ganz Bayern – die Allerweltskirchweih einführte. Alle Feste sollten fortan am dritten Sonntag im Oktober stattfinden, damit vor allem die Leute auf dem Land nicht mehr während des ganzen Jahres von Dorf zu Dorf, von einer Kirchweih zur nächsten zögen. Während sich der Termin im Süden weitgehend durchsetzte, machten das die Franken (und die Oberpfälzer) zumeist nicht mit. Sie nahmen allenfalls den Zusatztermin dankend an – und zogen und ziehen heute noch immer von Dorf zu Dorf.

Den Charakter von Dorfgemeinschaftsfeiern haben Großveranstaltungen wie die Michaeliskirchweih in Fürth, die Bergkirchweih in Erlangen oder die Sandkerwa in Bamberg bestenfalls noch im Vergleich zum Münchner Oktoberfest. Ansonsten wird Kerwa in allen Abstufungen gefeiert, wobei sich das in manchen Orten darauf reduziert, am Sonntag in die Kirche zu gehen und nach dem Gottesdienst zum Mittagessen ins Dorfwirtshaus – wenn es denn überhaupt noch existiert. Manche Wirtshäuser öffnen auch nur noch an solchen besonderen Tagen. Neben manchen lokalen Spezialitäten gibt es dort meist Braten, Braten, Braten … Bocksbraten, Sauerbraten, Schweinebraten und dergleichen mehr. Und dort, wo es zusätzlich noch ein Kerwatreiben gibt, dürfen natürlich Bratwürste nicht fehlen. Die Franken stehen damit sicher nicht allein. Doch scheint die Fleischeslust hier besonders ausgeprägt. Und dann das: Ausgerechnet im Bratwurst- und Braten-Eldorado feiert ein kleines Dorf erstmals eine vegane Kerwa. Damit sorgte im September 2014 das mittelfränkische Erlabronn für Schlagzeilen. Ob nun tiefste Überzeugung, ein undogmatisches Experiment oder eine PR-Aktion – das Medienecho und der darauf folgende Andrang waren jedenfalls so groß, dass gar nicht genug Soja-Geschnetzeltes, karibisches Curry & Co. für alle Gäste da war. »Es war ein großes Erlebnis, so viele nette, tierliebende und friedliche Menschen begrüßen zu können. Leider reichte unser Essen nicht aus, um alle Besucher zu verköstigen. Wir bitten deshalb um Entschuldigung und versprechen Euch, dass wir uns bessern werden, damit im kommenden Jahr kein Besucher mehr hungrig nach Hause fahren muss«, bedankte sich der Gesellige Verein Erlabronn und Umgebung e.V. auf seiner Internetseite anschließend bei den Besuchern. Offenbar wollen sie in dem knapp 80 Einwohner zählenden Ortsteil von Scheinfeld fleisch-, milch- und eierlos weitermachen. Beim Bier muss sich aber keiner umstellen, denn das ist ohnehin vegan.

Und was machen eigentlich die Franken, die nicht mal eine Kirche im Dorf haben? Not macht erfinderisch, könnte man sagen. In der gut 30 Seelen zählenden Ansiedlung Kälberberg im oberfränkischen Buttenheim hat man mangels Gotteshaus das jährliche Dorffest einfach an den weithin sichtbaren Fernmeldeturm verlegt. 142 Meter ist der hoch, da kann kein fränkischer Kirchturm mithalten. Bei dem dreitägigen Fest gibt es auch einen sonntäglichen Gottesdienst. Es nennt sich aber offiziell nicht Kerwa, sondern Turmfest.

Gefeiert hat man auch im 200-Einwohner-Dorf Kreuzschuh im Bamberger Land schon immer. Aber die Dorfbewohner wollten eine richtige Kerwa haben. Man sollte nicht unterstellen, dass die jahrzehntelangen Bemühungen – erst eines Kirchenbauvereins, dann eines Stammtisches – nur dieses eine Ziel verfolgt hätten, aber es ist doch ein angenehmer Nebeneffekt, dass man seit dem Jahr 2000 eine Kapelle besitzt und richtig Kerwa feiern kann. Die hat zwar weniger Tradition als fast alle anderen, aber vielleicht ist sie auch deswegen umso originaler und origineller fränkisch als viele andere. So spielen die Kreuzschuher Kerwasmusikanten – eine Gruppe von begeisterten Hobbymusikern bis zu Profis von den Bamberger Symphonikern – mit traditionellen Weisen zum Tanz auf. Und wenn sich dann noch die polnischen Freunde aus dem Riesengebirge mit den Tänzern und Musikern der Gruppe Karkonosze dazugesellen, dann herrscht Stimmung pur. So schön kann eine fränkische Kerwa sein. So schön ist die fränkische Kerwa. Bunkd.

GRUND 93

Weil der Berg ruft

Ein Burgberg ohne Burg und eine Kirchweih ohne Kirche – das ist wie ein Oktoberfest im September, irgendwie, aber doch ganz anders. Und darum lieben wir es, wenn der Berg ruft. Genauer, also fränkisch gesagt: der Berch. Jahr für Jahr, zwölf Tage lang vor Pfingsten, seit 260 Jahren. Nein, so lange eilen wir natürlich noch nicht hin. Und auch nicht an jedem der Tage, inzwischen nicht mal mehr jedes Jahr. Aber wir hören ihn laut und deutlich rufen, von Erlangen bis ins Bamberger Land. Andere vernehmen den Ruf noch an viel weiter weg gelegenen Orten. Aus aller Welt strömen sie dann nach Erlangen, viele davon haben hier studiert, nicht wenige noch zu Zeiten, als das Studium für die Bergkirchweih sogar unterbrochen wurde. »Bergfrei« nannte sich das. Eine ganze Woche lang machte die altehrwürdige Friedrich-Alexander-Universität Pause. Angeblich, weil mit dauerberauschten Studenten in dieser Zeit ohnehin nichts anzufangen wäre. Die Professoren und Dozenten trifft man jedoch ebenfalls regelmäßig und in großer Zahl auf dem Berg an. Der Sonderurlaub wurde erst 1999 – nach unserer Erlanger Studienzeit – abgeschafft. Geblieben ist ein vorlesungsfreier Dienstag. Studenten und Professoren sind jedoch nach wie vor zuhauf Bergkerwa-täglich auf den dortigen Bierkellern anzutreffen. Mehr als eine Million Besucher werden mittlerweile gezählt, zehnmal mehr, als die Stadt Einwohner hat. Die meisten dürften allerdings Mehrfachtäter sein. Die Bergkirchweih ist damit nach dem Oktoberfest … Ach lassen wir das massenkompatible Ranking der großen bayerischen Volksfeste … Lassen wir auch das Straubinger Gäubodenfest, die großen fränkischen Volksfeste wie das Nürnberger Volksfest oder die Michaelikirchweih in Fürth. Also verzichten wir auf die Reihenfolge, die Menschen- oder Erbsenzählerei und finden es auf dem Berch einfach am schönsten. Weil ... ja weil? Das Bier so gut schmeckt? Tut's woanders auch. Weil die Leute so gut drauf sind? Sind sie anderswo genauso. Weil es auf den Kellern einfach schöner ist als in Bierzelten? Gibt's beim Annafest in Forchheim noch 'ne Nummer naturnäher. Warum also nur? Wir wissen es, ehrlich gesagt, auch nicht. Er ruft halt, der Berg. Und wenn er ruft, dann muss man eben hinauf. Und wen der Berg ruft, den holt er sich auch. Hollereidullijöh!

GRUND 94

Weil Kinder zechen

Wenn sich die Dinkelsbühler an das große Morden, Rauben und Brandschatzen des Dreißigjährigen Kriegs erinnern, das vor bald 400 Jahren Deutschland verwüstete, strahlen die Gesichter mit der Sonne um die Wette. Jedes Jahr im Juli feiern die Bewohner mit der schwedischen Soldateska, tanzen junge Mädchen und Burschen zu Pfeifen- und Trommelmusik auf den Straßen, fließt das Bier in Strömen und qualmen die Bratwurstgrills. Dann lädt die mittelfränkische Bilderbuchstadt wieder zur »Kinderzeche«. Bei diesem

Heimatfest wird die Geschichte von der Turmwächterstochter Lore erzählt, die ihre Stadt vor der Plünderung und Brandschatzung durch die Truppen des schwedischen Feldherrn Sperreuth bewahrt haben soll. Sie soll gehört haben, dass der alte Schwede vor Kurzem seinen Sohn verloren hatte, und folgerte fränkisch scharfsinnig, dass der Anblick unschuldiger Kindergesichter sein Herz würde erweichen können. Das Mädchen scharte den Dinkelsbühler Nachwuchs um sich und zog mit ihm singend den schwedischen Truppen entgegen. Ihr verzweifelter Plan ging auf: Sperreuth gewährte den Kindern und ihrer Stadt Gnade, hob die Belagerung auf und zog ab. Diese Geschichte ist zwar historisch nicht belegt, aber so herzbewegend schön, dass sich selbst Skeptiker, wie wir es sind, von ihr rühren lassen. Besonders der Moment, als die Darstellerin der Lore auf den Knien den grimmigen Schweden um Gnade anflehte und die Dreikäsehochs hinter ihr mit Piepsstimmchen ebenfalls »Gnade« riefen, packte uns – und die vielen, vielen anderen Zuschauer, die zur »Kinderzeche« gekommen waren, ebenfalls. Wir haben wieder an unseren Freund, den deutschen Redensartenpapst Rolf-Bernhard Essig, denken müssen: Wenn es auch nicht wahr ist, ist es gut erfunden. Zumindest der Ursprung des Festes, das früher »Schulzeche« hieß, ist alt. Das erste Mal wurde es 1629 – also mitten im Dreißigjährigen Krieg – urkundlich erwähnt. Der Brauch, dass die Lateinschüler Dinkelsbühls am Ende des Schuljahres von Stadt und Kirche zu Speis und Trank eingeladen wurden, also ihre Zeche bezahlt wurde, besteht wahrscheinlich schon länger. Nach dem Krieg gesellte sich zur »Schulzeche« der katholischen Schüler die »Kinderzeche« der evangelischen hinzu. Aber erst 1897 entstand mit einem Festspiel, in dem das Mädchen Lore die Heldin war, die »Kinderzeche«, wie sie heute noch gefeiert wird. Fast jeder zehnte Einwohner der Stadt, rund 1100 große und kleine Dinkelsbühler, sind als Akteure beteiligt: am Festspiel in der Schrannenhalle, beim Schwedenlager, an den Tanzvorführungen, in den Musikkapellen (besonders früh aufstehen müssen die Mitglieder der Dinkelsbühler Knabenkapelle, die den Ort an den Festtagen um sieben Uhr morgens weckt) und natürlich beim großen Festzug durch die Straßen des mittelalterlichen Städtchens. Die Fachwerkhäuser sind blumengeschmückt, die Mitwirkenden tragen originalgetreue Kostüme und treten, teils hoch zu Ross, als reichsstädtische Herolde, schwedische Trompeter, Offiziere und Kürassiere auf, Trommler und Pfeifer folgen zu Fuß, es marschieren Pikeniere mit über vier Meter langen Piken mit, eine Scharfrichtergruppe, Marketenderinnen und Trosskinder, und sogar den Aasgeiern des Krieges, den plündernden Marodeuren, ist eine Gruppe gewidmet. Aber auch spätere Epochen der Stadtgeschichte werden im Zug gewürdigt, zum Beispiel mit Handwerkertrupps, Trachtenkindern oder Biedermeiermädchen. Es ist bunt, es ist klangvoll, es ist unterhaltsam, dieses »Kinderzechen«-Dinkelsbühl. Auch dass die Besucher ihre Zeche heutzutage selbst zahlen müssen, tut dem Vergnügen keinen Abbruch.

GRUND 95a

Weil die Franken den Fasching nicht brauchen

Sie begehen ihn ja. Sie veranstalten Rosenmontagsbälle und sogar -züge, sie küren Prinzenpaare (2014 im oberfränkischen Oberlangenstadt mit den Tollitäten Gerald und Dirk sogar das erste schwule Paar Frankens), sie setzen sich lustige Hüte auf und malen ihre Gesichter an. Aber so richtig hat sich die fünfte Jahreszeit in Franken nicht etabliert. Was die Kostümierung angeht, sind manche durchaus fantasievoll. Markus Söder zum Beispiel, der sich außerhalb der fünften Jahreszeit für die CSU als bayerischer Finanz- und Heimatminister beschäftigt. Der Nürnberger hat sich bei der Fernsehsendung *Fastnacht in Franken* schon als Dragqueen, das grüne (!) Sumpfmonster Shrek oder Punk mit rotem (!!) Irokesenschnitt und schwarzem (na also) T-Shirt gezeigt. Auf dem knappen Leibchen stand sinnigerweise »Hast Du mal nen Euro« – bestimmt fand es der Politiker schön, ausnahmsweise einen fröhlichen Abend lang nur diese Minisumme von seinen Mitbürgern zu fordern. Die sind in fränkischen Landen im Fasching sowieso sparsam, sowohl was das Geld, als auch was die Ideen angeht: Mit einem Ringelhemd wird man zum Clown, mit einer Federboa zum Vamp, mit Sonnenbrille und schwarzem Hut zum Blues Brother. Rheinländer, die etwas auf sich halten, würden solche Verkleidungsversuche nur mit einem müden »Alaaf« kommentieren. Böse Zungen mögen behaupten, dass in Franken das ganze Jahr über so viele Pappnasen herumlaufen, dass man im Fasching gerne darauf verzichtet. Noch bösere ergänzen, dass diese Ganz-Jahres-Nasen aus Altbayern kommen. Wir sagen dazu gar nichts. Oder doch, nämlich dies: Da man in Ober-, Mittel- und Unterfranken im Frühling, Sommer, Herbst und Winter Spaß hat, braucht man keinen Ausnahmezustand à la Kölner Karneval oder Mainz, wie es singt und lacht. Der Franke hat das ganze Jahr über mehr zu lachen als jeder Kölner. Man muss nur mal die durchschnittliche Füllmenge eines fränkischen Seidlas mit einem Kölsch vergleichen. Der Franke trinkt und lacht. Dass man in Nürnberg, Bayreuth, Würzburg, Kitzingen, wo sich das Zentralarchiv der Deutschen Fastnacht befindet, und Veitshöchheim, wo die »Fastnacht in Franken« traditionell stattfindet, dass man also in ganz Franken dennoch Fasching feiert, aber eben auf fränkisch-sparsame Art, liegt an der Gewitztheit des hier lebenden Menschenschlags. Warum sollte man sich auch einen Festanlass entgehen lassen? Sie nehmen ihn mit – aber brauchen? Nein, sie brauchen ihn nicht.

GRUND 95b

Weil die Franken Faschingsfeierkünstler sind

Das ist umso schöner, weil es nicht so auffällt wie in den Karnevalshochburgen am Rhein und Main. Klar, die Franken begehen Fasching ebenfalls. Sie veranstalten Rosenmontagsbälle und sogar -züge, sie küren Prinzenpaare (2014 im oberfränkischen Oberlangenstadt mit ihren Tollitäten Gerald und Dirk sogar das erste schwule Frankens), sie setzen sich lustige Hüte auf und malen ihre Gesichter an. Die fünfte Jahreszeit ist in Franken angekommen. Manche sind, was die Kostümierung angeht, unglaublich fantasievoll. Markus Söder z.B., der sich außerhalb der fünften Jahreszeit für die CSU als bayerischer Finanz- und Heimatminister beschäftigt. Der Nürnberger hat sich bei der Veitshöchheimer »Fastnacht in Franken«, die in der Fernsehübertragung dem Bayerischen Rundfunk satte Quoten beschert, schon als Dragqueen, das grüne (!) Sumpfmonster Shrek oder Punk mit rotem (!!) Irokesenschnitt und schwarzem (na also) T-Shirt gezeigt. Auf dem knappen Leibchen stand sinnigerweise »Hast Du mal nen Euro« gedruckt – bestimmt fand es der Politiker schön, einen fröhlichen Abend lang nur diese Mini-Summe von seinen Mitbürgern zu fordern. Die sind in fränkischen Landen im Fasching erfinderisch und können mit wenig Geld und ebensolchen Ideen viel Stimmung machen: Mit einem Ringelhemd wird man zum Clown, mit einer Federboa zum Vamp, mit Sonnenbrille und schwarzem Hut zum Blues Brother. Rheinländer können solche Verkleidungsversuche nur mit einem neidlosen »Alaaf« kommentieren. In Köln und Co. laufen schließlich auch viele so ausstaffiert herum. Böse Zungen mögen behaupten, dass in Franken das ganze Jahr über so viele Pappnasen unterwegs sind, dass man im Fasching gerne darauf verzichtet. Noch bösere sagen, dass diese Ganz-Jahres-Nasen aus Altbayern kommen. Wir sagen dazu gar nichts. Oder doch, dies nämlich: Man hat zwar in

Ober-, Mittel- und Unterfranken im Frühling, Sommer, Herbst und Winter Spaß, kann ihn aber im Fasching noch steigern. Allerdings nicht so aufdringlich wie beim Kölner Karneval oder bei Mainz, wie es singt und lacht. Der Franke hat das ganze Jahr über mehr zu lachen als jeder Kölner. Man muss nur mal die durchschnittliche Füllmenge eines fränkischen Seidlas mit einem Glas Kölsch vergleichen. Der Franke trinkt und lacht. Dass man in Nürnberg, Bayreuth, Würzburg, Kitzingen, wo sich übrigens das Zentralarchiv der Deutschen Fastnacht und ein Faschings-Museum befindet, und Veitshöchheim, wo die »Fastnacht in Franken« traditionell stattfindet – dass man in ganz Franken dennoch Fasching feiert, aber eben auf fränkisch-sparsame Art, liegt an der Gewitztheit des hier lebenden Menschenschlags. Warum sollte man sich einen zusätzlichen Fest-Anlass entgehen lassen? Eben.

GRUND 96

Weil es keine einheitliche Faschingsfront gibt

Im Rheinland, in Hessen und in einigen Ecken Schwabens ist alles klar. Dort steht an den tollen Tagen alles still. Franken ist da differenzierter. Das liegt auch daran, weil katholische Gegenden, die traditionell eher dem Fasching zugetan sind, und evangelische, bei denen das nicht so der Fall ist, wie auf einem Flickenteppich verteilt sind: Ein katholischer Fleck ist von drei evangelischen umgeben, die wiederum haben nur katholische Nachbarn, die ihrerseits wieder evangelische haben. Leben und leben lassen, lautet die Devise. Die Bewohner des schönsten Landstriches Deutschland feiern ihren Fasching oder sie feiern ihn nicht. In keinem Fall aber erheben sie ihre jeweilige Einstellung zur alleinseligmachenden. Hier wird jeder akzeptiert, die Faschings-Feierkünstler aus Grund 95 b und diejenigen aus Grund 95 a, die im Traum nicht daran denken würden, sich ein Ringelhemd überzuziehen und zu Schlagermusik zu schunkeln. Der Frohsinn hat eine Chance, schwingt sich aber nicht zum Diktator auf.

GRUND 97

Weil sich in Nürnberg die Barden treffen

Es ist kein bisschen in die Jahre gekommen. Dabei ist es mittlerweile 40 geworden – und das eine oder andere Haar könnte da schon ergraut (oder gar ausgefallen) sein, wenn man an die Anfänge denkt. Denn es ist doch alles ganz anders geworden – irgendwie und sowieso. Geboren wurde das Festival in den 1970ern, inmitten der Liedermacher- und Umsonst-&-draußen-Kultur. Konkreter Anlass war der 400. Todestag des Nürnberger Schuhmachers und Meistersingers Hans Sachs. 1976 war das, als erstmals Protestsongs und Liebesballaden an allen Ecken der Nürnberger Altstadt erklangen – also lange bevor sich Nicole mit *Ein bisschen Frieden* auf den europäischen Schlager-Olymp klampfte (1982). Das legendäre Kommunikationszentrum KOMM steckte noch in den Kinderschuhen und war ein halbes Jahrzehnt von der schlagzeilenträchtigen Massenverhaftung von 141 Menschen entfernt. Das Nürnberger KOMM ist seit 1997 Geschichte, das Bardentreffen gibt es immer noch.

An »einen Buchdrucker aus Göppingen, eine Zahnarzthelferin aus Rückersdorf, einen EDV-Kaufmann aus Übach-Palenberg«, erinnerte sich Roland Spiegel im Programmheft zum 20. Jubiläum im Jahr 1995. An »Männer, je nachdem mit dichten Rauschebärten oder kläglichem Bob-Dylan-Flaum, die Frauen mit langem Engelshaar – und alle mit einem etwas vergrübeltem Blick«, an einen Gesamtetat von 9000 Mark und Barden, die für ihren Auftritt kein Geld bekamen. Aber »immerhin gab es Preise für die Besten: eine Geschenkpackung mit Schreibgeräten, eine Reiseschreibmaschine, die Mitwirkung an einer Sendung des Bayerischen Rundfunks, eine Mittelmeerreise«.

Wir sind erst später nach Nürnberg gekommen. Da war das Bardentreffen schon erwachsen geworden. Profis hatten das offizielle Programm geentert und die Amateure ins inoffizielle Beiprogramm verdrängt. Nicht unbedingt ein Schaden, was die musikalische Qualität betrifft. Barden, die man knebeln und an einen Baum fesseln müsste, weil sie einem sonst wie Troubadix der Gallier mit ihrem Gesang den Himmel auf den Kopf stürzen lassen würden, haben wir jedenfalls nicht gehört. Wenn einem auch nicht alles gefällt – was heute noch gilt. Denn obwohl sich der Etat des Festivals damals gegenüber den Anfängen schon mehr als verzehnfacht hatte, ebenso wie die Zuschauerzahl, war aus Protest nicht unbedingt Prost geworden. Auf alle Fälle war und ist es eine lebendige Alternative zu den Bayreuther Wagner-Meistersingern. In den 1980ern hatten sich zu den Liedermachern Bluesbarden wie Klaus Lage und Rockpoeten wie Heinz-Rudolf Kunze gesellt. Ethno spielte mit rein, noch bevor World Music zum festen Begriff wurde, sei es alpin mit Ringsgwandl und Attwenger oder afro-arabisch mit den Rai-Stars Cheb Kader und Cheb Khaled, die 1988 und 1989 im Burggraben zu hören waren. Schön, dass es neben dem offiziellen Festival immer noch das inoffizielle Beiprogramm gibt. Die Mischung macht's. Und das große musikalische Stadtfest ist immer noch umsonst und draußen. Man kann kommen und gehen, wie es einem gefällt. Und man kann immer noch musikalische Neuentdeckungen machen. Auch wenn bei der Wiederholung Jahr für Jahr angesichts ergrauter Haare etwas Sentimentalität mitschwingen mag.

GRUND 98

Weil Coburg Samba tanzt

Das hätten sich die Coburger vor einem Vierteljahrhundert auch nicht vorstellen können, dass sie mal als die Brasilianer Frankens, Bayerns, Deutschlands, wenn nicht gar der ganzen nichtbrasilianischen Welt gelten würden. Mit Fußball war in der Veste-Stadt nie viel Staat zu machen. Und auch klimatisch lag und liegt man näher am bayerischen Sibirien (Hof) als an der Copacabana. Ganz abzusehen war das auch noch nicht, als im Sommer 1992 erstmals etwa 20 Gruppen trommelnd und – meist noch etwas ungelenk – die Hüften schwingend durch die Stadt zogen. Samba kannte man in Deutschland aus Fernsehberichten vom Karneval in Rio. Oder hierzulande eben als trommelnde Lärmbeigabe zu Demonstrationen, die von Gewerkschaften, SPD oder linken Gruppen unterstützt wurden. In Coburg war anfangs beides vertreten: die deutsche Samba-Interpretation, aber auch ein paar echte Brasilianer. Das Ganze kam gut an, und in den Folgejahren gab's kein Halten mehr. Die Zahl der Besucher stieg rasch. Mittlerweile werden jedes Jahr am zweiten Juliwochenende in Coburg mehr als 200.000 Begeisterte gezählt. Das sind etwa fünfmal so viele Menschen, wie die Stadt Einwohner hat. Inzwischen flüchten manche Einheimische zu dieser Zeit sogar vor dem Rummel des Samba-Festivals aus der Stadt. Das Festival gilt nun schon seit einigen Jahren als die größte Samba-Veranstaltung außerhalb Brasiliens. Und seit 2014 darf es sich auch als das beste Samba-Event jenseits des Zuckerhuts rühmen. Beim »Congresso Internacional do Samba« wurde den Coburgern die Auszeichnung vom Förderverein Edison Carneiro – benannt nach einem Schriftsteller, der 1962 den ersten brasilianischen Samba-Kongress auf die Beine stellte – verliehen. Nicht nur die Zahl der Besucher, auch die der Sambistas aus aller Welt, die in Coburg mitmachen, ist steil gestiegen. Rund 3000 sind es Jahr für Jahr, die einen bunten Kontrapunkt zum jährlichen Convent der Burschenschafter an Pfingsten setzen. 2006 standen sogar 2858 Sambistas gleichzeitig auf dem Coburger Schlossplatz, um die größte Samba-Bateria der Welt zu bilden. Aber auch ohne Rekorde und Superlative ist das Samba-Festival ein Tanz-und-Trommel-Spektakel, und die heißen Rhythmen, die drei Tage lang durch die ansonsten eher beschauliche Stadt hallen, sind für einige gar der Anlass, überhaupt mal nach Franken zu kommen.

GRUND 99

Weil man nicht auf den Christkindles-Markt muss

Klar, der Nürnberger Weihnachtsmarkt ist einer der ältesten und mit gut 200 Buden so ziemlich der größte Deutschlands. Sein Standort am Hauptmarkt der Franken-Metropole ist auf jeden Fall zentral und ziemlich historisch, sieht man mal von ein paar Nachkriegsbausünden an seinem Rand ab. Stimmt schon, er hat das berühmteste Christkind von allen, das jedes Jahr mit Goldlockenperücke, Goldgewand und glockenheller Stimme den Markt eröffnet. Aus alldem folgt das große Aber: Er ist bekannt in ganz Deutschland und anderswo, ganze Busladungen von Touristen werden hierhergekarrt und drängen sich zwischen den Ständen durch, um Bratwürste zu essen, Glühwein zu trinken und vielleicht ein »Zwetschgenmännle« zu kaufen. Er ist sehens- und besuchenswert und ganz sicher kein Geheimtipp. Wer weniger Gedrängel und mehr Gemütlichkeit will, der wird in ganz Franken fündig, malerische Kulissen, viel Historie und spezielle Sortimente inklusive. Zum Beispiel im Landkreis Kulmbach, in Thurnau, wo seit 25 Jahren immer am zweiten Adventswochenende der Weihnachtstöpfermarkt stattfindet. Hier gibt es keine Glaskugeln oder Glitzersterne, sondern ausschließlich Getöpfertes. Und zwar nicht von Hobbykünstlern oder Volkshochschulkursbastlern, sondern ausschließlich Stücke aus den Brennöfen von Keramikmeistern. Wer also handwerklich hochwertige Weihnachtsgeschenke aus Ton sucht, ist in der Töpferstadt Thurnau richtig. Und wer sich gern in alten Mauern aufhält, der auch: Die knapp über 50 Buden findet der Besucher im oberen und unteren Hof des Schlosses, das eines der größten und schönsten Nordbayerns ist. Und natürlich muss kein Thurnau-Gast Angst haben, nur leere Tonbecher und -teller vorzufinden. Da auch Keramikhersteller und -käufer nicht vom guten Ton allein leben, gibt's Original Thurnauer Bratwürste im Brötchen, frisch gebackene Waffeln, nach eigenem Rezept angerührten Glühwein und sogar hausgebackene Lebkuchen. Alles – wie die Töpferwaren selbst – von Hand gemacht. Nicht ganz so konsequent ist der Kitzinger Weihnachtsmarkt, weil es hier neben Handwerklichem auch den üblichen Weihnachtsnippes gibt. Dafür verwandelt sich der historische Kern der unterfränkischen Stadt an einem Adventswochenende in ein leuchtendes Weihnachtsdorf, gruppiert um die größte Adventskerze Frankens, auf jeden Fall Bayerns und vielleicht sogar der Welt – um den 39 Meter hohen Marktturm. Er trägt eine Lichterkrone auf dem Dach, die wie eine Kerzenflamme aussieht, und ist rundherum von Lichtern umgeben. Kitzingen leuchtet. Konkurrenz fürs Nürnberger Kindl gibt's auch in Mittelfranken. Im rund 100 Kilometer südwestlich gelegenen Dinkelsbühl zum Beispiel. Die Kinderlein stehen dort nicht nur beim jährlichen Fest der historischen Kinderzeche im Mittelpunkt, sondern auch auf dem Weihnachtsmarkt im Innenhof des dortigen Heilig-Geist-Spitals. Dinkelsbühl ist nämlich der Geburtsort von Christoph von Schmid, dem Mann, der vor rund 250 Jahren den Text zum Weihnachtslied *Ihr Kinderlein kommet* verfasste. Für die Kleinen bietet der Weihnachtsmarkt denn auch einiges: Täglich schaut der Nikolaus vorbei, es gibt eine große Modelleisenbahn und wechselnde Beschäftigungsangebote wie etwa eine Druckwerkstatt für Kinder. Und während der Nachwuchs beschäftigt ist, können es sich die

Eltern bei Glühwein oder einem »Hauf-Wärmer« gut gehen lassen, einem heißen Bier-Mix-Getränk, das die Dinkelsbühler Brauerei Hauf kreiert hat. Es hat nur 2,5 Prozent Alkohol und schmeckt fast so gut wie das Glüh-Bier, das wir für unser Bier-Kochbuch kreiert haben. Aber nur fast …

GRUND 100

Weil es den Bauerntag gibt

Zu unserer Studienzeit in Erlangen wurden wir anfangs überrascht. Mitten im August, in einem Monat, in dem die Stadt wegen studentischer Semesterferien und urlaubender Siemensianer normalerweise so gut wie ausgestorben war, gab es auf einmal in der Fußgängerzone und in den dortigen Geschäften ein großes Gedränge. Die Aufklärung durch Einheimische erfolgte rasch: Es war Bauerntag. Ein Gang über den Großparkplatz bestätigte das. Die vielen parkenden Autos trugen vorwiegend die Kennzeichen FO und BA – Forchheim und Bamberg, aus der Sicht der städtisch-weltmännischen Erlanger eben Bauern. Die nähere Erklärung dazu lieferte der Kalender: 15. August, Mariä Himmelfahrt, gesetzlicher Feiertag im Saarland – von Saarländern war nichts zu sehen – und in Bayern in Gemeinden mit überwiegend katholischer Bevölkerung.

Während also mittelfränkische Arbeitnehmer schuften müssen, gönnen sich die Nachbarn aus dem früheren Fürstbistum Bamberg einen freien Tag, den sie wie einen verkaufsoffenen Sonntag hemmungslos zum Shoppen nutzen. Wobei die stolzen Bamberger das mit dem Bauerntag nicht registrieren oder geflissentlich überhören. Den Bauerntag gibt's für sie höchstens in Scheßlitz – und dort ist er auch tatsächlich das, was der Name besagt, nämlich eine traditionelle Versammlung von Landwirten.

Das Phänomen Erlanger Bauerntag ist dagegen der Tatsache geschuldet, dass Franken auch und vor allem konfessionell ein Flickenteppich ist. Leichte Verwerfungen gab es da bei der jüngsten Volkszählung. So zählten für die Erlanger nicht nur Forchheimer und Bamberger, sondern auch die Baiersdorfer aus dem Landkreis Erlangen-Höchstadt zu den Bauern. Dabei leben die nur zehn Kilometer und zwei Autobahnausfahrten von Erlangen entfernt. Die überwiegend katholische Gemeinde feierte Mariä Himmelfahrt – oder fuhr zum Einkaufsausflug nach Erlangen oder Nürnberg. Doch dann kam 2011 der Zensus. Zum Stichtag 9. Mai registrierte die Volkszählung mehr Protestanten als Katholiken. 2013 wurden die Zahlen offiziell verkündet – und damit war klar: Ab 2014 fällt der Feiertag für die Baiersdorfer flach, und es muss gearbeitet werden, obwohl die Verwaltung betonte, dass inzwischen das katholische Übergewicht wiederhergestellt war. Ähnlich traf es die Speichersdorfer im Landkreis Bayreuth, denen vor allem der starke Zuzug osteuropäischer Spätaussiedler einen Strich durch die Feiertagsrechnung machte.

Neu hinzugekommen zu den Bauerntags-Besuchern aus dem Landkreis Bamberg sind dagegen die Walsdorfer. Die zuvor einzige protestantische Enklave im Bamberger Land ist – was sich durch die Fortschreibung der Einwohnerzahlen schon jahrelang angekündigt hatte – katholisch geworden. Überrascht hat das vor Ort niemanden. Nur für den Betreiber des einzigen Lebensmittelmarktes im Ort war es ärgerlich, konnte er doch zuvor einen umgekehrten Bauerntag im Kleinen verzeichnen – mit Bambergern, die sich am Feiertag im kleinen Walsdorf mit Lebensmitteln eindeckten. Daneben wurden auch noch fünf unterfränkische Gemeinden mit dem Zensus katholisch gemacht, was aber wenig Auswirkungen auf die Ströme der Einkaufstouristen in die mittelfränkischen Metropolen hat.

Man muss es auch so sehen: Baiersdorfer Katholiken, die in Erlangen, Fürth oder Nürnberg arbeiten, müssen das auch weiterhin tun. Und Walsdorfer Protestanten, die in Bamberg arbeiten, hatten auch zuvor schon einen Feiertag. Also machten auch die wenigsten ein großes Drama draus. Der Bayerische Rundfunk befragte einen evangelischen Pfarrer im unterfränkischen Thüngen, wo es nach der Volkszählung plötzlich 591:587 für die Katholischen stand. »Den freien Tag nehmen wir doch gerne mit«, zitierte der seine Sekretärin und schloss sich deren Meinung an.

KAPITEL 9

SPORT & SPIEL

GRUND 101

Weil der Club (k)ein Depp ist

Der Club ist ein Depp. Oder fränkisch: Der Glubb is a Debb. Nie waren die Worte wahrer als am 29. Mai des Jahres 1999. Der ruhmreiche 1. FC Nürnberg rangierte an jenem Samstagnachmittag um 15.30 Uhr mit 37 Punkten auf dem zwölften Tabellenplatz der Fußball-Bundesliga – drei Punkte und fünf Tore vor der Frankfurter Eintracht. Der Abstieg war somit nur noch theoretisch möglich. Nämlich dann, wenn Nürnberg zu Hause gegen den SC Freiburg verlieren sollte, das bis dahin einen Punkt zurück auf Platz 14 lag, wenn gleichzeitig der VfB Stuttgart gegen Werder Bremen und Hansa Rostock beim VfL Bochum gewinnen sollte. Und wenn die bis dahin auf dem Abstiegsplatz 16 stehende SG Eintracht Frankfurt mit mindestens vier Toren Vorsprung den Platz als Sieger über den 1. FC Kaiserslautern verlassen sollte.

Genau so kam es dann auch. Vielleicht ist das der Grund, warum der Satz vom Club als Depp oft der Reporter-Legende Günther Koch zugeschrieben wird. Doch der stieg in die ebenso legendäre Radio-Schlusskonferenz damals nur mit folgenden Worten ein: »Hier ist Nürnberg, wir melden uns vom Abgrund.«

Der Club ist ein Depp. Der Satz, der mittlerweile zum Bonmot gereift ist, geht jedoch auf Klaus Schamberger zurück, einen Sportjournalisten der inzwischen leider gewesenen *Nürnberger Abendzeitung*. Schamberger prägte das geflügelte Wort bereits drei Jahre zuvor, als der FCN nach einem abermaligen Abstieg aus der Bundesliga nicht direkt wieder aufstieg, sondern nach einer weiteren Saison in der Zweitklassigkeit sogar in die 3. Liga durchgereicht wurde. Darin spiegeln sich Höhen und Tiefen des Fußballvereins wider, die so oft in schneller Aneinanderreihung erfolgten. Und für viele ist es gar ein Abbild der fränkischen Seele, konfrontiert mit dem immer siegreichen »Mia san mia« der dominierenden Bayern.

Wer nie einen solchen Absturz erlebt hat, für wen das Verpassen des Meistertitels oder die Last-Minute-Niederlage im Champions-League-Finale die größte denkbare Schmach ist, der kann den Schmerz einfach nicht nachvollziehen. Kein Wunder, dass sich auch in Franken genügend Realitätsverweigerer zusammenfinden und Bayern-Fanclubs bilden. Auf der Seite der Sieger lebt's sich nun mal leichter.

Ob der Club nun ein Depp ist oder nicht, und ob er vielleicht gerade deswegen so besonders und auch liebenswert ist, damit setzen sich wahre Philosophenrunden auseinander. Auch ein ganzer Band aus dieser Buchreihe *111 Gründe …* widmet sich dieser Frage. Und das ist gut so. Denn wenn es 111 Gründe gibt, den 1. FC Nürnberg zu lieben, dann ist das mindestens auch einer, Franken zu lieben.

Dazu zählt, dass der Club immer wiedergekommen ist. Dem Abstieg in die Drittklassigkeit folgte der Durchmarsch zurück in Liga 1. Dabei hat er schon lange vor jenem denkwürdigen Spruch einen Beweis für seine Qualität abgeliefert. 1968 wurde der FCN – etwas überraschend – zum neunten Mal Deutscher Meister. Rekordmeister! Der FC Bayern München hinkte da noch hinterher. 1969 stieg er ab. Neun Jahre dauerte es dann, bis sich der Club nach teils dramatischem Scheitern wieder hochrappelte.

Dieser Tiefschlag prägte sich ein. Ein vergleichbares Kunststück gelang dem Club tatsächlich fast vier Jahrzehnte später. 2006/2007 spielte die Mannschaft eine großartige Saison, landete in der Bundesligatabelle auf Platz sechs und wurde zum vierten Mal in der Vereinsgeschichte Pokalsieger. Im Jahr darauf folgte der erneute Abstieg.

Es sollte nicht der letzte sein. Inzwischen ist der Club Rekordabsteiger der Bundesliga. Das heißt aber auch, dass er Rekordaufsteiger ist. Und das macht ihn so besonders. Inzwischen liegt das 1000. Bundesligaspiel des FCN bereits in ferner Vergangenheit. Es fand am 21. Januar 2012 in Nürnberg statt. »Dass der Club beim 1000. Spiel gegen Berlin antrat, wie schon beim allerersten vom

24. August 1963, und dass Berlin der Gegner in der Partie war, in der die Rot-Schwarzen den 1000. Punkt für den Club geholt haben, war kein schlechtes Omen: 2:0 hieß es am Ende für unseren Club! Und wenn es mal wieder schlechter läuft, sollte man sich daran erinnern, dass der Club immer wiederkam. Versprochen!« So steht's auf der FCN-Homepage. Dem ist nichts hinzuzufügen.

GRUND 102

Weil das Kleeblatt auch nicht immer Glück hat

Wie ihre Heimatstadt führt auch die Spielvereinigung (SpVgg) Fürth ein Kleeblatt im Wappen. In beiden Fällen ist es allerdings ein dreiblättriges. Da scheint es ganz natürlich zu sein, dass manchmal ein kleines Stück zum großen Glück fehlt. Zum Beispiel in der 2. Bundesliga. In der kickte der 1996 mit den Fußballern des Dorfvereins TSV Vestenbergsgreuth (die zwei Jahre zuvor legendär den FC Bayern aus dem DFB-Pokal geworfen hatten) zur SpVgg Greuther Fürth fusionierte Verein von 1997 bis 2012. Und das tut er seit 2013 wieder. Unaufsteigbar – so lautete das Prädikat, das die Fürther nach sieben fünften, einem sechsten und einem vierten Platz so treffend wie kaum ein anderer Fußballverein in Deutschland trugen. Manchmal wurde nach herausragenden Spielzeiten der Aufstieg ins Oberhaus erst auf der Zielgeraden, in den letzten ein, zwei oder drei Spielen vergeigt. Dem großen Nachbarn und Rivalen aus Nürnberg, der gern schon mal als Depp bezeichnet wird, hätte man in solchen Fällen Versagen vorgeworfen. Den Fürthern fehlte halt einfach das letzte Quäntchen Glück.

Dabei war der Verein aus Mittelfranken mal eine ganz große Nummer im Fußball. Dreimal wurde das Kleeblatt – so der halb offizielle Beiname der Spielvereinigung – Deutscher Meister: 1914, 1926 und 1929. Nach ihrem ersten nationalen Titel wurde wegen des Ersten Weltkriegs fünf Jahre lang keine Deutsche Meisterschaft mehr ausgetragen. Pech für das starke Fürther Team, unter dessen Spielern der Krieg zudem mehrere Opfer forderte. Zudem musste der legendäre englische Trainer William Townley das Land verlassen, der damals und wieder in den 1920er Jahren wie kein anderer den modernen Kombinationsfußball und das Spiel der Spielvereinigung prägte. Mit dem legendären »Fürther Flachpass« hatte er den Verein an die Spitze geführt.

Das Endspiel um die Meisterschaft 1914 war übrigens das wohl längste der Geschichte. Erst nach 154 Minuten fiel das Siegtor zum 3:2 für die Fürther gegen den VfB Leipzig, denn Elfmeterschießen war noch unbekannt. Nach zweimal 45 Minuten (1:1) folgten zweimal 15 Minuten Verlängerung (2:2). Danach ging's im Zehnminutentakt bis zum Siegtor. Das nächste Endspiel um die Deutsche Meisterschafts gab es erst wieder 1920. Auch das erreichte die Spielvereinigung wieder, verlor es aber – ausgerechnet gegen den Club aus Nürnberg.

Die 1920er Jahre waren dann überhaupt die ganz, ganz große Zeit des fränkischen Fußballs. Fünf seiner insgesamt neun Titel fuhr der Club aus Nürnberg in jener Zeit ein: 1920, 1921, 1924, 1925 und 1927. Und zweimal waren eben die Fürther dran. Was es nicht mal in Zeiten späterer Bayern- und Gladbach-Dominanz oder neuerdings Bayern- und Borussia-Dortmund-Rivalität gab, das war eine deutsche Nationalmannschaft ausschließlich aus Spielern zweier Vereine, noch dazu zweier Nachbarstädte aus Franken. Das gab es damals tatsächlich. Legendär ist vor allem das Länderspiel gegen die Holländer am 21. April 1924 in Amsterdam, besser gesagt, die Reise dorthin. Sechs Fürther und fünf Nürnberger bildeten die deutsche Nationalmannschaft. Was lag da näher, als gemeinsam mit dem Zug von Nürnberg aus in die Niederlande zu fahren. Man fuhr mit dem selben Zug, allerdings in getrennten Waggons. Wenige Tage zuvor hatten sich die beiden Clubs in einem Spiel um die Süddeutsche Meisterschaft 0:0 getrennt, und dabei muss es mal wieder recht rau zugegangen sein. Die Rivalität war eben schon damals groß. Man ignorierte sich auf der gesamten Hin- und Rückreise und offenbar sogar noch im Stadion in der Kabine. Trotzdem legte die Mannschaft ein ganz passables Spiel hin und gewann mit 1: 0 durch ein Kopfballtor von Karl Auer (SpVgg Fürth) auf Flanke von Heiner Träg (1. FC Nürnberg). Der Überlieferung nach jubelten nach dem Tor nur die Fürther Spieler. Sechs Tage später gab's im Meisterschaftsrückspiel ein 1:1.

Diese Derbys sind im Frankenland eine Sache für sich. Bis zum Sommer 2014 stehen aus Sicht der Fürther 72 Siege, 46 Unentschieden und 137 Niederlagen bei einem Torverhältnis von 341:562 zu Buche. Zweimal musste abgebrochen werden, wobei einmal davon der Sieg am Grünen Tisch den Kleeblättern zugesprochen wurde. In den langen Zweitligajahren war es ein heimlicher Fürther Traum und ein unheimlicher Nürnberger Albtraum, dass die Spielvereinigung den Club in der Relegation zur Bundesliga rauskegeln könnte. So weit kam es jedoch nie. Und auch die Chance, sich für das hämische »Lieber Fünfter als Fürther« der Clubberer mal so richtig zu revanchieren, verpasste das Kleeblatt zuletzt. Im Sommer 2014 stand der Club schon als Bundesligaabsteiger fest, und Fürth durfte als Zweitliga-Dritter gegen den Hamburger SV ran. Wieder mal fehlte das Glück. Nach einem 0:0 in der Hansestadt trennte man sich im heimischen Ronhof (der auch schon mal unter Playmobil-Stadion und Trolly-Arena firmierte) 1:1, das eine Auswärtstor reichte dem HSV. In der Fürther Erstligasaison 2012/13 – über die ansonsten der Mantel des Schweigens ausgebreitet sei – schlugen gegen den Club immerhin ein Unentschieden und einer der vier Siege zu Buche.

Zum Schluss darf natürlich in keinem Text über die Spielvereinigung deren bekanntester Fan unerwähnt bleiben. Der 1923 in Fürth geborene und 1938 emigrierte Heinz Alfred Kissinger blieb auch als US-Außenminister Henry Kissinger und danach ein treuer Anhänger des Kleeblatts. Auch in Amerika ließ er sich regelmäßig über die Spielergebnisse informieren. Wie es heißt, übernahm diese Aufgabe vor dem Internetzeitalter der deutsche Botschafter. Zum zweiten Bundesliga-Heimspiel am 15. September 2012 gegen Schalke 04 löste er ein Versprechen ein und kam als Fan in den Ronhof. Auf der vorausgehenden Pressekonferenz tippte Kissinger auf ein 2:0. So kam es dann auch – allerdings aus Schalker Sicht. Pech für Fürth und seinen Edelfan.

GRUND 103

Weil Körbe nicht nur geflochten werden

In Franken werden nicht nur viele Körbe geflochten, sondern auch gelegt und geworfen. Das hat Tradition, auch wenn sie nicht ganz so weit zurückreicht wie die der Korbflechterei, sondern eher in der amerikanischen Besatzungszeit begründet ist. Denn von den Zigtausenden von GIs, die während des Kalten Krieges in Franken stationiert waren, färbte auch einiges auf die Einheimischen ab, zum Beispiel in sportlicher Hinsicht. Die Rede ist natürlich von Basketball. Wohl in keiner anderen Region Deutschlands ist dieser Sport in der Spitze und in der Breite so populär wie in Franken. In manchen Städten hat die Korbjagd sogar den Fußball als Nummer eins abgelöst. Zwar gab es schon ab 1932 Versuche, diese uramerikanische Sportart, als deren Erfinder der Kanadier James Naismith gilt, der 1891 die ersten 13 Regeln für diese neue Hallensportart notierte, in Deutschland zu verbreiten. Doch der Durchbruch erfolgte erst nach dem Krieg und dann nur langsam, Schritt für Schritt. In Franken ging das noch ein bisschen langsamer, aber dafür später ganz gewaltig. Als 1966 die erste Bundesligasaison startete, war in der Südstaffel noch kein einziger Verein aus Franken dabei. 1968 stieg die TG Würzburg als erster fränkischer Club auf – und als Tabellenletzter 1969 gleich wieder ab. Der 1. FC Bamberg rückte

1970 nach und hielt zunächst bis 1979 die Klasse. Doch der Begeisterungsfunke hatte in der Domstadt schon längst gezündet – ob das Team nun der Reihe nach (und nach den jeweiligen Sponsoren) unter dem Namen TTL, TTL uniVersa, TSK uniVersa, GHP oder Brose Baskets antrat. Sechs Deutsche Meisterschaften (2005, 2007 und 2010 bis 2013) stehen zu Buche. Die Fans sind aus dem Häuschen. »Freak City« wird Bamberg in Basketballkreisen wegen der Begeisterung der zahlreichen Fans in der Stadt oft genannt. Und die Arena, in der regelmäßig vor rund 7000 Zuschauern gespielt wird, hat ihren Ruf als »Frankenhölle« aufgrund des Lärmpegels während der Spiele weg. Eine ganze Reihe sogenannter Farmteams in der Region liefern zudem eifrig Nachwuchs – an Spielern und vor allem an Fans.

Doch Basketball in Franken gibt es an mehr Orten als in Bamberg. Würzburger Teams schafften es immer wieder nach oben – und brachten Deutschlands größten Spieler hervor: Dirk Nowitzki startete aus seiner Heimatstadt und seinem Heimatverein heraus 1998 als 20-Jähriger eine nie da gewesene Karriere in der stärksten Basketballliga der Welt, der nordamerikanischen NBA. Damit trug er wesentlich dazu bei, den Sport in Franken noch populärer und die Basketballwelt auf Franken aufmerksam zu machen. Würzburger Fans und Vereine sind oft gesehene Gäste im deutschen Spitzenbasketball. Und die Bayreuther ließen sich in ihrer ewigen Rivalität zu Bamberg auch in Sachen Sport nicht lumpen. Lange vor Bamberg wurde 1989 Steiner Bayreuth erster Deutscher Meister aus Franken. Seit Mitte der 1970er Jahre mischt Bayreuth – mit Unterbrechungen – in der Oberklasse mit. Auch Nürnberger Clubs versuchten immer wieder, den Anschluss zu finden, mussten sich aber schließlich als Zulieferer für die Bamberger begnügen. Was die Begeisterung angeht, konnte man ohnehin nicht mithalten. Dafür haben die Nürnberger ja noch den Club und ein Eishockey-Team, wobei beide auch nicht immer für Stimmung sorgen. Die scheint jedenfalls beim Basketball – Bayern München und Alba Berlin hin oder her – in kleineren Städten besser aufgehoben zu sein. Und davon hat Franken ja eine ganze Menge zu bieten.

GRUND 104

Weil es in und um Roth rundgeht

Da staunten die Franken nicht schlecht, als sich 82 Männer und eine Frau an einem Herbsttag des Jahres 1984 bei Hilpoltstein in die Fluten des damals noch nicht eröffneten Main-Donau-Kanals stürzten. Noch erstaunlicher war, dass sie nach einer Schwimmstrecke von 700 Metern aus dem Wasser direkt auf Fahrräder stiegen, um 40 Kilometer durch den Landkreis Roth zu strampeln. Und dann rannten sie anschließend auch noch zehn Kilometer zu Fuß. Nach knapp zwei Stunden kam der Nürnberger Franz Michels als Erster ins Ziel. Nun ja, es waren nicht sehr viele Franken, die dies bestaunten. Ein paar Hundert Zuschauer sollen es Zeitzeugen zufolge gewesen sein, die den ersten Franken-Triathlon verfolgten. Bei den meisten von ihnen dürfte es sich um Betreuer, Bekannte und Verwandte der Athleten gehandelt haben. Kein Vergleich also zu dem, was sich inzwischen jedes Jahr im Sommer in und um die mittelfränkische Stadt abspielt: ein sportliches Großereignis und ein Volksfest. Im 30. Jubiläumsjahr 2014 waren mehr Triathleten am Start, als in den Anfangsjahren Zuschauer am Streckenrand standen. Und es kamen wohl mehr als 200.000 Menschen, um die Athleten anzufeuern – etwa in der Applauskurve von Pierheim und am Solarer Berg, wo es zugeht wie am Anstieg nach Alpe d'Huez bei der Tour de France. Oder auch nur, um sich in den sogenannten Stimmungsnestern, wie etwa der »Biermeile« in Eckersmühlen, zu verlustieren und von DJs des Bayerischen Rundfunks beschallen zu lassen.

Der Aufstieg zum Großereignis brauchte allerdings keine 30 Jahre. Es ging sogar ziemlich rasch. 1978 hatte auf Hawaii der erste Ironman stattgefunden, doch bis Mitte der 1980er Jahre war Triathlon hierzulande nur einigen Enthusiasten und Ausdauersportextremisten ein Begriff. In den deutschen Medien tauchte der Hawaii-Ironman erstmals im Herbst 1981 in der ZDF-Sportreportage auf, 1982 gab es die ersten Wettkämpfe in Deutschland. In Roth folgte auf den Franken-Triathlon 1985 die Bayerische Triathlon-Meisterschaft. Mit zwei Kilometern Schwimmen, 79 Kilometern Radfahren und 10,5 Kilometern Laufen hatte sich die Distanz in etwa verdoppelt. Jedes Jahr wurde dann noch eine Schippe draufgelegt: 1986 Deutsche Meisterschaft (2,5/100/25 Kilometer), 1987 Mittelstrecken-Europameisterschaft (3/92/20 Kilometer). Und 1988 gab es dann den ersten Ironman mit 3,8 Kilometern Schwimmstrecke, 180 Radkilometern und einem anschließenden Lauf über die klassische Marathondistanz von 42,195 Kilometern. Da waren es dann schon 706 Starter, von denen nach Veranstalterangaben 587 das Ziel erreichten. Das hawaiianische Fieber war endgültig über zwei Weltmeere in und um den Main-Donau-Kanal im Landkreis Roth geschwappt. Seit 1989 gibt es zudem noch den Rothsee-Triathlon, bei dem es über die olympische Distanz (1,5/42/10 Kilometer) geht und mehr der sportliche Aspekt im Mittelpunkt steht. Beim Ironman ging nicht nur die Starter-, sondern auch die Zuschauerzahl in die Höhe. Bald waren es mehr als 100.000, die zu dem Qualifikationsrennen für Hawaii anreisten. Mit ihnen kam natürlich auch mehr Kommerz ins Spiel. Und weil auch die amerikanischen Lizenzgeber des »Ironman Europe« ihr Stück vom Kuchen haben wollten, vollzog man nach 2001 die Trennung. Nicht wenige befürchteten das Aus. Doch die Veranstalter wussten das fränkische Triathlon-Fieber auf ihrer Seite, schlossen sich der Challenge-Serie an, fanden mit Post und Quelle zwei Hauptsponsoren – und setzten die Erfolgsgeschichte fort. Der konnte selbst der Ausstieg der Post und die Pleite von Quelle nichts anhaben. Der Triathlon und das ganze Drumherum in Roth lebt – und wie!

GRUND 105

Weil man natürlich baden geht

Nichts gegen Schwimmbäder. Dieser Geruch nach Chlor auf der Haut, die Warntafeln vor der allgegenwärtigen Fußpilzgefahr, der Kampf um die Umkleidekabinen, das hat schon was. Aber wer wie wir Schwimmen in Flüssen und Seen gelernt hat – Barbara in der Haßlach bei Kronach, Hans im Rößler-Weiher bei Ravensburg –, der zieht Naturgewässer und -bäder vor. Franken hat hier viel zu bieten. Zum Beispiel den oberfränkischen Geheimtipp … ach nein, den behalten wir lieber für uns. Stattdessen empfehlen wir die Hainbadestelle in Bamberg. 1935 wurde das Flussbad eröffnet, seitdem ist es mit Unterbrechungen in Betrieb. Es liegt am linken Arm der Regnitz, im Bamberger Stadtpark, dem Hain. Auf einem Holzdeck, das über den Fluss gebaut ist, treffen sich an heißen Sommertagen die Sonnenhungrigen. Man döst, man quatscht, man lässt den Blick über das bewaldete Flussufer gegenüber schweifen, oder man schaut zu, wie die Mitglieder des Bamberger Ruderclubs auf der Regnitz in ihren Booten trainieren. Wenn es zu heiß wird, geht man ins grünlich klare Wasser des Flusses. Sportliche steigen an der flussabwärts gelegenen Treppe am Sonnendeck ein und schwimmen gegen die Strömung nach oben. Verbreiteter ist die Variante, sich am oberen Ende in den Fluss gleiten und sich ganz entspannt nach unten treiben zu lassen. Es ist, um mit Brecht zu sprechen, zum Nimmerwiederfortgehn schön. Das wäre aber schade, weil man dann ja die anderen fränkischen Freischwimmerlebnisse nicht kennenlernen könnte. Wer keine Angst vor kühlem – sind wir ehrlich: vor kaltem – Wasser hat, planscht im Geheimtipp, dem Naturbadeweiher bei … nein, nein, wir sagen nichts. Er planscht stattdessen im mitten im Fichtenforst gelegenen Ölschnitzsee bei Windheim. Für ihn wurde in den 1980er Jahren eines jener supersauberen und saukalten Frankenwald-Bächlein aufgestaut. Mit 2,1 Hektar ist er groß genug, auch Menschen, die es nicht als Erfüllung ansehen, sich eine Ganzkörpergänsehaut zuzulegen, eine Beschäftigungsmöglichkeit zu bieten – sie können Tretboot fahren. Weniger Hartgesottene tauchen zum Beispiel in die künstlichen Gewässer des mittelfränkischen Seenlandes ein (unser Tipp: der Rothsee zwischen Roth, Hilpoltstein und Allersberg) oder verbringen einen Nachmittag am unterfränkischen Naturbadesee Arnstein (zwischen Schweinfurt und Würzburg). Unser Geheimtipp, der Naturbadeweiher in Ru…, nein, der ist für solche Leute viel zu kalt. Wasserspaß und Architekturgenuss kann man im Felsenbad Pottenstein in der Fränkischen Schweiz verbinden. Es wurde in den 1920er Jahren von einem Münchner Architekten so geplant, dass es auf einer Seite von den Kalksteinfelsen des Weiherbachtales abgeschlossen ist. Es würde nicht verwundern, wenn der große Gatsby im einteiligen Schwimmkostüm zwischen Arkaden oder auf den Terrassen des Jugendstilbades auftauchen würde. Nach seiner Eröffnung 1924 wurde es schnell zur touristischen Attraktion und zog Gäste aus ganz Europa an. Nachdem es 1988 aus hygienischen und baulichen Gründen geschlossen werden musste, wurde es auf Initiative des Fördervereins Pottenstein 2001 wiedereröffnet. Und zwar als Naturbadesee. So schwimmt man heute in historischer Kulisse und in ebensolchen Becken ganz natürlich und kann sich ein bisschen wie ein Held aus einem F.-Scott-Fitzgerald-Roman fühlen. Da das im Sommer ziemlich viele wollen, sollten Ruhe liebende Menschen nach Rugendorf fahren. Jetzt ist es raus: Der dortige Naturbadeweiher samt Grill- und Zeltplatz ist klein und fein und garantiert nicht überlaufen. Damit das so bleibt, sagen wir auch nicht, wo Rugendorf liegt. Falls Sie es trotzdem finden, lassen Sie unbedingt eine Spende für die örtliche Landjugend in der dort aufgestellten Spendenbox. Die kümmert sich nämlich ehrenamtlich um den Erhalt des Weihers.

GRUND 106

Weil mit Motor gut radeln ist

Bike & Beer – nein, das geht natürlich gar nicht. Außer bei der Kathi – Mekka der Motorradfahrer im Kurven-Eldorado Fränkische Schweiz. Kathi-Bräu ist seit Jahrzehnten Kult. Auch wenn die legendäre Wirtin Kathi Meyer schon 1993 gestorben ist, fallen, sobald die Sonne scheint, an Wochenenden noch immer Hunderte von Bikern in Heckenhof bei Aufseß ein. Immerhin gibt es das dunkle Lager inzwischen auch in der Leicht-Version. Und für alle, die es schaffen, beim Kaffee oder Spezi zu bleiben, hält Braumeister Josef Schmitt, der schon seit den 1970ern dabei ist und seit Kathis Tod den Laden schmeißt, das Bier auch zum Mitnehmen in 1-Liter-Bügelverschlussflaschen parat. Natürlich hat auch die Polizei schon seit Langem ein wachsames Auge auf den beliebten Biker-Treff, mehr aber noch auf die nahe gelegenen ehemaligen Rennstrecken Würgauer Berg und Ellerberg. Die Würgauer Bergrennen, zu jener Zeit wohl das größte Motorsportereignis in Bayern, waren von 1909 bis 1933 Teil der Deutschen Bergmeisterschaft. Es gab Zeiten, als mehr als 40.000 Zuschauer die fünf Kilometer lange Strecke mit den elf Kurven gesäumt haben sollen. Inzwischen ist auf der Strecke die Geschwindigkeit auf Tempo 70 beschränkt – in manchen Kurven ist das aber immer noch grenzwertig. Die Leitplanken wurden in den letzten Jahren nach und nach mit Unterfahrschutz versehen. Die tödlichen Unfälle sind weniger geworden. Es gibt sie aber immer noch, auch in der sogenannten Applauskurve, denn auch die Vollgas-Fraktion gibt es noch. Und sie feiert sich auf YouTube und auf anderen Kanälen. Dabei lädt Franken doch eher zum beschaulichen Cruisen ein – nicht nur in der Fränkischen Schweiz, wo sich ohnehin schon auf schönen Strecken wie etwa durchs Wiesenttal an sonnigen Wochenenden die Ausflüglerautos Stoßstange an Stoßstange reihen. So schlägt etwa der Tourismusverband Franken unter dem Motto »Mehr Abwechslung geht nicht« für jede der 15 fränkischen Reiselandschaften eine Motorradttour von speziellem Reiz vor. Zum Beispiel durchs Fichtelgebirge mit seinen wilden Felsformationen und weiten Hochflächen. Auch durchs Seenland südlich von Nürnberg oder durch Weinfranken führen reizvolle Strecken, meist abseits der ausgefahrenen Bikerhighways. Wie wär's mit dem lieblichen Taubertal oder mit Kultur und Natur im Altmühltal? In der Rhön, dem »Land der offenen Fernen«, lassen sich diese auch vom Zweirad aus genießen. Spessart und Steigerwald sind für Biker fast noch Geheimtipps. Den ersten Rang als Geheimtipp hat ihnen seit der Wiedervereinigung allerdings der Thüringer Wald abgelaufen. Aber die vielen Touren zwischen Sonneberg und Meiningen verlaufen ja auch auf altem fränkischen Kulturland.

GRUND 107

Weil auch ohne Motor gut zu radeln ist

An schönen Tagen und in der Ferienzeit kann es manchmal ziemlich voll werden auf dem Mainradweg. Aber auf den fast 600 Kilometern zwischen den beiden Quellen des Mains und der Mündung in den Rhein verteilt es sich dann auch bald wieder. Es ist der fränkische Radwanderweg schlechthin, an dem so ziemlich alles geboten wird, was Franken – zumindest aus touristischer Sicht – auszeichnet: von Natur und Kultur über Fachwerk und Barock bis Wein und Bier. Wie eine Perlenkette reihen sich hier die sehenswerten An- und Ausblicke aneinander. Er ist gut ausgebaut und beschildert – vom Allgemeinen Deutschen Fahrrad-Club (ADFC) wurde er als erster Radfernweg in Deutschland mit fünf Sternen ausgezeichnet –, kommt aber trotzdem auch Kilometerfressern entgegen. Doch besser ist es, sich viel Zeit zu nehmen – sowohl als Franke als auch als Tourist. Dann lassen sich hier schon zahlreiche der 111 Gründe aus diesem Buch erleben. Bevor wir ins Detail gehen, nun aber genug des Lobes für den Mainradweg. Denn Franken hat ja nicht nur den einen Fluss, der sich mit dem Rad gut begleiten lässt. Da ist zum Beispiel noch das liebliche Taubertal (mit dem romantischen Rothenburg), wo die gängigen Touristik-Vokabeln einfach so nahe liegen, dass man nicht an ihnen vorbeikommt. Das ist eben auch so ein fränkischer Fünf-Sterne-Klassiker mit allem, was dazugehört: Burgen, Schlösser, Klöster und Kirchen, Städte und Dörfer und dazwischen viel Natur. Das volle Programm gibt es hier kompakt auf etwa 100 Kilometern Länge – von Rothenburg ob der Tauber bis Wertheim am Main. Aischtal, Altmühl und Regnitz stehen dem allerdings nur wenig nach. Allen gemeinsam ist der große Vorteil, dass es an Flüssen entlanggeht, große Anstiege also eher die Ausnahme sind, ideal für familienkompatibles Genussradeln. Das gilt auch für den Radweg entlang des alten Ludwig-Donau-Main-Kanals, den man keinesfalls mit dem Radl-Highway entlang des modernen Main-Donau-Kanals verwechseln sollte. Letzterer ist zwar sehr gerade, praktisch flach, aber zum Radwandern in etwa so attraktiv wie eine Autobahn für motorisierte Biker. Mancher mag's jedoch sportiver – oder wagt sich dank E-Bike ins bergigere Gelände. Absolut empfehlenswert ist da die Rhön. Der Reim mit »schön« liegt hier so nahe wie im Taubertal die Lieblichkeit. In der Rhön geht's mitten durchs Biosphärenreservat. Beim klassischen Strampeln kann man hier schon mal ins Schwitzen geraten. Für die einen ist das ja ohnehin der Sinn der Sache, frei nach dem Motto »Der Weg ist das Ziel« oder »Gelobt sei, was hart macht«. Alle anderen werden vom Anblick der »offenen Fernen« allemal entschädigt. Sportive Streckenprofile findet man in Franken auch andernorts:

etwa in der Fränkischen Schweiz. Dort sind die Flusstäler oft so eng, dass für Radfahrer zwischen Wasser und – oft mit Ausflüglerautos und -motorrädern übervollen – Straßen wenig Platz bleibt. Also müssen diese auf die Höhen ausweichen, was aber auch absolut sehens- und erfahrenswert ist. Spessart und Steigerwald sind dagegen eher hügelig als bergig zu nennen. Ein weiterer Vorteil an heißen Tagen: viel Schatten. Für die ganz Harten und die Mountainbiker präsentiert sich der Spessart aber auch als »Bikewald«. Dort gibt es zwar keinen Berg über 600 Meter Höhe, dafür aber Mountainbikestrecken, auf denen bis zu 2400 Höhenmeter zu bewältigen sind. Neben dem Spessart, der Frankenalb und der Rhön sind vor allem Frankenwald und Fichtelgebirge zu empfehlen. Dort hat man in den letzten Jahren versucht, mit speziellen Mountainbike-Routen eine Alternative zum einstigen Image als Wander- und Spaziergängerparadies für Berliner Rentner zu schaffen. Unser Ding ist es zwar nicht, über Stock und Stein zu brettern. Aber Freunde und Bekannte, die dem Mountainbiken frönen, versichern, dass Franken sich hier nicht zu verstecken braucht. Also ab damit zu den 111 Gründen.

GRUND 108

Weil Wein wanderbar ist

Wanderer können sich je nach Lust und Laune und Vorliebe in so ziemlich jeden fränkischen Landstrich verlieben. Da ist etwa der dichte Forst im Frankenwald und im Fichtelgebirge, da sind die offenen Weitblicke der Rhön, da sind die Lieblichkeit des Taubertals oder die karge Karstlandschaft der Frankenalb. Einen, nein ganz viele Leckerbissen wollen wir aber mit dem fränkischen Weinland herauspicken. Weinfranken ist Wanderfranken. Und das Schönste dabei: Wanderer werden nicht nur in den vielen Weingütern und

Heckenwirtschaften unterwegs bestens verköstigt, sondern sie können auf dem Fußweg durch Franken auch noch jede Menge Wissenswertes aufschnappen – nicht nur über den Frankenwein. Allein 122 Themenwanderwege listet zum Beispiel das Portal www.fraenkisches-weinland.de auf. Die reichen vom Agrarökologischen Lehrpfad bis zur Zwei Bäche Tour, vom Zwei-Kilometer-Sonntagsspaziergang bis zur Mehrtagestour. Einer der beliebtesten ist sicher der Abt-Degen-Steig im östlichen Weinfranken, hart an der Grenze zu Bierfranken – das übrigens wandertechnisch inzwischen auch nachrüstet, zum Beispiel mit dem Fünf-Seidla-Steig. Doch zurück zum Wein. Der Abt-Degen-Steig verläuft am Südhang der Haßberge zwischen Zeil am Main und dem Ebelsbacher Ortsteil Steinbach und lässt sich schön in Teilstrecken zwischen fünf und 25 Kilometer aufsplitten. Und man kann ihn sogar mit Rollis und Rollatoren barrierefrei erwandern. Namenspate ist der 1625 in Zeil geborene Alberich Degen. Der wurde später Abt im nicht weit entfernten Zisterzienser-Kloster Ebrach im Steigerwald. Eine verdienstvolle Tat des Mönchs ist vor allem, dass er einen entscheidenden Anteil an der Ansiedlung der bis dato österreichischen Silvanerrebe in Franken hatte. Und was wäre Franken ohne Wein und der Frankenwein ohne den Silvaner? Sich auf die Fußspuren des Abts zu begeben ist also schon deshalb aller Ehren wert. Und den Einzug ins Paradies hat sich der Kirchenmann redlich verdient. Bei Ippesheim gibt es seit einiger Zeit tatsächlich einen »Weinparadiesweg«. Über rund 20 Kilometer schlängelt er sich horizontal wie vertikal in sanften Wellen vom Weigenheimer Kapellberg bis Nenzenheim und damit durch den Landkreis Neustadt an der Aisch/ Bad Windsheim in Mittelfranken. Und das hat ebenso wie das unterfränkische Weinland am Main eine große Winzertradition. Doch wir wollen nicht nur vom Wein schwärmen – obwohl es da beispielsweise noch den Fränkischen Rotwein Wanderweg gibt, der über fast 80 Kilometer von Großwallstadt nach Bürgstadt verläuft –, ein Teil der Tour kann auch noch mit einem Weinlehrpfad aufwarten. »WeinKultTour« nennt sich ein anderer, der im südlichen Landkreis Schweinfurt nicht nur durch Weinberge, sondern auch durch Streuobstwiesen und Spargelfelder führt. Es ist also nicht nur der Wein, um den es beim Wandern im Weinland geht. Hier noch ein paar Beispiele für andere Themenwege: Kelten-Erlebnisweg, Quittenlehrpfad, Römerrundweg, Planetenweg, Sagen- und Mythen-Rundweg. Soll keiner sagen, da wäre nichts für ihn dabei. Und wenn doch: siehe oben. Franken hat noch mehr zu bieten.

GRUND 109

Weil alles so schön im Fluss ist

Zum Paddeln bietet Franken eine ganze Reihe schöner Flüsse. Meist geht es mitten durch die Natur oder durch sehenswerte Kulturlandschaft. Wer Kanu fährt, weiß, dass oft schon eine Baumreihe und Büsche an der Uferböschung ausreichen, dass man sich in einer völlig anderen, einsamen Welt fühlt, auf die sich vom Wasser aus ganz neue Blicke eröffnen. Selbst Straßen und Bahnlinien, die oft die Flüsse begleiten, sind plötzlich weit weg und stören nicht mehr.

Nicht ganz so einsam ist es zumeist auf der Wiesent – eigentlich ein idealer Wanderfluss, der noch dazu mitten durchs Herz der Fränkischen Schweiz führt. Doch gerade das macht sie so beliebt, dass sich Naturschützer und Angler ganz zu Recht gegen die Kanuhorden erlebnishungriger Wochenendausflügler zur Wehr setzen. Entspannter geht es da schon auf der Pegnitz oberhalb von Hersbruck zu. Dabei sind die Felsformationen, an denen man vorbeigleitet, nicht weniger spektakulär, die Dörfer, durch die man kommt, nicht weniger pittoresk. Und die Bahnlinie, die den Fluss unzählige Male auf alten Eisenbrücken quert, ist auch eher sehenswert und die Flusslandschaft bereichernd als zerstörend. Dazu kommt in vielen Kehren und Mäandern eine Strömung, die für den ungeübten Flusswanderer schon zur sportlichen Herausforderung werden kann.

Schön ist es auch an der Saale, an der fränkischen, die meist gemächlich an den Kurorten Bad Bocklet und Bad Kissingen vorbeifließt und bei Gemünden in den Main mündet, oder auch an der sächsischen, die von Hof über weite Strecken als ehemaliger Grenzfluss zwischen den beiden deutschen Staaten nach Thüringen führt. Beide sind von ganz unterschiedlichem Charakter. Ist die Fränkische Saale eher ein verträumt-romantischer Wanderfluss, lässt sich die Sächsische Saale dagegen als wild-romantisch charakterisieren. Wanderbar ist auch die Regnitz, wo sie nicht mit dem Main-Donau-Kanal verschmolzen oder zu stark verbaut ist. Auch Tauber und Altmühl sollten aufgrund ihres fränkischen Ursprungs nicht unerwähnt bleiben, wobei die Tauber auch noch auf württembergischer Seite ein fränkischer Fluss bleibt.

Der Fluss der Franken ist und bleibt aber der Main. Auch für die Kanufahrer. Wer lange Strecken bei geringer Strömung nicht scheut, wen Schiffsverkehr nicht stört und auch nicht Staustufen und Schleusen alle paar Kilometer, der bekommt beim Paddeln ab der Regnitzmündung bei Bischberg das volle Frankenprogramm: mal Fachwerk, mal Barock – und alles inmitten von Weinbergen in einem weiten Tal über Volkach und Würzburg bis Aschaffenburg. Völlig anders zeigt sich dagegen der Obermain. Er sammelt sein Wasser über den Weißen und den Roten Main aus dem Fichtelgebirge, ebenso wie über die Rodach aus dem Frankenwald. Und zwischen Bad Staffelstein und Bischberg bietet er Paddlern einen Genuss, der sich so in Deutschland kaum noch findet: mehr als 40 Flusskilometer ohne Wehr, durchgehend befahrbar in einem in den letzten Jahren über weite Strecken renaturierten Flussbett. Längere unverbaute Strecken finden sich zwar auch auf der Salzach und der Elbe. Doch der Main darf hier noch ein Kleinfluss sein, auch wenn man die vielen verlockenden Kiesbänke aus Gründen des Naturschutzes besser nicht betreten sollte. Dafür gibt es Durchbrüche zu alten Baggerseen, an denen sich wunderbar rasten lässt. Seit gut zehn Jahren gibt es hier auch den offiziellen Kanuwanderweg Obermain im Flussparadies Franken. Viel mehr, als an diversen Ein- und Ausstiegsstellen Infotafeln aufzustellen, brauchte es dazu gar nicht. Paddlerherz, was willst du mehr?

GRUND 110

Weil es oft steil aufwärts geht

Franken ist ein Kletterparadies. Das bekommt man hier schnell mit, selbst wenn man nicht zu den durchtrainierten drahtigen Leuten gehört, die mit und ohne Haken und Ösen jede Wand hochgehen. Da braucht man nur mal einen Wochenendausflug in die Fränkische Schweiz zu machen oder im Wirtshaus am Tisch neben einer Runde von Kletterfreaks zu landen. Franken hat zwar keine hohen Berge im alpinen Sinn, aber jede Menge steile Felsen. Und einige von denen bieten tatsächlich Kletterrouten, die zu den schwierigsten der Welt zählen. IX+, X, XI sind Anhaltspunkte, die den Schwierigkeitsgrad in römischen Zahlen angeben. Etwa 50 Touren im elften Schwierigkeitsgrad und über 100 Routen im zehnten Grad gibt es laut der Website extremklettern.de in der Fränkischen Schweiz. Wir wollen gar nicht wissen, was das genau bedeutet, sind wir doch eher bodenständig. Aber Eingeweihten zufolge will das schon was heißen. Da ziehen wir doch glatt unsern Hut! Auch das Rotpunkt-Klettern sei in der Fränkischen Schweiz erfunden worden, wird uns berichtet. »Rotpunkt zu Beginn eines Kletterweges bedeutet, es ist möglich, den Anstieg ohne Benutzung der Haken als Griffe oder Tritte oder sonstiger Hilfsmittel, die der Schwerkraft entgegenwirken, in freier Kletterei zu bewältigen. Haken, Legeschlingen, Klemmkeile dienen also nur zur Sicherung, es darf sich nicht daran ausgeruht werden …«, lautet die Definition, lesen wir nach. Der Spitzenkletterer Kurt Albert habe damit Anfang der 1970er Jahre begonnen, indem er Routen, die er »frei« erklettert hatte, mit einem roten Punkt markierte. Kurt Albert ist einer der legendären Namen, die in diesen Kreisen immer wieder fallen. Der gebürtige Nürnberger, Jahrgang 1954, kletterte zwar auf der ganzen Welt, fand jedoch immer wieder auch den naheliegenden Weg in die Fränkische Schweiz und die benachbarte Hersbrucker Alb. Dort stürzte der Freikletterpionier im September 2010 am Höhenglücksteig bei Hirschbach ab und erlag wenig später in einer Erlanger Klinik seinen schweren Verletzungen. Fast noch bekannter und legendärer in fränkischen Kletterkreisen war Wolfgang Güllich. Der gebürtige Ludwigshafener schaffte zahlreiche Erstbegehungen extremer Schwierigkeitsgrade. Zum Beispiel die »Action Direct« im Veldensteiner Forst ganz im Osten des Frankenjura. Güllich, der als Stuntman 1992 Sylvester Stallone im Film *Cliffhanger* doubelte, kam noch vor der Erstaufführung des Films ums Leben – er starb an den Folgen eines Autounfalls bei Ingolstadt. Nun gehören solche Geschichten sicher zum festen Repertoire von Extremkletterern – und auch das Risiko gehört einfach dazu. Aber, so wird uns versichert, Franken ist nicht deshalb ein Kletterparadies, sondern weil es jedem etwas bietet. Es ist sozusagen familientauglich, was das Klettern betrifft. Anfänger und ambitionierte Amateure können ohne Weiteres zum gemeinsamen Kletterausflug aufbrechen. Da klettert eben der eine seine schwierige Route und der andere die einfachere gleich daneben. Das halten dann sogar wir horizontalen Spaziergänger für eine liebenswerte Sache.

GRUND 111

Weil Nürnberg verspielt ist

Es ist kein Zufall, dass die wichtigste Spielwarenmesse der Welt in Nürnberg stattfindet. »Nürnberger Tand geht durch alle Land«, hieß es im 19. Jahrhundert. Und glaubt man den Nürnbergern, war damit nicht billiger Ramsch gemeint, sondern Qualitätsprodukte. Manche meinen zudem, es habe ursprünglich nicht »Tand«, sondern »Hand« (für Handwerkserzeugnisse) geheißen. Ein Gütesiegel also, wie etwa »Made in Germany«. Die Herkunft des Wortes ist jedoch nicht geklärt. Es könnte auch von Spielgeld kommen, von Messingpfennigen, die zum Rechnen verwendet wurden. Klar ist aber, dass der Begriff schon sehr früh für Spielzeug verwendet wurde. Und Nürnberg war – und ist! – eine Weltstadt, wenn nicht gar die Welthauptstadt der Spielwaren. Zumindest wenn in diesem Fall die Nürnberger die Fürther mit ins Boot holen. Vor 100 Jahren verzeichnete das Nürnberger Adressbuch 243 Betriebe, die sich mit Spielwaren beschäftigten. So war es jedenfalls 2013 in der großen Sonderausstellung »Die Spielzeugstadt« in Nürnberg zu lesen, das selbstverständlich auch ein – sehr sehens- und erlebenswertes – Spielzeugmuseum besitzt. Issmayer, Hess, Bub, Plank, Schoenner, Carette, Fleischmann und Bing (damals die größte Spielzeugfabrik der Welt) waren namhafte Vertreter jener Zeit, in der vor allem Blechspielzeug dominierte. Schuco sowie die Modelleisenbahnen von Fleischmann, Arnold, Trix oder Lehmann (LGB) führten die Tradition bis in Wirtschaftswunderzeiten weiter. Doch der Übergang vom Blech zum Plastik bedeutete für viele das Aus. Für viele, aber längst nicht für alle. BIG (Bobby Car) und Playmobil sind Beispiele dafür. Aber Nürnberger Tand, äh Spielzeug, war und ist mehr als Blech und Plastik. Mit Puppen fing es an. Schon im Mittelalter standen Docken- bzw. Tockenmacher, wie die Puppenmacher damals hießen, auf den städtischen Steuerlisten. Es wurde jedoch nicht nur hergestellt, sondern auch schwunghaft gehandelt. Etwa mit Holzspielwaren aus dem Erzgebirge, dem Thüringer und dem Frankenwald, aber auch aus dem Grödnertal und aus Oberammergau. Musikinstrumente und Bilderbücher zur Unterhaltung und vor allem zur Erziehung des Nachwuchses kamen ebenso hinzu wie Zinnfiguren. Auch Gesellschaftsspiele fehlten nicht. Und schon lange vor Quelle gab es einen Katalog, aus dem man diese Waren bestellen konnte. Georg Hieronimus Bestelmeier (1764–1829) hieß sinnigerweise der Nürnberger Pionier des Versandhandels. Der »Bestelmeier« war das »Magazin von verschiedenen Kunst- und anderen nützlichen Sachen, zur lehrreichen und angenehmen Unterhaltung der Jugend«, das weder in bürgerlichen noch in adligen Haushalten fehlen durfte. Der bebilderte Katalog erschien erstmals im Jahr 1793. Gespielt wurde damals und noch für eine lange Zeit ziemlich geschlechtsspezifisch, oder zumindest so, wie es das Gesellschaftsbild vorgab: Puppen, Puppenstuben und Hausrat für die Mädchen, Technik- und Kriegsspielzeug für die Jungen. Nürnberg hatte für alle etwas. Auch das ist im Spielzeugmuseum anschaulich dargestellt. Und weil die jährlich stattfindende Spielwarenmesse nur für Fachpublikum ihre Tore öffnet – Kinder zählen nicht dazu (man stelle sich nur vor, die Kleinen entdeckten neue Sachen, die aber erst Monate später in den Handel kommen, woran alles Quengeln nichts ändern könnte)–, bekommt man im Spielzeugmuseum einen ohnehin viel umfassenderen Blick auf die Welt des Spielens. Wobei es eben nicht nur museal angestaubt zugeht, sondern durchaus auch spielerische Erkundungen möglich sind.

Lidderradur – Eine Auswahl

Über Franken:

- Horst M. Auer: Fundort Natur. Naturdenkmäler zwischen Fränkischer Schweiz und Altmühlta. Ars Vivendi, Cadolzburg 2013
- Horst M. Auer: Fundort Geschichte Franken. Ausflüge in die Vergangenheit. Band 1 bis 3. Ars Vivendi, Cadolzburg verschiedene Jahre
- Hans Max von Aufseß: Der Franke ist ein Gewürfelter. Oberfränkische Verlagsanstalt, Hof, 1963
- Georg Dehio: Handbuch der Deutschen Kunstdenkmäler. Bayern I: Franken. Deutscher Kunstverlag, Berlin und München 1999
- Werner Dettelbacher, Stefan Fröhling, Andreas Reuß: Franken. Entdeckungsfahrten zwischen Spessart und Fichtelgebirge: Würzburg, Nürnberg, Bamberg, Bayreuth, Rothenbirg. DuMont Reiseverlag, Ostfildern 2010
- Die Schwarzen Führer. Franken. Eulen Verlag, Freiburg i.Br. 1996
- Otto Knopf: Lexikon Frankenwald. Thüringer Schiefergebirge, Obermainisches Bruchschollenland. Ackermann, Hof 1993
- Herbert Maas: Wou die Hasen Hoosn und die Hosen Huusn haaßn. Ein Nürnberger Wörterbuch. Verlag Nürnberger Presse, Nürnberg 1969
- Herbert Maas: Mausgesees und Ochsenschenkel. Kleine nordbayerische Ortsnamenkunde. Verlag Nürnberger Presse, Nürnberg 2001
- Stefan Mack: Die neue fränkische Brauereikarte. 330 Brauereien in Franken. Verlag Stefan Mack, Heroldsberg 1996
- Michael Müller, Hans-Peter Siebenhaar: Fränkische Schweiz, Verlag Michael Müller, Erlangen 1995
- Ralf Nestmayer: Franken. Verlag Michael Müller, Erlangen 2013
- Ursula Pfistermeister: Verborgene Kostbarkeiten. Kunstwanderungen abseits der Hauptstraße. Band 4. Rund um Bamberg, Coburg, Schweinfurt. Verlag Hans Carl, Nürnberg 1965

- Johannes Wilkes: Das kleine Franken-Buch. Ars Vivendi Verlag, Cadolzburg 2014

Von Franken:

- Fitzgerald Kusz: Schweig, Bub! Hugendubel, München 1991
- Jean Paul: Siebenkäs, Hanser, München 1987
- Jean Paul: Titan, Insel Taschenbuch, Frankfurt a.M. 1983
- Friedrich Rückert: Kindertodtenlieder, Insel Verlag, Frankfurt a.M. 1993
- Jakob Wassermann: Das Gänsemännchen, Ars Vivendi, Cadolzburg 2004
- Jakob Wassermann: Die fränkischen Erzählungen, Kleebaumverlag, Bamberg 1991

Zeitungen:

- Fränkischer Tag
- Nürnberger Nachrichten
- Mainpost
- Frankenpost

Websites:

- www.br.de/franken
- www.frankentourismus.de
- www.fraenkische-schweiz.com
- www.franken-weinland.de
- www.bierland-oberfranken.de

SCHWARZKOPF & SCHWARZKOPF

111 GRÜNDE, ROM ZU LIEBEN

VON PASTA UND PÄPSTEN, FELLINI UND MICHELANGELO
UND DEM GEHEIMNIS RUND UM DIE »BELLA FIGURA«

111 GRÜNDE, ROM ZU LIEBEN
EINE LIEBESERKLÄRUNG
AN DIE GROSSARTIGSTE STADT DER WELT
Von Matthias Raidt
280 Seiten, Taschenbuch
ISBN 978-3-89602-978-2 | Preis 9,99 €

Rom sehen und erleben: das antike, das klassische Rom der Kaiser und der Kurie, das mittelalterliche, das moderne. In Zeugnissen aus allen Zeiten ist es da, es zeigt sich dem Besucher in Bollwerken, Säulen, Bögen, Türmen und Mauern, Villen und Brunnen, in vielerlei Gestalt aus seiner zweieinhalbtausend Jahre alten Geschichte.

Dieses Buch öffnet eine große Schatzkiste des Wissens und der Anekdoten, die bei den gängigen Touristentouren verschlossen bleibt. So erfährt man, dass Michelangelo gar keinen Bock hatte, die Sixtinische Kapelle auszumalen, dass das alte Rom auch mal von Kindern regiert wurde und es in der Ewigen Stadt einmal im August geschneit hat. In 111 Gründen will der Autor zur lebendigen Anschauung anregen – und zu einem unvergesslichen Aufenthalt in der città più bella del mondo beitragen.

WWW.SCHWARZKOPF-SCHWARZKOPF.DE

BARBARA DICKER ist Fachredakteurin und Fränkin durch und durch, mit rollendem R, weichem T und allem, was sonst noch dazugehört. Zusammen mit Hans Kurz hat sie das BIER-, das SCHNAPS- und das WEINKOCHBUCH geschrieben.

HANS KURZ, geboren in Oberschwaben, studierte in München, Taipeh und Erlangen. Seit einem halben Leben ist er Wahlfranke und als Redakteur beim *Fränkischen Tag* ganz nah dran am Thema. Neben Kochbüchern schreibt er auch Krimis (HÜHNERTOD).

Barbara Dicker und Hans Kurz
111 GRÜNDE, FRANKEN ZU LIEBEN
Eine Liebeserklärung an die schönste Region der Welt

ISBN 978-3-86265-463-5

KATALOG
Wir senden Ihnen gern kostenlos unseren Katalog.
Schwarzkopf & Schwarzkopf Verlag GmbH
Kastanienallee 32, 10435 Berlin
Telefon: 030 – 44 33 63 00
Fax: 030 – 44 33 63 044

INTERNET | E-MAIL
www.schwarzkopf-schwarzkopf.de
info@schwarzkopf-schwarzkopf.de